高等职业教育新形态系列教材·教育

小学班主任工作

主　编　苏晓东
副主编　丁汝新　耿延波
参　编　曹连坤　郑晓玲　黄　岩
　　　　　王　媛　孙千惠

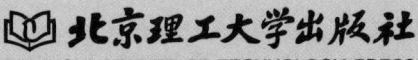
北京理工大学出版社
BEIJING INSTITUTE OF TECHNOLOGY PRESS

版权专有　侵权必究

图书在版编目（CIP）数据

小学班主任工作 / 苏晓东主编. -- 北京：北京理工大学出版社，2024.9.
ISBN 978-7-5763-4436-3

Ⅰ.G625.1

中国国家版本馆CIP数据核字第2024J2Q067号

责任编辑：王梦春	**文案编辑**：邓　洁
责任校对：刘亚男	**责任印制**：施胜娟

出版发行 / 北京理工大学出版社有限责任公司
社　　址 / 北京市丰台区四合庄路 6 号
邮　　编 / 100070
电　　话 /（010）68914026（教材售后服务热线）
　　　　　（010）68944437（课件资源服务热线）
网　　址 / http：//www.bitpress.com.cn

版 印 次 / 2024 年 9 月第 1 版第 1 次印刷
印　　刷 / 定州市新华印刷有限公司
开　　本 / 787 mm × 1092 mm　1/16
印　　张 / 14.5
字　　数 / 286 千字
定　　价 / 45.00 元

图书出现印装质量问题，请拨打售后服务热线，负责调换

Preface　　前　言

曾有人说，没有登上讲台的老师不能成为合格教师，没有做过班主任的教师不能成为优秀教师。班主任工作是一所学校管理工作中的重要组成部分，在学生的品德修养、学习生活和健康成长中起着非常重要的作用。

2004年，教育部颁布了《中共中央国务院关于进一步加强和改进未成年人思想道德建设的若干意见》；2006年，教育部又颁布了《关于进一步加强中小学班主任工作的意见》，文件中指出班主任是教师队伍的重要组成部分，是班级工作的组织者、班集体建设的指导者、中小学生健康成长的引路人，是中小学生思想道德教育的骨干力量，是沟通家长和社区的桥梁，是实施素质教育的重要力量。班主任工作千头万绪，纷繁复杂，它既是一门科学，又是一门艺术。

信息时代，随着家庭生活水平的提高、家庭结构的变化，小学生成长中出现了一系列新情况和新特点，这也对班主任的工作提出许多新问题、新挑战，从而迫切需要一支思想觉悟高、能力强、有爱心的班主任工作队伍，以促进学生的全面发展。本书为小学教育专业核心课程小学班主任工作适用教材，力图体现以下"六个"突出：

（1）突出思想性原则。教材对学生来说不仅是知识的学习、技能的掌握，更是对学生进行思想教育和有效地实现自我教育的重要素材资源。基于此，我们在编写过程中认真贯彻落实"立德树人"这一根本任务，以习近平总书记在全国教育工作会议上的讲话精神为引领，紧紧围绕班主任工作中的"身正""爱心""思想引路人"等核心素养的要求，把思想性元素有机地渗透到班主任日常工作的典型案例之中，做到春风化雨、润物细无声，有效地解决了空洞理论说教的问题。

（2）突出科学性原则。教材不仅是教师进行教学的直接依据，更是便于学生学习的直接凭据。本教材突出学生在未来从事小学班主任工作所需的基础知识、基本技能和教师资格证考试大纲要求，围绕班主任工作中的基本内容选取知识点，以小学班主任工作实践活动为依托，构建体系框架，体现小学教育专业的师范性。

（3）突出系统性原则。本教材遵循以学生为本的理念，共分四大模块，二十二个任务，采用模块式对内容进行逻辑组织，保证模块之间、各任务之间的相互联系和相对独立性。每一模块又从班主任日常管理工作入手，分别设置不同的任务，以任务为引领，进行理论学习，做到理论与实践的有机结合，改变了传统的单纯理论的讲解，体现了职业教育的特点。

（4）突出实践性原则。本书具有充分的思想性和科学性，在此前提之下，突出内容对小学班主任工作所具有的实践指导意义，做到在实践中赋能。本教材主要表现在本书对理论阐述的针对性和实践应用的可操作性，教材设置"实践训练"模块，旨在提高学生模拟实战水平，满足了学生参加教师资格证考试的需要。在每个任务之后都配有"任务检测"，做到理实一体，有效地实现了理论与实践的有机结合。

（5）突出时代性原则。本书在保证基本的科学理论知识不变的情况下，有效地吸纳新时代中国儿童身心的新特点，并对产生的新问题及对班主任工作的新要求，开展系列性的热点讨论。我们在教材中设有"学以致用"环节，以此开阔学生的视野，帮助其积累从事班主任工作的经验，引发学生对班主任工作更多的思考，提高学生学习的兴趣。

（6）突出适用性原则。本教材名为"小学班主任工作"，从基本理论内容的选取，到典型案例的分析和教师资格证考试笔试（面试）资料的编排，乃至班主任技能大赛的准备，都能够满足学生毕业后从事小学班主任工作的需求。

需要说明的是，在当今社会，管理理念、教育政策、教育实践都处在不断变化之中，我们在编写过程中尽量做到使本教材成为教师教、学生学双方对话的文本，不断地吸取新理念、新内容和可借鉴的经验，以提高师生对班主任工作的认识水平和实践管理能力。

本教材的编写出版得到北京理工大学出版社、长白山职业技术学院等部门的关心和支持，书中部分引用了当前我国优秀班主任工作经验案例，编委会在此表示诚挚的感谢！

本教材的付梓是在长白山职业技术学院党委、院长悉心指导下，由长白山职业技术学院教育系苏晓东主任带领，在编写组成员的通力合作下三易其稿而完成的。本教材的主编为苏晓东，副主编为丁汝新、耿延波，参编人员有曹连坤、郑晓玲、黄岩、王媛、孙千惠。

虽然我们力求使本教材具有职业特点、满足学生未来工作岗位需要，但由于编者自身水平和时间等方面的局限，书中难免存在不足和疏漏之处，敬请读者批评指正。

编　者

Contents / 目 录

模块一 初识工作岗位 ··· 1
- 任务一 认识自身的任务 ··· 2
- 任务二 认识工作对象 ··· 17
- 任务三 班级管理 ··· 32

模块二 细化工作内容 ··· 41
- 任务一 了解和研究学生 ··· 42
- 任务二 确立班级奋斗目标 ······································· 50
- 任务三 制订班级工作计划 ······································· 60
- 任务四 制定班级规章制度 ······································· 68
- 任务五 选拔任用班干部 ··· 79
- 任务六 建设班级文化 ··· 90
- 任务七 构建教育合力 ··· 99
- 任务八 开展差异性教育 ··· 109
- 任务九 处理偶发事件 ··· 121
- 任务十 开展班队活动 ··· 133
- 任务十一 班级管理评价 ··· 150

模块三 提高业务水平 ··· 161
- 任务一 加强自我管理 ··· 162
- 任务二 提升自我素质 ··· 175

模块四 强化实践导向 ··· 184
- 任务一 恪守职业岗位初心——职业认知类 ························· 185
- 任务二 提高理论运用水平——教育教学类 ························· 192
- 任务三 组织富有成效的活动——活动组织类 ······················· 197
- 任务四 践行和谐的人际关系——人际关系类 ······················· 205
- 任务五 练就果断的执行力——应急应变类 ························· 211
- 任务六 提升综合能力素质——综合分析类 ························· 219

参 考 文 献 ··· 226

模块一
初识工作岗位

　　一所学校要做到管理有序、高效发展，就必须建立一套上下贯通、行之有效的行政组织和管理制度。班级是最基本的行政组织，班主任作为班级的组织者、管理者、领导者和教育者，不仅是学生成长的引路人，更是学生心灵的守护者，肩负着学校教育和管理工作的双重任务。小学班主任工作效率的高低直接关系到小学生的思想道德、文化知识、身心素质能否得到全面和谐的发展，全面认识小学班主任工作岗位就成为履行小学班主任工作职责、完成小学班主任工作任务的前提。

　　本模块围绕着促进小学生全面发展这一根本任务，帮助学习者初步认识小学班主任工作岗位和小学班主任工作的基本内容、原则与方法。

学习目标

　　1.理解并掌握小学班主任工作岗位的角色定位，小学班主任的工作任务、对象特点、工作形式和方法等。

　　2.围绕着促进学生全面发展这一根本任务，提高自身分析问题、解决问题的能力。

　　3.在整体认识和理解小学班主任工作岗位的过程中，加深对小学班主任工作的热爱，增强自身的责任感和使命感。

任务一　认识自身的任务

📝 名人语录

> 在敢于担当培养一个人的重任以前，你自己是否造就成了一个人？你自己是否是人心中的模范？
>
> ——卢梭

📖 情境导入

【材料一】王晓蕾是今年刚入职的小学教师，领导出于对她的信任，就让她接管了一年级的班主任工作。她既激动又心怀忐忑，她很清楚这份责任的重大。

她认为班主任的工作就是抓好学生的学习，要想提高班级学生的学习成绩，就必须从"强硬"开始，让学生明白谁是班级的主人，只有这样，以后才能省去很多麻烦。如果一开始就以一种"温情"的方式介入，学生就不会把班主任放在眼里，以后就很难管理。没想到，班级学生与她的关系并不融洽，师生之间的心理距离越来越远，班级中的各项活动学生都没有兴趣参加。王老师感到很无奈，她反问自己：我的问题出在哪里呢……

思考：王老师的问题出在哪里？如果你是王老师，你如何做好一年级班主任工作？

🎯 学习目标

1. 了解班级及特点，理解并掌握小学班主任工作的特点、理念、工作目标、内容、原则及方法。
2. 能够根据对小学班主任角色的认识，初步分析新时代管理班级的目标。
3. 通过对小学班主任工作地位和作用的分析，增强自己对小学班主任工作的热爱。

📚 知识储备

一、班级及特点

（一）什么是班级

我国最早实施班级上课制度始于1862年的京师同文馆实施。

所谓班级，是指将年龄相近、知识水平程度基本相同、有共同学习任务的同一年级学生编成有固定人数的学生群体。班级是班主任工作的对象，是建立和培养班集体的基础和条件，班级也是学生在学校生活时的主要场所，既是学生成长的基地，又是学生心理上的"家"。

首先，班级是个组织。学校及班级是为实现特定的教育目标，根据一定的管理规则而构建起来的体系与机构；作为一种活动组织，它通过其特有的行为方式，保证传授知识，培养新人这一过程高效进行。

其次，班级是学生成长的教育场所。学生不仅要进行生理与认知上的发展与变化，更要进行心理与社会适应方面的挑战与整合。

再次，班级应该是一个集体。集体是群体的一种，是群体发展的高级阶段，也是群体发展的最高层次。在集体中，成员之间彼此建立稳定、友好的合作关系，做到心理相容。

最后，班级应体现班主任的"教育观"。班主任班级理念的科学与否、管理方法是否恰当、管理境界的高低等，直接关系到班级群体与个体的健康成长与发展。

（二）班级特点

班级的主要特点是具有行政性、同一性和独立性。

行政性是指班级是学校进行教学及管理的基层行政组织；班级的组成是按照一定编班原则和规定划分的，班级成员与班级同时存在。

同一性是指无论平行班级间还是班级成员间都存在差异，但总的学习目标、内容及要求都是统一的。

独立性是指班级作为学校教育的基本单位和学生的基层组织，绝大多数的教育活动是独立开展的。

（三）班级功能

1. 社会化功能

班级具有促进个体社会化、培养学生对社会生活的适应能力的功能。具体来说，其表现类型如表1-1-1所示。

表 1-1-1　社会化功能表现类型

序号	类型	说明
1	传播社会价值	班级能够传递社会主流的价值观给学生，使学生掌握相应的社会价值，帮助他们能够顺利地融入社会
2	传递行为规范	班级能够对学生进行行为规范的教育，保证班级的活动井然有序地进行，也让学生习得相应的行为规范
3	培养社会角色意识	班级学生通过在班级内部扮演各种角色，从而学会承担相应的责任，履行相应的义务，提高个人的角色意识

2. 个性化功能

班级还具有发展学生个性、培育学生特殊才能的功能。具体来说，其表现类型如表1-1-2所示。

表1-1-2　个性化功能表现类型

序号	类型	说明
1	满足学生个体需要	班级通过对各种资源的协调，满足学生的个体需要，包括生理、安全、社交、尊重等
2	诊断学生优劣势	学生能够通过参与班级的各项活动，了解和判断自己的优势以及不足
3	纠正学生缺点	在了解自身优劣势的基础上，班主任可以通过各方面工作，帮助学生纠正自身的缺点，从而培养其积极向上的态度
4	促进学生的发展	通过纠正学生各方面的缺点，调动学生各方面的积极性，从而促进学生的身心全面发展

二、我国班主任制度的产生与发展

我国教育实践中最早使用"班主任"这一名称是在中国共产党的早期革命根据地。1934年，《中华苏维埃共和国小学制度暂行条例》规定，"每班设班主任教员一人，一班学生在四十名以上者，得增设助教员一人"。1942年，绥德专署教育科颁布的《小学训导纲要》首次使用"班主任"这一名称。

1949年中华人民共和国成立后，学习当时的苏联经验，在全国中小学一律设置了班主任。

1951年，我国颁布了《政务院关于改革学制的决定》，规定从1952年起，在中小学设立班主任岗位，工作职责为负责全班学生的思想、政治、道德、生活和课外活动等。至此，我国班主任制度正式建立。1952年《中学暂行规程》的颁布，标志着我国社会主义教育班主任的确立。

1988年，教育部颁布了《中小学班主任工作暂行规定》。这些规定明确了班主任的地位、作用、任务、职责、待遇与奖励等内容。这表明班主任工作制将进一步得到巩固和完善。2006年，颁布了《教育部关于进一步加强中小学班主任工作的意见》；2009年，教育部颁布了《中小学班主任工作规定》，形成了班主任工作的专门理论体系，标志着我国中小学班主任工作制度在经历多年的发展后基本完善起来了。

三、班主任的地位和作用

（一）地位

班主任是学校中全面负责一个班级学生的思想、学习、生活等工作的教师，是班级的组织者、领导者、教育者和管理者，是学校办学思想的贯彻者，是联系班级任课教师和学生团队组织的纽带，是沟通学校、家长和社会教育力量的桥梁。

1. 班主任是班级工作的组织者、领导者、教育者、管理者和服务者

从几十名的群体到班级的组建，从松散的班级到良好班集体的形成，需要班主任去组织和引领，要用大量的心血、丰富的教育管理理念和灵活的教育机制去教育、管理。班主任是学生健康成长的引路人，堪称"人类灵魂工程师"的核心。

2. 班主任是校长、教导主任的有力助手

从某种意义上说，一所学校管理的核心是人的管理。对人的管理包括两个方面：一是对教师的管理；二是对学生的管理。为确保对学生管理的顺利实施，各校一般都要建立起四级管理层级，即"德育副校长—教导处—班主任—学生"的管理，如图1-1-1所示。从这四级管理层级来看，班主任处于对学生管理的最基层，他直接受命于教导处和德育副校长，执行学校各层级领导布置的任务。

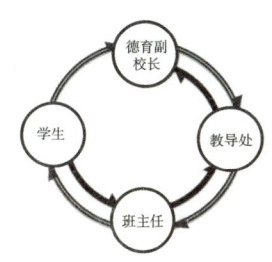

图 1-1-1　管理层级

3. 班主任是各任课教师的协调者

一个班级管理的主要责任人是班主任。但是，在学校内部，一个学生的成长是受到各方面力量影响的。因此，其他任课教师是班级教育工作的重要力量。如何使其他教师教育工作力量发挥最大化、最优化，班主任起着重要的调和作用。要建立起"教学副校长—教研组长—任课教师—班主任—学生"的五级教育管理层级。

作为班主任要及时地向任课教师介绍班级学生的情况，听取其他任课教师的意见和建议；班主任通过任课教师及时了解学生在其他学科上课的情况，以便更加有针对性地进行教育；作为班主任要充分发挥任课教师的特长，让他们参与到班级管理活动之中；最后，为了建立起和谐的师生关系，班主任要及时地处理化解任课教师与班级学生之间的矛盾。

4. 班主任是学校、家庭、社会的协调者

一个学生的成长受多方面因素影响，学校教育起到主导性作用，同时也受到家庭、社会的影响。要建立起"学校、家庭、社会"融为一体的教育管理机制。在这里，班主任发挥着协调好各方面教育力量的作用。班主任应该及时向学生家长宣传我国的教育方针，介绍学校管理制度和班级情况，要向家长宣传家庭教育理念和科学方法，积极带领学生参加社会实践活动，以实现活动育人的目的。

（二）作用

从上述班主任的地位可以看出，班主任工作具有以下作用：

1. 协调作用

（1）班主任是实现学校与学生沟通的纽带。

学校是学生学习生活的重要场所，他们的学习活动主要在班级中开展，学校有关职能部门下达任务时，需要以班主任为中介，在班级中履行各部门的职能，落实具体的任务，促进

学校教育教学活动的顺利开展。同时，作为班主任来说，要积极引导学生去了解学校，观察学校的文化建设。此外，针对学生存在的一系列问题，班主任要将学生的这些问题向有关职能部门反映，让有关部门了解学生的实际情况，以便有针对性地制定措施开展教育，促进学生健康人格的形成。

（2）班主任是学生与任课教师之间的纽带。

在学校中，一个学生的健康成长需要班级全体任课教师的共同努力才能实现。各学科任课教师的教学活动是培育学生能力、对学生进行德育教育，实现其全面发展的基本途径。但是，在实际教学过程中，有时还存在着任课教师与班级学生沟通不畅，导致对学生了解不够等现象。因此，就需要班主任及时与任课教师交流每位学生的个性特点、学习风格等，进而建立民主和谐的师生关系。同时，作为班主任要经常性地通过任课教师了解每位学生在不同学科学习过程中的表现，以便有针对性地进行教育。

（3）班主任是联系家长与学生之间的纽带。

家长是孩子的启蒙教师。家庭教育具有先导性、权威性、感染性、针对性及终身性等特点。但是还存在内容的碎片化、教育随意性、手段方法简单化等问题。这就需要班主任通过召开家长会等方式，让家长真正了解自己的孩子，掌握教育孩子的科学方法。此外，班主任通过开展一系列的家长开放日等活动，促进学生与家长的情感交流，实现家校合一，共同实现育人的目的。

2. 激励引导作用

班主任作为班级的组织者、管理者和服务者，应该以发展意识、平等意识、大局意识和服务意识看待每一位学生，激励班级全体学生奋发向上。

首先，班主任作为班级团队的"领头羊""火车头"，目标明确，"牵引力"十足，班级这个"动车组"就能跑得既快又稳。班主任要以积极热情的心态、奋发向上的斗志、热情奔放的性格引领学生积极向上。

其次，班主任要善于发现并分析每个学生的优点，深入挖掘学生的潜能，充分发挥学生的主动性，增强其自信心，鼓励学生勇于克服困难，以饱满的精神状态积极投入学习生活之中。

最后，班主任要发挥班干部的作用，做到人尽其才，提高班级的凝聚力。

（三）班主任角色的特点

班主任角色的最大特点在于它的多样性。班主任在教书育人过程中承担着不同的角色：①在传授知识时，他是授业者角色；②在关心学生日常生活时，他是父母角色；③在与学生交往时，他是学生的朋友；④在学生出现问题时，他又是心理医生的角色。同时，他还扮演着培育一个好的集体，促进学生全面发展的角色。

四、班主任工作的特点

（一）艰巨性

班主任工作的艰巨性是由班主任工作的复杂性和长期性决定的。

班主任工作是复杂的，其复杂性首先是由教育对象的复杂性决定。班主任的教育对象是活生生的人，班级中学生的遗传、性别、人格、成长环境等的差异，使得学生千差万别，这给班主任教育工作提出了很大的挑战。班主任工作的复杂性也是由班主任职责和任务的多重性所决定的。班主任工作的核心任务就是促进班级全体学生的全面发展，即德、智、体、美、劳等得到全面发展。而教育的这五个组成部分是相互联系、相互制约、相互促进的，从而构成了一个完整的整体，这就需要班主任分析、了解学生在各方面的发展情况，与任课教师、家长共同研究，促进学生的发展。班主任工作的复杂性也是由班主任教育过程所决定的。班主任要想完成学生全面发展的任务，就必须建立班集体，而班集体的建设要经历几个阶段，这几个阶段的建设需要班主任付出更大的艰辛。

（二）长期性

班主任工作是长期的，其长期性是由教育本身的特点所决定的。教育工作是一个周期性比较长的工作，学生的成长是一个逐步提高、长期积累的过程，这就决定了班主任对学生的管理和引导也是一个长抓不懈的过程。所谓"十年树木，百年树人"，教育对学生产生的影响不是立竿见影、一蹴而就的，这就需要班主任善于调动和利用班级内外各方面的积极因素，建立一个运转正常的教育管理体系。另外，班主任工作对学生产生的影响，并不是随着学生离开学校而消失的，班主任对学生产生的影响有可能是终生的。班主任工作的长期性也是由学生成长规律所决定的。教育学生必须遵循学生的身心发展规律，同时，每个学生的成长由多方面的因素所影响和制约，这也就决定了班主任工作是长期的工作。

（三）独立性

这是由班主任工作的重要对象——班级的特征决定的。班主任是班级的灵魂，班级既具有同一性，也具有独立性的特征。其独立性在于，班级作为学校教育的一个基本单位以及学生的一个基层组织，是以一个相对独立的系统存在于学校教育情境之中的，班级绝大多数的教育工作是独立进行的，这意味着班级的各项常规管理、班级教育活动的开展以及班级各种教育工作的进行既要按照学校的统一要求进行，也需要班主任自主决策并且独立进行。虽然其他各种教育力量都在起着一定的作用，但是最终的实施者、践行者只能是班主任。因此，从这个意义上说，班主任工作是以班主任的个体劳动为基础的工作。

（四）创造性

班主任工作的创造性是由教育对象的特点所决定的。班主任负责管理一个班级，不仅对学生的学习成绩负责，更主要的是对学生的健康成长负责，而每个生命个体存在较大的差

异性。因此，对于班主任来说，更需要有针对性地进行教育，做到"一把钥匙开一把锁"。班主任工作的创造性也是由教育情境变化决定的。班主任在面对不同的教育情境，遇到突发事件时，必须机智、灵活、果断，因时因地地进行。班主任工作的创造性是由品德心理结构决定的。品德由知、情、意、行四个要素构成。道德认识是基础；道德情感起动力作用；道德意志起调控作用；道德行为是品德行为好坏的重要标志。班主任在对学生进行教育的过程中，一般按照知、情、意、行的顺序来进行，但是学生在品德方面存在着不同特点，这就要求班主任对学生进行教育时必须做到有所创造。

（五）示范性

班主任与学生接触时间最多，对学生的影响要比其他教师大得多。班主任的个人品格、作风、态度、学识以及一言一行等对学生起着示范作用，对学生心灵能够产生潜移默化的深远影响。另外，小学生具有很强的向师性。在小学生的心目中，班主任是至高无上的，班主任的话对他们极具号召力，他们对班主任老师是最崇拜、最信赖的，班主任是无所不能、无所不知的"偶像"，为学生树立了良好的榜样，在班级管理中，班主任的领导方式和处理问题的方法也会给学生提供很好的示范。

（六）情感性

德国教育家第斯多惠说过，教育的艺术不在于传授，而在于鼓励、鼓舞与唤醒。班主任的工作对象是活生生的人，班主任就是通过做人的工作，塑造心灵、教化品德、增进学业、发展才智。因此，作为班主任，在工作中必须贯彻以人为本的原则，倾注爱心和情感，以获得教育对象的信任，从而更好地开展工作。

（七）主导性

首先，从与学校教育的关系看，班级是学校对小学生进行教育的最基层组织单位，班主任是班级的直接组织者、领导者、教育者，全面负责一个班级学生的思想品德、学习生活、身心健康等方面的工作，因此，在学校对班级学生的各种教育中，班主任无疑起到主导作用。其次，从与各方面教育力量的关系看，班主任是协调者。最后，从与小学生关系看，班主任是引领小学生成长的人生导师。

五、班主任工作的理念

小学班主任工作的理念是指小学班主任以某种教育管理思想为指导，所形成的对班级管理、对学生教育的基本观点。做好小学班主任工作，就必须确立正确的理念，要树立"以人为本、与时俱进、全面发展"的班主任工作理念。坚持以人为本，以学生的全面发展为班主任工作的根本出发点，要关心他们的学习、思想道德、身体、心理、人格等各方面发展状况。

（一）综合素质的教育观

我国传统的教育观往往只注重学生的学习，忽视德、体、美、劳等方面的发展教育；只注重学生在学校中的表现，忽视学生在家庭、社会中的表现；只注重学生独立性的发展，忽视团队合作意识的培养等。而所谓的大教育观，是相对于传统的教育观而言的。树立大教育观就是要遵循学生身心发展规律和教育过程规律，从培养目标、教育主体、内容、形式、渠道、效果等方面进行整体构思，整合各种教育资源，实现学生的全面发展。其具体表现如图1-1-2所示

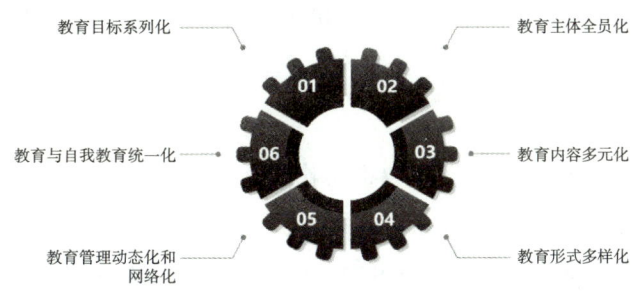

图1-1-2 树立大教育观具体表现

（二）双主体教育观

教育的主客体关系在教育过程的实施中表现为教育的双主体特征。教师是学校教育的组织者、领导者和执行者，是学校德育的主导；学生是认识和发展的主体，是自我教育的主体。

教育过程中，针对施加影响来说，班主任的主体性是指班主任是教育活动的设计者、组织者和主导者，班主任要注重启发、引导和调动学生进行自我教育，提高自我教育能力和道德修养，改变满堂灌、一言堂等单项传导方式，重塑学校教育的形象，班主任要根据学生的困惑和质疑，矫正自己的教育方法，激发学生的兴趣和需要，唤起学生提高自身素养的欲望，引导学生努力的方向，使学生自主、能动地发展。

针对接受者来说，学生则是认识主体和发展主体，可以对班主任的主体性作用进行选择，充分调动自己的主体性因素，去倾听、理解、接纳、选择、借鉴和创造，班主任的主体性与学生的主体性并不是相互对立、相互排斥，而是相互兼容、相互融合的。

（三）动态发展的教育观

学生是发展的人，他们具有追求创新、追求成功的内在潜能；具有对外界新异事物强烈的探究欲和对新生事物很强的适应性；在发展的每一阶段他们都需要体现自身的主体价值。因此，班主任应该以发展的眼光对待每一个学生。

时代、社会、环境处于动态变化之中，对学生的发展也产生一定的影响。作为班主任，必须紧跟时代发展的潮流，随时适应时代赋予我们的历史使命，用发展的思维视角看待教育。

（四）赏识性教育观

班主任应当教给学生用赞美、欣赏的观点去看待世界，看待每一个人，培养学生积极向上的、乐观开朗的良好性格。这就要求班主任创设审美化的教育情境，鼓励和引导学生欣赏美的现象和事物，努力发掘教育内容中美的因素，将班级中的好人好事、美好的事物展现给学生，让学生在认知体验中看到美的力量。

只有这样，班主任才能调动所有学生的积极性，这就是"以人为本"的核心理念。今天，在新理念的指导下，班主任工作要不断推陈出新，必须改变教育管理方式，充分扮演好一个合作者、引导者和参与者的角色，让班级教育管理过程真正成为师生交流、共同发展互动的过程。

（五）共同成长教育观

共同成长教育观是指小学班主任不要把工作过程仅看作促使小学生发展的过程，而应该看到，这个过程同样也是促使自身专业成长的过程。

确立与学生一起成长的理念，要求小学班主任在工作之余不断自我反思，以自己日常班级工作作为思考的对象，对自己的教育理念、教育行为、教育效果以及这个过程中所蕴含或展现的班主任素养进行考查，从而实现自身的专业成长。这种成长既包括职业道德方面从一般的道德要求成长为专业精神，也包括专业知识与能力方面从单一型成长为复合型，还包括在劳动形态方面从经验型成长为创造型。同时，班主任工作之中的反思其实就是一个自我教育的过程，这个自我教育的过程会形成一个良性循环，实现班主任与小学生共同的成长。

六、班主任工作的目标

班主任工作目标是班主任工作的方向，进步的动力；是班主任工作的出发点和归宿。班主任工作总目标要求坚持把思想道德教育放在首位，依据国家的教育目的、学校的培养目标以及在班级特质的基础上，努力提高学生思想道德素质、科学文化素质和健康素质，把学生培养成为中国特色社会主义事业的合格建设者和接班人。

具体目标：

（1）学生清楚了解并不断加深对《小学生行为规范》《小学生守则》的认识，熟悉班级常规活动，采取民主管理的方式，让学生在班级的岗位上承担过工作，深切感受到自己是班级建设、发展的主人，热爱班级，愿为班集体增光彩。

（2）组织班级学生在家庭生活、学校生活、社会生活和大自然中开展体验性活动，让学生在活动中有所感受，有所领悟，形成一种技能，培育学生良好的行为习惯。

（3）利用具有教育意义的节日，组织班级学生开展弘扬传统文化和红色文化的宣传活动，厚植家国情怀，提高学生的思想政治觉悟。

七、班主任工作的主要内容及研究内容的发展趋势

班主任工作主要包括班主任常规工作和个别教育工作两个方面。

（一）班主任常规工作

1. 了解学生，研究学生

学生是班主任工作的对象。班主任要实现对班级规范化、科学化的管理，提高工作的质量和效率，必须首先了解和研究学生。了解和研究学生是班主任工作的基础和前提。

了解和研究学生主要有两个方面的内容，如表1-1-3所示。

表 1-1-3　了解和研究学生的主要内容

序号	内容	范围
1	了解和研究班级整体	包括了解整体的基本情况，如班级总人数、性别结构、生源状况、年龄分布等
2	了解和研究学生个人	包括了解学生的基本情况，如性别、姓名、健康、个性等

2. 组织和培养班集体

组织和培养班集体是班主任工作的中心环节。学校对学生进行教育工作是以班级为单位的，一个良好的班集体具有强大的教育功能，但良好的班集体不是自发形成的，它依赖于班主任的组织和培养。

3. 协调校内外各种教育力量

班级是一个开放的系统，学生是在多种因素纵横交错的影响下发展成长的。班主任要对班级实施有效的教育与管理，必须要争取校内外各种教育力量的配合，调动各种积极因素。

（1）充分发挥本班任课教师的作用。一个学生在校过程中，会遇到许多教师，学生的成长过程是多位教师通力协作教育的过程。班主任的职责之一就是要协调所有任课教师的工作，充分发挥他们的教育力量。

（2）协助和指导班级团队活动。团队的性质、任务决定了它在班集体中的核心作用，班主任有责任指导团队活动。

（3）争取和运用家庭和社会教育力量。家庭和社会是学生成长的重要环境，班主任要积极争取家庭、社会对学校教育的支持，形成学校、家庭、社会一体化的教育力量。

4. 操行评定

操行评定是以教育目的为指导思想，以"学生守则"为基本依据，对学生一个学期内在学习、劳动、生活、品行等方面的小结与评价。操行评定的一般步骤如图1-1-3所示。

图 1-1-3　操行评定的一般步骤

在进行操行评定时需遵循表1-1-4中的步骤与基本要求。

表 1-1-4　评定步骤及基本要求

序号	步骤	基本要求
1	评价内容的全面性	要求教师从素质教育的角度出发，从德、智、体、美等各方面评价。不能只关注一方面，而忽视其他方面
2	评价主体的多元性	应充分发动各任课老师、家长和学生共同参与评价。不能只看学生在学校中的表现，而忽视学生在家庭、社会中的表现
3	评价过程的发展性	要以动态的眼光看待学生，应视学生为发展中的人
4	评价语言的规范性	评语要具体、客观、富有激励性，尽量突出学生的优点和长处。要一分为二地看学生

5. 班会活动的组织

主题班会是班级活动的主要形式，具体形式如图1-1-4所示。

图 1-1-4　主题班会的主要形式

主题班会的组织与开展一般要经过四个阶段，如图1-1-5所示

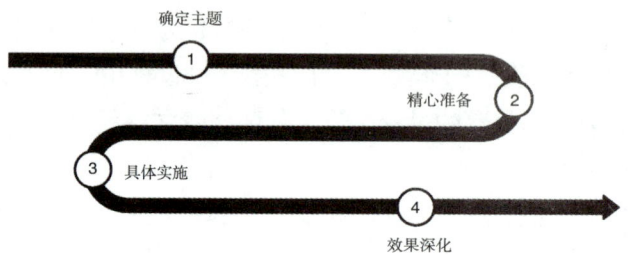

图 1-1-5　主题班会的四个阶段

组织班会应注意下面几个问题：

（1）主题不能过于复杂；

（2）要有的放矢；

（3）班主任要当好"导演"而不是"演员"。

6. 班主任工作计划与总结

班主任工作计划一般分为学期计划、月或周计划以及具体的活动计划。学期计划比较完整，一般包括三大部分，如图1-1-6所示。

图 1-1-6　学期计划构成

班级管理计划的表述形式大体上有两种：文字表述和表格表述。

班主任工作总结一般分为两类：全面总结和专题总结，一般在学期末和学年末进行。要想做好总结，平时就要注意对班主任工作资料的积累，还要注意做阶段小结。

（二）班主任个别教育工作

班主任的中心任务就是主导全班学生的全面发展。其中心环节就是组织和培养良好的班集体。一个班集体状况的好坏，取决于班级中每个学生的实际情况。每个学生的思想、性格和爱好等特点中都存在着各种矛盾因素，作为班主任来说必须耐心细致地引导，才能使学生向着好的方向不断发展。

因此，所谓的班主任个别教育工作指的是对全体学生的教育工作，而非对优秀生或后进生的个别教育。在班主任工作中，为了便于教育管理，根据学生的生活、学习、思想情况，可以把班级学生大体分为三个层次：先进生、后进生和中间生。

1. 先进生工作

先进生是班集体建设的骨干群体，他们无论在思想上、生活上还是学习上都与班级的要求一致。其心理特征及教育方式注意事项如表1-1-5所示。

表 1-1-5　先进生心理特征及教育方式注意事项

心理特征	教育方式注意事项
①自尊心强，充满自信； ②强烈的荣誉感； ③较强的超群愿望与竞争意识	①严格要求，防止自满； ②不断激励，弥补挫折； ③消除嫉妒，公平竞争； ④发挥优势，全班进步

2. 后进生工作

我们要明确，后进生是一个相对的概念，使用时应谨慎。后进生通常指那些学习积极性不高、学习成绩暂时落后、不太守纪律的学生。其心理特征及教育方式注意事项如表1-1-6所示。

表 1-1-6　后进生心理特征及教育方式注意事项

心理特征	教育方式注意事项
①不适度的自尊心； ②学习动机不强； ③意志力薄弱	①纠正心理偏向，确立正确的教育观； ②用心关爱，尊重他们的人格； ③根据个别差异，采取不同的教育措施，做到因材施教； ④抓住"闪光点"，做到发扬优点，克服缺点； ⑤捕捉教育契机，调动内在因素，培养和激发学习动机

3. 中间生工作

中间生指的是介于后进生与先进生之间的学生，他们在班级或同一年级中占绝大多数，这类学生常常被忽视，中间生在教育体系中往往被视为一个特殊的群体。其心理特征及教育方式注意事项如表1-1-7所示。

表 1-1-7　中间生心理特征及教育方式注意事项

心理特征	教育方式注意事项
①守规矩但缺乏独立见解； ②渴求进步又怕苦畏难； ③满足现状又波动性大； ④潜能较大，可塑性很强，容易分化，走向下坡路	①关注分化、全面顾及、紧抓不懈； ②树立目标、改进方法、奋起直追； ③针对情况、区别对待、因材施教

（三）班主任工作研究内容的发展趋势

班主任工作研究内容的发展趋势如图1-1-7所示。

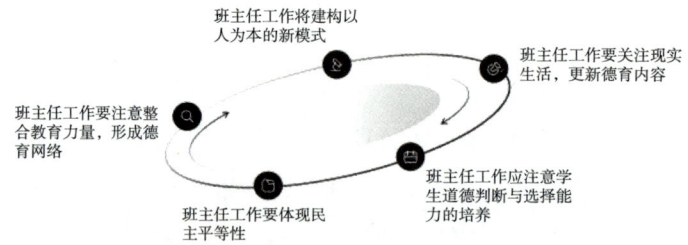

图 1-1-7　发展趋势

八、班主任工作的原则及工作方法

（一）班主任工作原则

班主任工作原则如表1-1-8所示。

表 1-1-8　班主任工作原则

原则	含义	依据	贯彻要求
学生主体原则	学生是发展中的人，也是具有主体性的人，他们有发展的自觉、自尊、自信。学生是能够进行自我教育和自我发展的主体。班主任要认识到学生的主体地位，将学生作为教育过程的主体，尊重并想方设法发挥学生的主体性，调动学生的积极性，只有这样，教育措施才能真正起到作用	我国教育教学改革的经验；教师与学生的辩证关系	了解学生的需要；努力培养学生的自我教育能力
民主平等原则	班主任在工作中，要认识到教师与学生在人格和社会地位上是平等的，在班级管理中应尽量尊重学生，信赖学生	现代社会人际关系的特点；教育工作的客观需要；教育发展的大趋势	尊重学生的个性；依据学生的意愿和利益来管理班级；严格要求学生

续表

原则	含义	依据	贯彻要求
公平公正原则	班主任在工作中,能够按照一定社会或者时代公认的道德准则,公平合理地对待班上的每一位学生	教师的职业道德;树立班主任威信的需要	加强自身道德修养;了解学生;提高理论素养
知行统一原则	有两个方面的含义:一是指班主任要开展多种多样的活动,通过实践活动来认识、了解、教育和发展学生。此时,实践活动被当作一种重要的教育手段;二是指班主任要引导学生努力实践,敢于实践,做到言行一致。此时,实践活动被当作一种标准,是检验学生的首要标准	品德形成和发展的基本规律;小学生的年龄特征	转变教育观念,让学生在活动和实践中成长;组织丰富多彩的活动;注重实践,培养学生的道德行为
启发疏导原则	也被称为循循善诱原则,指班主任在教育学生时,要循循善诱,以理服人,从提高学生的思想认识入手,调动学生的主动性,使他们积极向上	长期教育实践的经验总结;学生身心发展的基本规律	讲明道理,疏通思想;因势利导,循循善诱;激励为上,正面教育
集体教育原则	班主任在工作中,要利用从众心理效应和人的社会化需求,依靠集体的力量,通过集体的力量教育个体	从众心理效应和人的社会化需求;小学生成长的心理需要	建设良好的班集体,通过个人来教育集体;发挥班主任的主导作用
以身作则原则	班主任在工作中要严格要求自己,率先垂范,自正其身,要求学生做到的,自己要先做到,用自己的言传身教来影响和感染学生	小学生身心发展的特殊要求;教学的规律;长期以来的教育实践经验	提高专业水平,提高道德修养;言行一致,表里如一
因材施教原则	班主任在工作中,要从学生身心发展的实际情况出发,根据他们的年龄特征和个别差异进行不同的教育,使班上的每个学生都能得到最好的发展	学生身心发展的特点和规律;我国的教育目的	深入了解学生的个性特征和内在心理;根据学生个性特点进行差异性教育

(二)班主任工作的方法

班主任工作方法如表1-1-9所示。

表1-1-9 班主任工作方法

分类	说明
说理教育法	说理教育法是指通过摆事实、讲道理,使学生提高认识、明辨是非、形成正确观点的一种工作方法
激励法	激励法是指激发学生的动机和内在动力,鼓励学生朝着所期望的目标采取行动的一种工作方法
榜样示范法	榜样示范法是指以榜样的人格力量、非凡成就等引发学生在情感上的共鸣,给学生以鼓舞、教育、鞭策,激起学生模仿和追赶的愿望的一种工作方法
角色模拟法	角色模拟法是指通过各种教育形式,让学生进入不同情境,担当不同角色,去表演、感受、体验、理解角色,从而掌握现代道德观念和行为规范的一种工作方法

续表

分类	说明
暗示法	暗示法是指在无对抗的条件下，用含蓄、诱导的间接方法对学生的心理和行为产生影响，从而诱导学生按照一定的方式去行动或接受一定的意见，使其思想、行为与班主任期望的目标相符合的一种工作方法
契约法	契约法是指班级中师生通过契约明确各自在人、事、物等中的权利与义务，进而实现管理目标的一种工作方法

学以致用

针对材料一，王老师主要存在以下问题：

一是对自己的工作任务不够明确。她认为班主任的工作就是抓学生的学习，这是一种片面的认识，与《中小学班主任工作规定》的要求是不相符的。班主任工作的基本任务是教好学生，带好班级，使每个学生都得到全面发展。

二是没有树立一种全新的班主任工作理念。班主任工作必须体现出"以人为本"的工作理念。

（1）班主任必须做到尊重与理解学生。新时期的教育理念强调尊重和理解学生。班主任不应该试图通过树立权威来控制学生，而应该努力营造一种平等、和谐、民主的师生关系。通过关爱和支持来赢得学生的信任与合作。

（2）班主任应该以正面教育为主。如果班主任从关爱学生的角度出发，并且能够从内心去理解和接纳学生，那么学生们会更容易接受班级的规章制度和管理。相反，如果班主任只是简单地通过恐吓或强制手段来管理学生，这将会产生负面影响，导致学生对学习失去兴趣和动力。

（3）班主任应该以学生长远发展观点来教育学生。从长期来看，通过建立良好的师生关系，班主任可以更有效地管理和指导学生。而且，这样的方法有助于培养学生的自律性和责任感，使他们在未来成为更加独立和负责任的公民。

三是班主任应该不断地学习，通过渊博的学识和高尚的人格树立自己在班级中的威信，而不是采取"高压"手段，树立权威来对待学生。

任务检测

一、判断题

1. 严格说起来，班主任这一角色在原始社会就出现了。（　　）
2. 我国最早近代意义的学校是1862年的京师同文馆。（　　）
3. 目前，只有少数国家设置班主任。（　　）

4. 在我国班主任制正式确立的时间应该是在新中国成立初期。（　　）

二、教育实践活动

联系教育见习，谈谈班主任工作的重要性。

任务二　认识工作对象

名人语录

> 如果教育家希望从一切方面教育人，你们就得首先从一切方面去了解人。
>
> ——乌申斯基
>
> "知其心，然后能救其失也。"
>
> ——《礼记·学记》

情境导入

【材料二】 刚上一年级的小明，学习很努力，但是学习成绩不太好，上课喜欢举手回答问题，有时老师还没有把问题说完，他就立即把手举得高高的。让他回答，他又不会，不时被其他同学讥笑，班主任也有点生气地说："你到底会还是不会？不会就不要举手！"从此之后，小明上课总是无精打采，再也不喜欢回答问题了。

思考：为什么会出现这种现象？如果你是小明的班主任，你会怎样做？

学习目标

1. 理解并掌握小学生心理发展特点。
2. 能根据小学生心理发展特点解决班级学生中存在的实际问题。
3. 在解决问题的过程中，能够以全面发展的观点看待每一位小学生。

知识储备

小学班主任的工作对象是学生，要想使每个学生都能得到最佳发展，就必须了解学生的心理特点。

一、小学生认知发展特点

（一）感知觉的发展

在整个小学阶段，小学生的感知觉是随着年龄的增长逐步得到发展的，其发展速度很快。低年级小学生感知事物时较笼统，往往只注意表面现象和个别特征，注意新鲜的、感兴趣的事物，时、空特性的知觉也不完善。随着年龄的增长和教学过程的逐步深入，小学生的感知能力有了很大提高，知觉的有意性和目的性明显发展。他们已能从知觉对象中区分出基本的特征和所需要的东西，对于时间单位和空间关系的辨别能力也逐渐增强，其准确性、系统性都不断提高。

启智引航

王老师是小学一年级的语文教师，兼任一年级三班的班主任工作。王老师任教的班级中有位男生小明，上课总是注意力不集中，经常东张西望、做小动作，如玩尺子、铅笔、橡皮。王老师多次在课堂上提醒教育他要遵守课堂纪律，他也不听，有时还跟其他同学说话，影响了其他同学听课。有一次，小明在课堂上与同学正聊得起劲，王老师一怒之下罚小明把这堂课教的生词抄写200遍。但罚抄后，小明依然没有改进。王老师在家长会后也单独向其家长反映过，小明妈妈说他在家也是这样，除了看电视和看漫画比较能集中注意力，做其他事情都特别容易分心，做作业也分心，小明妈妈对此也感到很头疼。

问题：

（1）王老师罚小明抄写生词的做法恰当吗？为什么？

（2）结合案例和所学知识，试分析小明上课注意力不集中的主要原因。

（3）如果你是王老师，你会如何帮助小明克服注意力不集中的问题？

（二）注意的发展

注意是一种心理状态，它伴随着感知、记忆、想象和思维等认识活动而生，又维持这些活动继续进行。小学生的注意力发展主要表现在注意的目的性和注意品质的发展两方面。

1. 注意的目的性

刚刚进入学校，小学生的注意力水平是有限的，注意的目的性还很低，无意注意仍起重要作用。他们兴奋抑制的产生比较迅速，第二信号系统的抑制作用较弱，容易受到外界新鲜、突变和运动的事物所吸引。小学生的注意力在很大程度上被教学的直观性、形象性和教师所创设的教学情境所吸引。上课时，他们会思想"开小差"，做小动作；做作业时，也需要教师或家长的督促。随着学习活动的进行，他们的大脑不断成熟，神经系统活动的兴奋与抑制过程逐步协调起来，有意注意逐渐在学习和其他活动中占据主导地位。四五年级的小学生在课堂上可以根据学习活动和教师的要求将注意指向学习对象，有意注意由被迫状态提高到了自觉状态。

2. 注意品质

小学生的注意品质也在不断发展，主要表现为注意的集中性和稳定性增加，注意的范围有所扩大，注意的分配和转移能力逐渐提高。

在整个小学时期，学生注意的集中能力是逐步发展的。低年级学生注意的集中性水平较低，主要表现在两个方面。第一，注意集中性的深度不足。他们能观察具体形象的事物，而不善于观察抽象、概括的材料；能集中注意事物的外部现象，而不善于专注事物的本质联系。第二，注意集中的时间较短。

小学生注意的稳定性也是逐步发展的。实验表明，在一般情况下儿童注意保持时间有一定规律，如表1-2-1所示

表 1-2-1 小学生集中注意时间

序号	年龄	保持时间
1	7～10岁	20分钟
2	10～12岁	25分钟
3	12岁以上	30分钟

小学低年级学生，特别是刚入学的一年级学生，明显地表现出不善于分配注意的特点。他们在同一时间的注意只能集中在一个对象上，还不能对注意进行有效的分配。随着学习活动和其他活动范围的扩大以及知识技能的发展，小学生逐渐发展了注意分配的能力。中高年级学生在同一时间里可以把注意分配在几个对象上。

小学低年级学生注意转移的能力还比较差，他们还不善于把注意从一件事情转移到另一件事情上。小学中年级以后，学生的注意转移能力逐渐发展起来。

（三）记忆的发展

从学龄前期的无意记忆占主导地位发展到有意记忆占主导地位，是小学生记忆发展的一个特点。在小学低年级，无意记忆占有比较主要的地位，随着年级的升高，以及学习、训练的影响，小学生的有意记忆明显得到发展，它的主导地位逐渐显著。一般而言，这种主导地位的显著表现是从三年级开始的。

随着小学生的有意记忆逐渐超过无意记忆成为主要的记忆方式，意义记忆所占的比例逐渐超过机械记忆而在记忆活动中渐居重要地位。由于理解意义与逻辑思维的理解能力有密切关系，因此，意义记忆占主导地位的关键年龄，往往与理解力发展的关键年龄一致，一般在三四年级。

小学低年级学生的知识经验还不丰富，第一信号系统还占优势，因此，他们在识记事物时常常表现为形象记忆。随着教学的影响、知识的丰富和智力的发展，小学生的抽象记忆发展也逐步超过形象记忆。

（四）思维的发展

小学生思维的基本特征是从以具体形象思维为主逐步过渡到以抽象逻辑思维为主。在5～7岁时，儿童的思维过程经历了一场变革。这是一个从前运算思维向具体运算思维的过渡阶段。这一变革使得儿童可以在心理上完成某些活动，而不像过去那样必须由实际的身体活动来完成；也使得儿童能够在心理上进行活动的逆推。

并不是所有的儿童都在同一个年龄段完成这种转变，而且没有一个儿童能够迅速地从一个阶段转到下一个阶段。儿童通常会同时表现出两个发展阶段的认知行为。当儿童从一个阶段向另一个阶段转化时，在发展高级认知行为的同时，仍然保持了前一思维阶段的特点。

进入具体运算思维阶段后，小学儿童的记忆和认知技能得到快速发展。儿童的分析综合能力提高了，思维摆脱了自我中心，达到守恒是具体运算阶段儿童的主要成就。另外，元认知能力有所发展，即对自己思维过程的认知以及学会如何学习的能力。

在这个阶段的初期，思维依赖于具体的对象和情境，只能孤立地认识事物的个别特征和表面现象。随着年龄增长和学习活动的深入，他们开始能够了解事物之间的联系，并根据种属关系对事物进行分类和简单的分析概括，甚至掌握一些抽象的概念等。这时，儿童的思维能力出现了一次质的飞跃，即逐步以具体形象思维为主过渡到以抽象逻辑思维为主。

总之，小学三年级之前偏重形象思维，10岁左右是形象思维向抽象逻辑思维过渡的转折期。

（五）言语的发展

在言语方面，小学生逐渐掌握口头言语中语音的细微差别，并开始进入书写言语发展时期。在教育、教学的影响下，小学生的词汇数量增加很快，对词义的理解越来越精确，语法运用逐步趋于合理、完善，言语表达更加连贯、生动和多样化。小学生不仅在母语的掌握上获得了长足进步，而且还有能力同时进行外语学习，这说明小学生的言语发展有很大潜力。

个体内部言语大致经历了出声思维时期、过渡时期和无声思维时期。刚入学的小学生处于出声思维阶段；三、四年级以后，随着学习能力的发展，学生在演算时或在阅读课文时无声语言开始逐步占主导地位，但是阅读或演算遇到困难时，仍会用有声言语来帮忙，即使在高年级也是如此。

（六）想象的发展

整个小学阶段，小学生想象的目的性、有意性随着年龄的增长而逐步增强，想象的创造性成分也在增多。小学低年级学生的想象力十分丰富，在他们的头脑中，现实与想象之间往往没有明确的界限。有时候，他们会由于想象与现实的同一化，导致行为和言语的不合情理。如果没有考虑到儿童想象发展的这种特征，这种情形会经常在成人眼中被当作"说谎""欺骗"。对此，教师和家长要有充分的理解。小学中、高年级学生的想象已能比较真实地表现客观事物，其想象的内容也趋于现实，想象的现实性有了较大提高，想象由模仿性、再现性向创造性过渡。

（七）观察力的发展

小学生观察力的发展是从无系统性的观察向有目的、有顺序的观察发展，从模糊笼统的观察向比较精细准确的观察发展。这主要表现在观察的品质上。

1. 观察的目的性

小学低年级阶段，小学生在观察活动中，易受外来刺激的干扰，常常在受新异刺激影响时，心理活动离开观察的对象；同时，观察易受自身的生理状况和个人兴趣等因素的制约。但随着年龄的增长，在教育的作用下，观察的目的性将不断提高。

2. 观察的精确性

小学低年级阶段，观察时比较笼统，观察不够精确，往往只注意事物的主要特征或活动的主要过程，只能说出对象的个别部分或颜色等个别属性，精确性水平很低；三年级学生观察的精确性明显提高，五年级又优于三年级。

3. 观察的顺序性

小学低年级儿童，观察时往往只注意事物较突出的特征，如运动的、较大的、对比明显的部分，这样则导致观察无序，观察的结果缺乏全面性、完整性；中、高年级学生的观察有序性明显提高，一般能从头到尾进行观察，而且在表述观察结果时常常先想后说。但五年级和三年级学生在观察的有序性方面差异不显著。

4. 观察的深刻性

小学低年级阶段，观察事物时，小学生还主要以感性经验为主，缺乏思维活动的参与，使得观察的深刻性不够，只看到事物的表面现象和表面特征，常常观察到了无意义特征而忽略了有意义的特征，难以抓住事物的本质，只知道"是什么"，缺乏"为什么"的思考，使观察趋于肤浅，难以上升到理性高度并赋予观察更深刻的意义；三年级学生观察中的判断力有较大提高；五年级学生观察中的分辨力、判断力明显提高。

二、小学生道德发展特点

（一）皮亚杰道德发展阶段

皮亚杰认为，儿童道德发展是一个渐进的过程，经历了从对道德概念的初步理解到形成独立道德判断能力的发展，这一过程的发展顺序是固定不变的。根据儿童道德认知发展由低到高这一特点，皮亚杰把儿童道德发展划分为四个阶段，具体特点如表1-2-2所示。

表 1-2-2　皮亚杰道德发展阶段

序号	阶段名称	说明
1	"自我中心阶段"或前道德阶段（2～5岁）	该阶段儿童缺乏按规则来规范行为的自觉性，在亲子关系、同伴关系、价值判断等方面均表现出自我中心倾向
2	"权威阶段"或他律道德阶段（6～8岁）	该阶段儿童表现出对外在权威的绝对尊重和顺从，把权威确定的规则看作绝对的、不可更改的，在评价自己和他人的行为时完全以权威的态度为依据
3	"可逆性阶段"或初步自律道德阶段（8～10岁）	该阶段儿童的思维具有守恒性和可逆性，他们已经不把规则看成一成不变的东西，逐渐从他律转入自律
4	"公正阶段"或自律道德阶段（10～12岁）	该阶段的儿童继可逆性之后，公正观念或正义感得到发展，儿童的道德观念倾向于主持公正、平等

（二）柯尔伯格道德发展阶段

柯尔伯格道德发展分为三水平六阶段，具体如表1-2-3所示。

表 1-2-3　柯尔伯格道德发展阶段

序号	水平	阶段	特点
1	前习俗水平（0～9岁）：处在这一水平的儿童，其道德观念的特点是纯外在的。他们为了免受惩罚或获得奖励而顺从权威人物规定的行为准则。根据行为的直接后果和自身的利害关系判断好坏是非。这一水平包括两个阶段	惩罚与服从定向阶段	在这一阶段儿童根据行为的后果来判断行为是好是坏及严重程度，他们服从权威或规则只是为了避免惩罚，认为受赞扬的行为就是好的，受惩罚的行为就是坏的。他们还没有真正的道德概念
		相对功利取向阶段	这一阶段的儿童道德价值来自对自己需要的满足，他们不再把规则看成是绝对的、固定不变的，评定行为的好坏主要看是否符合自己的利益
2	习俗水平（9～15岁）：处在这一水平的儿童，能够着眼于社会的希望与要求，并以社会成员的角度思考道德问题，已经开始意识到个体的行为必须符合社会的准则，能够了解社会规范，并遵守和执行社会规范。规则已被内化，按规则行动被认为是正确的。习俗水平包括两个阶段	寻求认可定向阶段，也称"好孩子"定向阶段	处在该阶段的儿童，个体的道德价值以人际关系的和谐为导向，顺从传统的要求，符合大家的意见，谋求大家的赞赏和认可。总是考虑他人和社会对"好孩子"的要求，并总是尽量按这种要求去思考。他们认为好的行为是使人喜欢或被人赞赏的行为
		遵守法规和秩序定向阶段	处于该阶段的儿童其道德价值以服从权威为导向，他们服从社会规范，遵守公共秩序，尊重法律的权威，以法制观念判断是非，知法懂法。认为准则和法律是维护社会秩序的

续表

序号	水平	阶段	特点
3	后习俗水平（15岁以后）：达到这一道德水平的人，其道德判断已超出世俗的法律与权威的标准，而是有了更普遍的认识，想到的是人类的正义和个人的尊严，并已将此内化为自己内部的道德命令。后习俗水平包括两个阶段	社会契约定向阶段	处于这一水平阶段的人认为法律和规范是大家商定的，是一种社会契约。他们看重法律的效力，认为法律可以帮助人维持公正。但同时认为契约和法律的规定并不是绝对的，可以应大多数人的要求而改变
		原则或良心定向阶段	这是进行道德判断的最高阶段，表现为能以公正、平等、尊严这些最一般的原则为标准进行思考。在根据自己选择的原则进行某些活动时，认为只要动机是好的，行为就是正确的

按照柯尔伯格道德发展阶段分类，学生在整个小学阶段处在前习俗水平后期和习俗水平阶段。

（三）小学生道德发展特点

1. 小学生逐步形成自觉地运用道德认识来评价和调节道德行为的能力

小学生道德认识表现出从具体形象性向抽象逻辑性发展的趋势。在道德认识的理解上，小学生从比较肤浅的、表面的理解逐步过渡到比较精确的、本质的理解，但具体性较大，概括性较差。在道德品质的判断上，小学生从只注意行为的效果到比较全面地考虑动机和效果的统一关系，但常常有很大的片面性和主观性。在道德原则的掌握上，小学生的道德判断从简单依附于社会的、他人的规则，逐步过渡到受内心的道德原则所制约。

2. 小学生的道德言行从比较协调到逐步分化

在整个小学时期，小学生在品德发展上，认识与行为、言与行基本上是协调的、相称的。年龄越小，言行越一致，随着年龄增长逐步出现言行一致和不一致的分化。

3. 自觉纪律的形成和发展在小学生品德发展中占有相当显著的地位

自觉纪律的形成和发展是小学生的道德知识系统化及相应的行为习惯形成的表现形式，也是小学生出现协调的外部和内部动机的标志。所谓自觉纪律，就是一种出自内心要求的纪律，是在小学生对于纪律认识和自觉要求的基础上形成的，而不是依靠外力强制的纪律，因此，自觉纪律的形成过程是一个纪律行为从外部的教育要求转为儿童内心需要的过程。

三、小学生学习心理特点

（一）学习态度的特点

从整体上看，小学生的学习态度是随着年龄增长，逐步由被动向主动、由不稳定向稳定发展的。

1. 由被动到主动

小学生，特别是低年级小学生基本上是按照老师和家长的要求学习，有些学习能力弱的小学生则是靠家长逼着去上学，相当被动。随着学习的不断深入，对学习目的性的理解逐步加深，学习的热情也越来越高，表现出较高的积极性、主动性和自觉性。

2. 由模仿到内化

小学生具有很强的向师性，他们生活在集体活动之中，目睹学习行为和成绩好的学生受到老师的表扬，得到同伴的认可和尊重，成为大家学习的榜样。这样，在小学生的头脑中逐渐形成了好学生的信念、标准，成为支配其学习的动力和准则。

3. 由不稳定到稳定

从整个小学阶段看，虽然学习的目的性、自觉性随年龄的增长而逐步增强，但还是不够成熟。特别是小学低年级阶段的学生，他们往往还是以是否感兴趣为主，因而具有很大的波动性、不稳定性。随着年级的升高和知识的积累，小学生对学习的目的也越来越明确，希望通过自己的努力学习，成为一个有作为的人，学习态度日趋稳定。

（二）学习动机的特点

小学生的学习动机整体发展趋势是从一个比较短近的、狭隘的学习动机逐步向比较自觉的、远大的学习动机发展，从具体的学习动机向抽象的学习动机发展。

1. 由直接具体学习动机向间接抽象学习动机发展，仍以直接具体学习动机为主

小学低年级学生的学习动机主要与学习过程、学习内容相联系，他们最初喜欢生动有趣的学习内容，直观形象的讲授方式和活泼多样的学习活动，但并没有意识到学习的长远目的。只是到了中、高年级以后才逐步与学习的结果、目的相联系，才开始将学习活动指向未来的间接目标，如希望将来能考上大学成为一名科学家等。

2. 由外部学习动机向内部学习动机转化，仍以外部学习动机为主

低年级小学生努力学习，往往是为了获得好的分数，或者是为了博得教师、家长的奖励或同学们的羡慕。因此，他们对于考试的分数和对自己在班级里的名次十分关心。到了小学中、高年级，由于年龄的增长和学习活动的深入，儿童的学习兴趣逐步发展起来，其学习动机才逐步由外部向内部转化。儿童开始为了掌握某种知识、技能而刻苦努力学习，学习已成为他们的内在需要。

3. 由被动学习向主动学习发展，但社会性学习动机不够明确和稳定

低年级小学生还不能认识到学习是学生的一种社会义务与责任，他们进行学习主要是遵循父母和教师的要求，带有明显的被动学习性质。随着知识经验的积累，中年级小学生开始逐步理解学习的社会意义，被动学习的状态有所改变，到了高年级，这种认识进一步加深，从而使他们学习的主动性、自觉性大大提高。

4.学习动机的发展存在分化现象

从小学中年级开始，由于学生的个别差异，一些学生的学习动机开始出现分化。有些学生由于学习上领先，且常常得到教师的表扬和同学的赞许，他们的学习动机不断得到强化，学习动机更加坚定。相反，一些学生学习成绩不够理想，教师对他们关心较少，同学冷眼相待，使他们的学习动机逐渐削弱，有的学生甚至不喜欢学校，开始厌恶学习。到了高年级，学生的学习动机又容易产生偏爱和实用主义的倾向。有些学生偏爱某一学科而不想学习其他学科，不了解学好各门学科基础知识的重要性。也有些学生为了追求个人的名利和物质享受而学习，出现明显的动机偏差。对此，教师应注意加强正面引导，使学生的学习动机朝着健康的方向发展。

> **启智引航**
>
> 班主任王老师所带的班级已经升入三年级了。她为自己两年来的付出和学生的优异表现感到满意和高兴。可是升入三年级后，班级里很多学生表现出与一、二年级不同的特点，感觉有些孩子"不服管"，有的孩子学习成绩出现滑坡现象，甚至有"破罐子破摔"的苗头；学生之间常常为一点小事而争得面红耳赤。王老师处于深深的思考之中……
>
> 如果你是王老师，将如何有针对性地进行教育？

四、小学各年级心理特点及教育对策

（一）小学一年级的心理特点及教育对策

1.求知欲强，对新鲜的事物都很好奇、感兴趣

从幼儿园到小学，是儿童发展中的重要转折点，也就是由原先的以游戏活动为主转为以学习活动为主；他们进入校园后既兴奋又好奇，课后常常像在幼儿园那样围在班主任身边，问这问那，有的孩子向老师分享他们家里的故事等。这就要求班主任在教育工作中提高自身的素养，在教学中要通过创设情景、直观教学手段、小学生多种感官的参与来激发小学生的兴趣，提高他们强烈的求知欲，为养成良好的习惯打基础。

2.表现欲、好胜心强，以自我为中心

刚入学的小学一年级学生对上课回答问题、班级或学校开展的竞赛活动表现得非常积极。例如，上课回答问题，别的同学在回答问题时，他还是把手举得高高的，有的则直接站起来抢着回答；班级开展竞赛活动时表现出不甘落后的特点，但这并不是集体荣誉感的表现，他们不知道活动的胜负对班级会产生什么影响。针对这一特点，作为班主任一定要学会保护小学生的这种积极和热情，因为"儿童都有希望被认可的天性"。当然，在保护小学生的"热情""积极"的同时，也要注意培养小学生的规则意识，引导小学生养成良好的学习

习惯，如学会倾听、善于思考、善于合作的习惯等。

3. 向师性很强、爱模仿

一年级的小学生往往把班主任看成无所不能的"万事通"，认为班主任才是他们"真正的教师"，他们对班主任有着特有的期望和依赖，对老师的一言一行爱模仿。有时表现为特有的自尊感，认为自己已经长大了，开始模仿高年级的大哥哥、大姐姐。这也是继幼儿反抗期之后力求摆脱父母而要求独立的第二阶段。针对这一特点，作为班主任要注意日常礼貌用语，做到为人师表，给学生以示范、榜样。此外，要看到他们虽然已经进入小学，但是还没有完全摆脱幼儿期的一些特点。

总之，小学一年级阶段，作为班主任来说主要是做好幼小衔接工作，让小学生尽快地适应小学的环境和学习活动，培养小学生的良好习惯和对学习的兴趣，引导他们愉快地学习。

（二）小学二年级的心理特点及教育对策

1. 逐渐产生竞争意识

二年级的小学生不像一年级时那样，他们开始能够判断出自己能力的高低；当别人的表现比自己差时，暗自感到自豪。个人能处理的问题越来越多，自信心逐渐增强。当别人的表现比自己好时，有种不安感，但是不会像一年级时情绪波动那么强烈。这就要求班主任老师培养小学生的平等竞争意识，增强小学生的自信心。

2. 逐渐产生集体荣誉感

二年级的小学生能很清楚地了解班级中开展活动与自己的关系，行为表现也很明显。如在开展活动的过程中，自己班级赢了，他们会兴高采烈，如果别的班级胜出，他们会默不作声。他们处处表现出勤奋，不甘落后，如在写作业或者班级卫生值日时，往往表现出争先恐后的特点，最先写完或干完，等待老师的表扬。这就要求班主任在教育工作中应积极开展一系列适合二年级小学生发展的竞赛，提高他们的集体荣誉和责任感。

3. 不能自觉地控制学习

二年级小学生与一年级小学生相比能够连续有效学习的时间加长，但贪玩是他们这一阶段的主要特点。有时由于贪玩，忘记了自己应做的事情。为了逃避指责，他们有时会说谎。学习的自觉性不强，认为学习就是完成老师布置的任务即可，只要老师布置的作业完成了就出去玩。这一时期，出现小学生学习兴趣分化的萌芽，表现为不同学科的学习动机差异，偏科现象开始出现。针对这一特点，班主任应该有意识地引导他们学会制定自己的学习目标，增强学习的内在动机。

4. 同伴友谊以互惠为主

进入二年级，随着交往能力的提高，小学生之间开始出现比较稳定的、关系比较好的好朋友。但是他们的择友标准往往以互惠作为一个重要标准。同时，表现出独立的个性，表现为自己经历的事情不像一年级那样完全告诉家长，矛盾与代沟开始产生。针对这种情况，班主任应该积极与家长沟通，让家长多花时间去陪伴孩子。

总之，小学二年级班主任应该在班级中积极开展集体活动，让学生感受集体生活与知识学习的乐趣，形成集体荣誉感；在活动中训练他们成为一名好学生的意识；经常性地给予他们精神上的表扬。

（三）小学三年级的心理特点及教育对策

三年级是小学阶段的过渡年级，是小学生跨入中、高年级的起始阶段，也是小学生的行为习惯、学习态度从可塑性转向逐渐定型的重要阶段，是培养小学生的学习能力、意志品质和良好行为习惯的最佳时期。

1. 个性差异加大

如果说一、二年级还是班主任"牵着小学生的手走的话"，那到了三年级班主任则是"开始撒手，扶着小学生走"。因此，有人认为三年级是道"坎儿"，也有人称为"三年级现象"。他们在接受别人的评价中发现自身的价值，进而产生兴奋感、自豪感，对自己充满自信心。但是，也有的小学生由于自己成绩不理想或者是某个方面的缺失，在班级中受到同学的歧视，自我评价过低，对自己失去信心。作为班主任应多给予关心、帮助和支持，引领他们向正确的方向发展。

2. 情绪不稳定，自控能力差

三年级小学生由于生活经历的缺乏，导致他们在面对自责、冲突、约束的情况下，容易产生紧张的情绪，自我调节能力较差，不会释放心理压力，容易使他们的心情变坏。他们在与同伴活动时，容易冲动，情绪变化极大，由外显向内控、深刻、自觉发展。在学习上变得浮躁，学习不踏实，马虎大意，作业不应该犯的错误多，不能静下心来学习，做作业磨蹭。在这种情况下，作为班主任应该及时处理好他们之间的关系，以免不良情绪影响他们的学习和生活。

3. 学习兴趣分化

无论是学习任务还是活动范围，三年级与一、二年级相比都发生着显著性的变化。学习活动中的游戏性特征开始减少，学习过程中的组织性、自主性、严谨性更强。很多小学生一下子感觉三年级课程似乎变难了，许多事情都要靠自己努力去解决。一、二年级的时候，有的学生凭幼儿园时的学习积累或者自己比较聪明，不太认真学习也能获得很好的成绩。然而到了三年级，稍有马虎学习成绩就有可能下滑。这一年又是两极分化的开始，由于学习内容增多、难度加大、运动量加大，小学生的学习压力也开始增大，部分学生学习兴趣分化的现象显现。因此，作为班主任在这一阶段应该给小学生树立明确具体的目标，让学生明确学习的意义，把学习与自己的远大理想联系起来，小学生一旦有了奋斗目标，就会产生持久而主动的学习动力。

4. 交往以双向帮助为主

三年级的学生在与同伴交往中进入了一个双向帮助阶段，他们往往以学习的好坏作为衡量人的标准。部分学生不愿意把外面的事情与家长进行分享，显示出独立的个性，逆反心理开始出现，他们希望老师把他们当作大孩子看待。当他们的逆反心理得不到及时矫正时，有可能发展成为逆反习惯，与老师或家长唱反调。因此，作为班主任应该多与学生沟通，平等地对待他们，满足他们合理的需要。

5. 意志力薄弱，厌学现象开始出现

由于三年级是学习活动发生很大变化的时期，很多小学生的学习方式不能很好地适应新的学习任务要求，当他们在学习中遇到困难时，不能很好地归因，往往会悲观地评价自己的能力，降低对自己的期望，产生畏难情绪。情绪的泛化使得小学生意志力受到影响，当他们遇到困难时出现放弃完成任务的倾向。在学习上的失落感也容易产生厌学情绪，甚至有的学生出现逃学行为。针对这样的特点，班主任要正确引导小学生，当他们遇到困难时，或者学习成绩不理想时，要学会正确归因，让他们能够勇于面对困难，激发战胜困难的勇气和信心。

总之，小学三年级是中年级的起始阶段，这一阶段的发展状况直接影响高年级乃至中学发展的质量，三年级阶段要做好低年级与高年级的有效衔接，实现小学生中年级阶段的平稳过渡。

（四）小学四年级的心理特点及教育对策

如果说小学三年级是中年级平稳过渡的起始阶段，那么小学四年级则是中年级平稳过渡的关键时期。小学生随着知识的增长和交往范围的扩大，个人之间的距离也越来越大。

1. 个性差别最大，难以引导

小学四年级学生非常难以引导。一方面，生理的发育出现明显的差别，发育快的基本接近中学生的指标，发育慢的还像一、二年级的学生。在心理方面，由于受到家庭及其他方面的影响，小学生对事物的体验差距很大。心理发育较快的小学生，能够很快地明白一、二年级时弄不明白的一些事情。特别是见多识广的小学生甚至表现出很老成的样子。而家庭条件一般的小学生则显得孤陋寡闻。精力充沛的小学生已经开始阅读成人书籍，并对教师的指导提出更高的要求。这就要求班主任做到因材施教，满足不同层次学生的需求；并对他们提出更高的要求，开阔视野，丰富学生的感性经验，为今后的进一步发展打下坚实的基础。另一方面，教师要树立终身学习的理念，以满足不同学生的需求。

2. 自我意识开始出现

小学四年级学生的思维由具体形象思维向抽象逻辑思维过渡，他们能够分析一系列比较复杂的问题，并在分析问题过程中开始确立"自己"的位置。能够在反复比较、衡量过程中开始认识自己的行为与他人行为的关系。在处理事物过程中，能够说服自己，调整自己的立

场和看法。这一阶段的学生在生活和学习过程中都表现为具有较强的独立性，他们不受大人意见的左右，部分学生不愿意把在外面发生的事情讲述给家长或教师，有时自己经历的事情也不告诉教师，显示出独立的个性。作为班主任来说，既要看到这一阶段学生具有的独立性特点，培养他们学习生活上的独立自主能力，又要密切观察他们的一举一动，平时要与他们保持经常性的沟通，平等地对待他们，做他们的"知心朋友"。

3. 隐瞒实情，学会欺骗

此阶段的小学生往往表现出言行不一致，即使被发现，也学会了寻找有利的理由为自己辩护。因此，作为班主任要更加注重与家长沟通，了解学生在家庭、社会中的情况，让家长了解孩子在学校中的表现，达成教育的一致性。

4. 学习的内在动机增强，是良好习惯养成的关键时期

到了小学四年级，大部分小学生认为学习是自己的事情，很少像一、二年级一样靠外界督促去学习。随着课程的增加，作业量的增多，老师会像对待成人一样要求他们，他们逐渐养成了课前预习和课后复习的良好学习习惯。这种良好的行为习惯将影响到五、六年级的学习。这就要求班主任引导学生学会学习，为学生提供适量的课外读物，开阔学生的视野，提高他们自我评价的水平。要用发展的、欣赏的目光看待每个学生，促进每个学生的全面发展。

（五）小学五年级的心理特点及教育对策

1. 竞争性、学习动力逐渐增强

五年级学生无论在学习还是在生活中，都表现得不甘落后，变得更有学习动力和竞争意识。他们开始注重自己的成绩和物质条件，经常和比自己好的同学攀比。因此，在这一阶段，作为班主任要继续帮助他们做形成良好习惯的训练。如果不做针对性的训练，孩子就会形成虎头蛇尾的做事习惯。班主任应与家长沟通，抓住小学生此阶段的独立意识，训练他们的自主能力，让他们能够独立自主地完成自己的事情。

2. 产生妒忌羡慕心理

五年级学生非常关心学习成绩，对于学习优秀的同学开始产生敬佩的心理。这个阶段对学生心理健康的培养非常重要，让学生正确对待自己的成绩和缺点、先进与落后，避免把羡慕变成嫉妒，还要注意不能因为一时的落后就灰心丧气；也不能因为一时的优秀就骄傲自满。班主任要帮助他们摆正心态，在小学生的交友过程中，不要让他们产生过度攀比的想法，也不要对比自己优秀的同学产生嫉妒心理，要正确引导学生向他人学习。

3. 稳定的小团体，独立能力增强

五年级的小学生正式团体和非正式团体相对来说比较稳固，这些团体具有明确的目的和行动方法。活动带有社会性，愿意接受成年人的规则。作为班主任来说，应该充分发挥班级正式团体的作用，要抓住非正式团体中的核心人物，正确引导非正式团体向正确的方向发

展。要看到每个学生身上都有自己独特的品质，五年级的学生，还没有明显的价值观，因此，班主任要很好地辨识每个学生的品质问题，对于道德品质不良的学生，要通过促进团体成员自我认知的提高来转变不良的思想和行为。

4. 不轻信老师的随便表扬

五年级学生已经不再轻信表扬的话语。对于"你是一个好孩子，应该……"这样的话语，他会马上反驳："我不是好孩子，所以……"，并且会立刻改变自己的行动方式。

所以随便的表扬，用在五年级学生身上已经无效了。五年级的小学生对许多事情有自己的打算和想法，学会了自己安排时间和活动。作为教师或家长最好不要干涉他们的正当活动，要让他们自由成长。班主任要时刻关注学生，做到多听取他们的意见，常和学生聊天，多了解学生的想法和烦恼，尽可能少批评他们，多从学生的角度去看待问题，只有这样才能使他们健康成长。

（六）小学六年级的心理特点及教育对策

小学六年级的学生即将完成小学阶段的学习任务，即将从小学跨入初中，这是他们人生历程中的重要转折。

1. 独立意识和成人感增强

随着交往范围的扩大和知识经验的积累，他们不再希望老师或家长把他们当小孩看待，半幼稚半成熟表现比较明显，在人际关系的处理上或者实际问题的解决方法上表现得还很不成熟。虽然他们接触社会面比较广泛，吸取信息的能力也比较强，针对日常生活现象具有辨别是非的能力，但是他们还不善于正确地判断与辨析外部信息和社会现象，喜欢用批判的眼光看待一切。这就需要班主任加强是非观的教育，选择具有正能量的信息和社会中积极的因素去影响他们，净化他们稚嫩的心灵。

班主任要换位思考，要和学生经常性地进行交流，要站在学生的角度考虑问题。和学生沟通时要做到人格平等，要和学生成为好朋友。要敞开心扉与学生进行交流，这样学生才会畅所欲言，做到无话不谈。尽量少用或不用强制命令式的态度让学生去做事情，可以给出意见，让学生自己做主。

2. 思想易受暗示，分辨能力不高

六年级小学生处于人生观、世界观形成的初级阶段，他们具有求知欲强、兴趣广泛的特点。但是，由于他们的社会经验不足，社会实践相对较少，思想上不够稳固，在看待问题上往往带有一定的片面性和表面性，他们对周围人给予的评价非常敏感和关注，容易对自我评价产生怀疑态度，当遇到失败或挫折时，往往会走向另一个极端，导致灰心丧气，缺乏坚韧性。当学校的要求与社会思潮、家长意见不一致时，容易受到错误思想观念的暗示和影响，出现仿效他人的现象。

3. 关注异性，敏感复杂

小学六年级学生在生理上开始进入青春发育期，他们对身体所发生的变化，特别是性机能的发育，既好奇又怕羞。他们希望得到异性的关注并受到异性的喜欢，喜欢和异性在一起，男生在女生面前表现得格外兴奋，而女生在与男生交往时更爱打扮，以博取男生的关注。在异性方面表现自我，相互取悦。这就需要班主任利用周会或者队会开展一系列的主题活动，让学生通过活动创设情境，在潜移默化中让学生做到异性之间的正常交往。

4. 情绪表现复杂，自我调节能力还比较弱

小学六年级学生，情感内容日益丰富，但时常表现为幼稚的情绪冲动和短暂的不安定状态交织在一起。当遇到问题时，不知道如何去进行自我调节和控制自己的情绪。针对这一特点，作为班主任一方面要通过单独安排工作任务给学生，让学生知道学习生活中可能会遇到很多的困难、问题，要学会去解决，学会去发泄，会正确地调节和控制自己的情绪。另一方面，班主任要积极恰当地开展具有冒险性、趣味性、竞争性的活动，让学生在活动中展示自我，增强自信心。

总的来说，小学六年级学生处在生理、心理的发育期，是人生发展的奠定基础时期，这一阶段，他们情绪波动比较大，受挫折能力趋于减弱，容易失去自信。作为班主任要帮助学生正确理解自己的身份、位置、任务和将来的作为，把生活目标与有目的的行为结合起来，把"力所能及"作为自己的行为座右铭，不要因为困难太多而失去进取的勇气。

学以致用

材料二中，班主任的做法是不恰当的，泯灭了学生学习的积极性。

小明从一开始的积极回答问题到后来不爱回答问题的原因如下：

（1）心理学家研究表明，人的认知风格是不一样的，有的属于沉思型的，有的属于冲动型的。这两种类型没有好坏之分。而小明恰恰属于冲动型的认知风格。

（2）小明学习很努力，但成绩不理想，他想通过积极回答问题这种方式得到老师的表扬，得到同学的肯定，进而满足自己的成就需要。

（3）根据心理学家的研究结果，小学阶段正处于勤奋对自卑的冲突阶段，在这一阶段的儿童，他们往往表现为很积极、很勤奋，作为班主任来说应该对他们的行为给予积极的肯定或者耐心的指导。否则会造成小学生自我评价过低，出现自卑的现象。

因此，作为班主任来说在对小明的行为给予积极肯定的同时，要告诉他应该把问题想好了再回答，不用着急，老师会叫到你的；对于他回答错了，班主任应把问题抛给班级其他同学，共同讨论分析，应赞赏学生，而不是一味地批评。

任务检测

材料分析题

1. 小明性格外向，他从小好奇心特别强，喜欢探究新鲜事物，但是往往"三分钟热度"，不能深入地思考或持续地探究。也许正是因为他的兴趣来得快，去得也快，在低年级阶段，他能很快适应学习，显得游刃有余，信心十足。而步入三年级后，面对逐渐加重的学习任务，难度加深的学科知识，同学间奋起直追和赶超，小明一下子"失色"不少，他的学习信心受到打击，学习态度有所动摇，学习动力在不知不觉中渐渐消退，在家期间表现得尤为明显。种种现象落在父母眼中，免不了一次次的教育、改正、再教育、再改正……父母的做法并没有真正解决小明遇到的实际困难，反而使他陷入了想要努力却又惧怕失败的两难境地，以被动学习来逃避学业带来的压力。

问题：如果你是班主任，如何帮助家长解决小明存在的问题？

2. 王老师是小学六年级的班主任，她发现随着年龄的增长，学生反而越来越不懂事，越来越不听话。在批评教育的过程中，有些学生会表现出不满情绪，甚至与班主任顶嘴狡辩、充耳不闻等。

问题：如果你是王老师，应当如何正确引导小学高年级学生健康发展？

任务三　班级管理

名人语录

> 没有好的班级管理，就没有好的教育成果。
>
> ——魏书生
>
> 没有惩罚的教育是不完美的教育。
>
> ——马卡连科

情境导入

【材料三】王小山是小学五年级学生，也是一名留守儿童，母亲在他很小的时候离家，一直杳无音信。爸爸长年在外地打工，由爷爷奶奶照看他，他行为习惯差，经常偷东西、惹是生非，还经常给同学起外号，而且不按时完成作业，班级同学都远离他。他被班主任认为是班级里无可救药的学生。

思考：如果你是班主任，会如何对王小山同学进行教育？

学习目标

1. 理解并掌握小学班级管理的内涵、小学班级管理的功能及管理模式。
2. 能够根据班级管理功能、管理模式分析当前班级管理过程中存在的实际问题。
3. 能够初步地运用科学的班级管理观去管理班级。

知识储备

一、小学班级管理的内涵

（一）管理的界定

彼得·杜拉克说："管理的真谛在于它是一门关于人的学问。"管理的概念是一个动态的发展过程，任何管理都包括计划制订、组织实施、过程检查和结果总结四个环节，在这四个环节中体现了管理所具有的计划、组织、领导和控制四个职能。管理的任务就是通过设计和维持一种环境，使在这一环境中工作的人们能够用尽可能少的支出实现优良效果的最大化。也就是通过组织设计信息传递通道和管理机制，不断提高上下级之间、各个职能部门之间、管理者与被管理者之间信息对称，促进目标管理尽快实现。

（二）小学班级管理的概念

小学班级管理是一个动态过程，它是教师根据一定的目的要求，采用一定的手段措施，带领班级学生，对班级中的各种资源进行计划、组织、协调、控制，以实现教育目标的组织活动过程。它是一种有目的的活动，这一活动的根本目的是实现教育目标，使学生得到充分的、全面的发展。它包括管理者、管理对象、管理手段、方式等。

小学班级管理的对象是班级中的各种管理资源，包括人、财、物、时间、空间、信息，而主要对象是人，即学生；班级的主要管理手段有计划、组织、协调和控制。

小学班级管理主要包括四方面内容，如图1-3-1所示。

图1-3-1 班级管理的内容

二、小学班级管理的功能

（一）高效的班级管理工作有利于贯彻教育方针，实现教育目标

学校的全部工作都是为了促进学生的全面发展，完成教育任务，而学校的教育教学活

动、任务的完成都是在最基本的行政单位班级中进行的。因此，班级管理工作对贯彻党的教育方针，促进学生全面发展起着直接的保证作用。

（二）高效的班级管理工作有利于提高教育教学效率

班级组织形式产生的根本原因就在于能够有效地实施教学活动。不同年级的班级、同一年级不同班级能够根据其特点设计出各种不同的教学活动，进而提高教育教学效率。

（三）高效的班级管理工作有利于维持班级正常秩序，形成良好的班风

班级管理有助于调动班级全体成员参与班级管理的积极性，做到拧成一股绳，聚成一股劲，共同营造健康的班级风气。

（四）高效的班级管理工作有利于锻炼学生的能力，做到学生自治自理，实现个体社会化

这是班级管理的主要功能，班级管理的重要功能不仅是帮助学生成为学习的主人、生活的主宰者、工作的自治者，而且是帮助学生实现个体角色意识社会化，以适应未来社会发展，促进学生健康人格的形成。

> **启智引航**
>
> 　　小伟是××小学四年级学生，他很爱运动，并且活泼可爱。但在妈妈眼中，小伟却是一个不善于与他人交往的文静的孩子；在老师的眼里，他是一个不遵守纪律的"问题学生"。上课时，小伟经常有意无意地捣乱，尤其不喜欢班主任的教育方法，这也是他经常在语文课上故意捣乱的原因。在得知这一情况后，小伟的父母并没有将他的思想情况与老师沟通，结果让老师对小伟的异常表现更加反感。
> 　　思考：针对小学生家校表现不一致的情况如何进行解决？

三、沟通是小学班级管理的基本途径

（一）沟通内涵

沟通是信息在发送者和接收者之间进行交换的过程。要使班级中的上级职能部门文件的传达和班级计划、组织、控制、领导能够有条不紊地进行，沟通是必不可少的途径。

班级中一个完整的沟通应该是这样的：首先，作为信息发送者的班主任根据学校要求或者班级实际情况确定信息内容，也就是确定思想。其次，班主任根据选择的传递媒介要求，把思想转换成文字或其他信号，通过信息载体将其发送给作为接收者的学生；学生感知到信息的到达，并对信息进行解码和领会。最后，信息接收者学生对信息的理解又反传给发送者班主任。只有当接收者得到并理解了信息的内容沟通才得以实现，沟通过程中任何一个环节遇到干扰，造成信息传递受阻或出现差错，都算不上沟通。

（二）沟通在小学班级管理中的作用

1. 可以有效地实现信息传递

实现信息的传递是沟通的直接目的，沟通不仅把信息载向班级内部的组织，直至每一位同学，而且通过沟通还可以把信息载向学校职能部门、社会及每个学生的家庭，形成一个三方合作、职权分明、运行有序的系统。

2. 可以有效地进行控制

班主任对全班学生进行统一管理，了解学生在家庭中的表现，离不开沟通渠道。班主任将上级职能部门的指令通过亲自传达或者班委会组织机构的传达，起到有效的控制作用。

3. 可以发挥激励作用

在班级管理中，沟通是一种激励的工具。班主任对班级中出现的好人好事及时给予肯定、精神奖励等都是为了达到激励的目的。

4. 可以增加情感交流

沟通可以满足小学生交往的需要，通过沟通增进师生之间、生生之间、班主任与家长之间的感情，交换对问题的看法，从而实现教育、自我教育及教育影响的一致性。

（三）小学班级管理中沟通的艺术

沟通是一门艺术，如何在师生交往中、在与家长交往中让学生、家长理解自己所传达的信息和情感，需要掌握一定的方法和技巧。有效的沟通可以增进师生之间的感情，促进教师、家长、学生之间的信息共享，推动家校合作，促进学生在和谐班级氛围中健康成长。

1. 做到深入调查研究，提高沟通的针对性

有效的沟通是提高班级管理质量的重要途径。要实现沟通的实效性，就必须进行调查研究，通过对班级中不同层次的学生有目的性地调查，加强班主任对学生了解的深度。

2. 注重沟通的方式方法，增进沟通的可行性

沟通的方式方法直接影响着沟通是否成功。在与学生、家长沟通过程中，切忌开门见山，单刀直入，要做到委婉，抓住关键节点，必要的时候可以采取非正式的方式进行沟通。

3. 做到尊重信任，善于倾听心声

作为独立个体的家长或者学生，班主任必须给予他们足够的尊重。特别是小学生，虽然他们年龄比较小，思想上不够成熟，缺乏独立解决问题的能力，但是他们又是拥有自己思想的个体，有自尊自爱的朦胧意识；他们也渴望班主任对他们的认可、表扬、肯定。班主任尊重信任学生，平等地对待学生，才能有沟通的可能，学生才会把自己的想法和行为与班主任交流，才能自发地管理自我，配合班主任开展一系列班级管理活动。

四、小学班级管理模式

常见的小学班级管理模式有四种，具体如表1-3-1所示。

表 1-3-1　小学班级管理模式

序号	内容	范围
1	常规管理	班级常规管理是指通过制定和执行规章制度去管理班级的活动。规章制度是学生在学习、工作和生活中必须遵守的行为准则，具有管理、控制和教育作用。通过规章制度的制定，使班级各项工作有章可循、有条不紊，通过规章制度的贯彻，可以培养学生良好的行为习惯以及优良的班风
2	平行管理	班级平行管理是指班主任既通过对集体的管理去间接影响个人，又通过对个人的直接管理去影响集体，从而把对集体和个人的管理结合起来的管理方式
3	目标管理	班级目标管理是指班主任与学生共同确定班级总体目标，然后转化为小组目标和个人目标，使其与班级总体目标融为一体，形成目标体系，以此推进班级管理活动，实现班级目标的管理方法
4	民主管理	班级民主管理是指班级成员在服从班集体的正确决定和承担责任的前提下，参与班级管理的一种管理方式。实质上就是发挥每个学生的主人翁精神，让每个学生都成为班级的主人

五、小学班级管理的创新

（一）目标创新——由统一到分层

学生是争强好胜的，切合实际的目标会催人奋进，会对学生产生强烈的激励功能。以往班级管理中，班级目标大都由老师包办代替，或者部分班干部制定，内容、标准统一，全班不同层次的学生都要向着这一目标努力，没有考虑到学生的个性差异，制定的目标往往流于形式。制定班级目标时，一要考虑学生的具体情况，使目标有可行性；二要让全体学生共同参与，这个"目标"是与全班学生一起讨论后制定的，既符合民主精神，又尊重学生的主观愿望。在此基础上，每个学生制定自己切实可行的个人目标，这个目标更接近于学生的最近发展区，使其跳一跳就能够着，不同层次的学生目标不同，但结果一致，都满足积极的心理需求，利于其以愉悦的心境参与集体管理。因此，目标创新是班级管理创新的基础。

（二）制度创新——由他律到自律

随着学生年龄的增长，叛逆情绪也水涨船高，一味的打压已经解决不了问题，纯粹的他律管理模式陷入尴尬的境地，让许多班主任无所适从。真正的教育是实现学生的自我教育。班主任应做好引导、点拨、调控工作，充分唤起学生的主体意识以及对班级事务的责任感、荣誉感，尽情表达他们的意愿，充分挖掘他们的潜能，使之真正成为班级管理的主人。班主任要放权给学生，在制定班集体目标、决策和规章制度时，由全班学生集体制定决策初步方案，接着由班委会讨论修改，最后经过"学生委员会"的监督与认同后正式确定。同时建立"人人督我，我督人人"的监督机制。这样在很大程度上消除了不公平、相互包庇、执"法"不严的现象，保证了学生自我管理有章可循、有据可查，使学生自我管理条理化、规范化，也能使学生树立民主意识，为将来走向社会做好准备。这样做，既满足了在学生身上表现出来的自主和自由的需要，又教育学生一种真正意义上的自主和自由并非不加约束，而是在既有约束、又超越的前提下的自由与自主。

（三）活动创新——由被动到主动

班级活动创新实质上是学生由被动地接受改为主动地参与。以往在开展活动时，班主任几乎全盘操办，学生只是表演。忽视学生在学习过程中的主体地位，因而严重地束缚了学生学习的主动性和学生人格的全面发展。为此，首先，要把活动看作填平教育生活中的空场——生命体验的重要载体，是挖掘学生潜能、调动学生激情参与的难得的载体。其次，活动内容、方案的制定要改变。应实行活动招标：相信学生，将活动交给学生自己承办，也许在起始阶段办得有些糟，但他们一定有兴趣去不停地探讨；也许一个孩子对问题的认识是肤浅的，但班级是几十个孩子的集体，他们一定会在讨论甚至争辩中去不断地修正。这样一来原来"班主任的一言堂"就变成了"班集体的宣言书"。最后，活动的组织形式要改变，活动的空间要由学校扩展到社会，形式要丰富多彩，寓教于乐。

（四）评价创新——由单一到多元

评价贯穿在日常教育教学行为中，不断地给予评价，促进学生的不断转变与发展。长期以来，学生在校的表现完全由教师评判，一纸操行评定，雷同的语言，把麻痹的神经掺和着干瘪语言的标签硬性贴在个性鲜活的孩子们的额头。教师要关注学生日常的活动，展开评价的过程，从生活的细节上去关注学生的成长，让评价贯彻到课堂生活中的每个角落。根据学生中存在的差异，可以实施制度分层的管理方法：第一层为人人必须遵守，不可违背，如法律法规和学校的规章制度；第二层为弹性制度，具体因人而异，由大家共同商讨制定班规班纪，原则上大家都得执行，对部分学生刚开始时可适当降低要求，违反纪律时给予弹性处理，给出一段时间让学生逐步达到。加强管理的实质是创新，建立一套健全的、多元化的、行之有效的评价机制，充分开展自评、互评、组评、师评等。评价前除了经常的帮助、鼓励，还要制造尽可能多的机会展示他们的能力和特长，稍有成绩或进步及时肯定、赞誉，进行正强化激励。评价要有利于学生个性和潜能的健康发展，有利于培养学生的创新精神和实践能力。

六、小学班级管理存在的问题及改进策略

（一）存在的问题

1. 班级管理目标不明确

班级管理的最终目的是促进学生的发展。但是，目前在班级管理中，部分班主任仅凭多年的经验，凭自身的主观臆断来管理班级，缺少"大格局"意识，不能站在使每个学生得到全面发展的高度来拟定管理目标，通常以"抓好上课纪律"为前提来制定管理目标。

2. 班级管理方式单一粗暴，缺少民主性

在班主任的实际工作中，特别是在对小学低年级的管理中，部分班主任在班级管理上采用"铁手腕+看管"的方式进行管理，认为学生只要老老实实地学习，把学习成绩提高上去，不出现安全问题就完成任务了。学生下课除了上厕所或者是学校要求的课间操，其他时间就待在教室里，教室如同禁锢学生自由的"牢笼"，学生被教师天天牵着鼻子走，违背了身心健康发展规律，压抑了学生个性的自由发展。

3. 评价方式、主体、标准单一

很多班主任在班级管理中，按照文化成绩评定学生的现象特别突出。如在评定"三好学生"、"优秀少先队员"、给学生排座位时，主要按成绩，即使学生之间发生矛盾，在追查责任的时候还是按学习成绩的高低进行；在部分班主任的心目中，"好学生"与"差生"是成绩好坏的标签。

出现上述问题的原因在于：①班主任缺少现代教育管理理论的学习，掌握的教育理论知识根本不能满足现代教育发展的需要，"教师中心论"的观念根深蒂固。一些班主任以小学生年龄小、身心发展不够成熟、没有能力参与班级管理为由，弱化学生在班级管理中的地位和作用；②长期以来，班主任的"急功近利""唯分数论"的管理思想还没有从根本上消除，在一定程度上迎合、满足了家长期求自己孩子学习好的愿望，这种"杀鸡取卵"的短期效应不利于学生的持久发展。

（二）小学班级管理的改进策略

小学班主任在班级管理中要从根本上树立"以人为本，促进学生发展"的管理理念，实现教育管理的现代化。教育管理现代化的特点如表1-3-2所示。

表1-3-2 教育管理现代化的特点

序号	内涵
1	现代教育管理在内容上以教育目的为根本出发点，促进学生德、智、体、美、劳全面发展，同时注重个性化发展的要求，针对不同学生的兴趣、能力和需求选择与之相适应的教育管理路径和方式
2	在管理主体上采取多样化的方式，既有老师参与管理，又有家长参与管理，更有学生自身参与管理，以实现管理和自我管理的目的
3	小学生身心发展虽然呈上升趋势，但从整体看，发展水平不高，处于知识的积累、良好行为习惯基本养成阶段，对一些高深的道理不能理解或者理解不透，"先学其事，后明其理"就成为必然，做到在"游泳中学游泳"。现代教育管理强调实践和应用，注重培养学生解决实际问题的能力和实践经验，让学生在实践中学习和成长
4	学生的成长学校教育起主导作用，这种主导作用的发挥必须得到家庭、社会的有机配合、学生主观能动性的调动才以实现，封闭的"温床式"管理形式已经不能使学生适应未来社会发展的需要。因此，现代教育注重开放和合作，鼓励"三教"之间、师生之间、学生之间的交流和合作，促进教育资源的共享和管理效果的最优化
5	现代教育运用科技手段，提高教育教学效果和效率，促进教育的信息化和智能化

总之，对学生的管理不是一种被动的单一的管理。近年来，很多小学采用了一系列现代管理的措施来促进学生的全面发展，这些经验和做法可供我们借鉴。

1. 制定全面具体的管理目标

苏霍姆林斯基说过，爱孩子是母鸡也会做的事情，但教育孩子则是人类的一件大事情了。也就是说，仅仅有爱的教育是远远不够的。教育本身就是一个复杂、多变的过程，在这一过程中要想实现高效率、有成果，就必须做到"千万条线下一根针"，这根"针"就是目标，有了具体全面的目标，教师的工作、学生的发展才有方向。

2. 从侧重于"减法"转向注重"加法"

传统的班级管理往往多以"减法"居多，如很多班级在制定规章制度中写道"违反扣1分"，很少有"遵守加1分"，这种"减法"实质上就是一种惩罚。虽然适当的惩罚可以约束学生的不良行为，但是并没有从根本上解决问题，也就是说没有做到学生心悦诚服地接受教育，进而实现自我教育的目的。管理上采用"加法"就是以正确的标准去激励学生，激发学生参加各种活动的动机，让他们产生超越自我与他人的欲望，将学生发展的巨大内驱力释放出来，进而提高管理效率，实现自我教育、自我管理的目的。

3. 从被动的单一的管理走向主动的、多元管理

传统班级规章制度的制定往往采取自上而下的方式，缺少学生的参与，学生处于被动的受体地位。在这种情况下，由于学生对规章制度的不理解，导致学生对规章制度只是处于服从层面，不能够从根本上实现学生的发展。在班级规章制度制定过程中发扬民主性，让学生参与制度的制定，学生则可以自觉地去遵守班级规章制度。因此，班主任在班级管理中必须做到"心中有学生，学生是管理的主人"。

在传统的管理评价中，我们往往过多地注重学生在学校中的表现，忽视他们在家庭、社会中的表现，如评定"三好学生"，标准就是学生在学校中德、智、体得到全面发展。而有人则提出"新三好学生"，即在家庭中是好孩子、在学校中是好学生、在社会中是好公民，这充分地体现了学生的成长不仅仅是学校、家庭或社会某一方面的事情，而是三者共同努力的结果。因此，在班级管理过程中，做到人人都是管理者，班主任要多与任课教师沟通，多与家长沟通，让学生多了解社会，参与社会活动，很好地实现个体社会化。

学以致用

材料三中所体现的是留守儿童问题。绝大部分留守儿童由爷爷奶奶或者外公外婆代管，或者寄养在亲戚家里。由于隔代亲和临时监护人的监护职责弱化，使得留守儿童养成了一些不良习惯。班主任可以从以下方面来教育王小山：

首先，作为班主任应该经常性地与留守儿童交流，转移他们的情感寄托对象。由于父母长年在外地打工，使得留守儿童产生孤独感，导致个性怪异且性格孤僻。班主任通过经常

性地与王小山交流，了解他的内心世界，及时为他排忧解难，让他以积极心态面对学习、生活。

其次，作为班主任要帮助他树立自立自强的意识。面对父母外出劳务这一现实，要教育王小山自立自强。多给他讲有关优秀留守学生成长的故事，鼓励他勇于克服困难。

再次，多挤出时间家访，增强管理的合力。针对王小山存在的问题，仅依靠学校的力量是远远不够的，还必须结合家庭、社会的力量，实现"三力"合一。

最后，组织开展一系列的活动，让王小山在班级中感受到家庭的温暖。

任务检测

材料分析

王老师所带的五年级学生，总有一部分学生经常违纪，王老师也采取了罚站、罚写作业等措施，但收效甚微。怎样改正这部分学生的不良行为呢？王老师陷入深深的思考之中……不久，班主任采用一种把违纪事情转变为好事情的处罚方式。也就是：对违纪情节较轻的学生，王老师罚他们上讲台唱一首好听的歌或者讲一个动听的故事；对违纪情节比较严重的学生，王老师罚他们用正楷字写一份200字左右的违纪心理报告，描述自己当时的违纪心理。经过一段时间的实践后，王老师发现这种处罚方式的效果比以前的方式明显好了很多，班级违纪现象基本销声匿迹了。

请谈谈你对上述案例的看法。

模块二 细化工作内容

通过模块一的学习，我们初步理解掌握了小学班主任工作的任务、特点及其工作理念；从整体上了解了小学班主任工作的基本内容、工作形式和方法。

小学班主任的核心工作就是组织和建设良好的班集体，班主任工作要想做到卓有成效，就必须深入理解和掌握班主任工作的具体内容。本模块围绕组建良好的班集体这一核心任务，通过对了解和研究学生、确立班级奋斗目标、制定规章制度、建设班级文化以及科学评价等任务的学习，深入理解并掌握小学班主任工作的具体内容，并能够根据具体工作内容，运用科学的方法开展小学班主任工作，最终组建良好的班集体，促进学生全面发展。

学习目标

1. 理解并掌握班主任工作的具体内容。
2. 能够结合小学班主任工作的具体实际，运用科学的方法开展小学班主任工作。
3. 能够以科学的发展观、学生观和全面的教育观，合理开展班主任工作。

任务一　了解和研究学生

名人语录

> 如果把学生的热情激发出来，那么学校所规定的功课就会被当作一种礼物来领受。
>
> ——爱因斯坦

情境导入

【材料四】李老师参加工作两年了，教学能力很强，不仅学生们非常喜欢上她的课，也得到领导和同事的一致认可。但李老师并未就此止步，她认为要想成为一名优秀的教师必须从事班主任工作，深入到学生中间了解学生，这样才能更好地教育学生。同时，也能更好地历练自己……今年秋天，李老师终于如愿以偿，面对一年级一班43名孩子的名单，她无比激动，仿佛看到了43张充满朝气的稚嫩的面孔，仿佛看到了自己与孩子们共同生活学习的愉悦场景，一点点见证孩子们的成长……

但想象与现实总是有一定差距的。开学后的一切让李老师感觉手忙脚乱，如开学已经一周了，仍然有学生早上哭闹不肯上学，还比较任性；有的学生每天不是找不到自己的书，就是文具又不见了；有的学生总是向老师打"小报告"，有的学生独自坐在座位上不与同学交流；有的学生对老师讲的教学内容和提出的要求能够迅速接受和实施，有的学生反复强调也无济于事……为了不让学生掉队，李老师想尽了办法，如明确提出要求、严格要求学生、加大训练力度、强化形成习惯，但让她想不到的是自己的付出却没有得到学生和家长的认可……

思考：李老师在班级管理过程中遇到的问题应该怎样解决？

学习目标

1. 认识并理解在班级管理中"了解和研究学生"的意义；理解并掌握"了解和研究学生"的内容、途径和方法。
2. 能够联系当前小学生实际，科学地运用了解和研究学生的途径、方法解决问题。
3. 树立正确的教育观，促进小学生全面和谐的发展。

知识储备

一、了解和研究学生的意义

小学生是班主任工作的对象，要顺利地开展班级工作，完成学校的教育教学任务，就必须全面地了解和研究学生。只有这样，才能有针对性地开展班级工作。

（一）是有效开展班级管理工作的保障

班级管理必须建立在对全体学生全面深入的了解之上。如果班主任忽略了这一点，在进行班级管理时不能根据自己班级学生的特点采取适当的管理策略与方法，只盲目地套用别人的管理方法，就不可能取得预期效果。因此，班主任要想在班级实施有效的管理，就必须全面深入地了解学生，并根据了解到的信息，采取有针对性的管理策略与方法，使班级管理取得较好的效果。

（二）是实施班级管理工作的基础

良好的师生人际环境是小学班主任做好班级管理工作的基础。了解和研究学生的过程，也是师生之间加深了解、增进感情的过程。"知之深，则爱之切"，班主任经常和学生接触，询问学生遇到的问题，分享学生的成就，给予关怀、指导和帮助，就容易使师生关系更密切，感情更深厚。同时，每个小学生都渴望得到班主任的特别亲近与关爱，了解和研究学生，会让小学生享受到由于受到班主任的关注而产生的幸福感和满足感。因而，了解和研究学生事实上体现了班主任对小学生的人文关怀，这为班级管理工作的进一步开展创造了有利条件。

（三）是制定班级教育目标的前提

班级教育目标是学生前进的方向、成长的标尺。班级教育目标的制定必须建立在对班级学生的准确认知和把握之上，只有根据学生实际情况制定的班级教育目标，才是有针对性的、科学合理的，最终才能得以实现。要实现这一点，就要求班主任对学生有全面与深入的了解。

（四）是有效开展班级活动的需要

班主任组织开展的班级活动，必须根据学生的实际情况，并要顾及学生的兴趣、爱好，发挥班级学生的特长，学生才乐于参与到活动中来，活动才能够有效地展开。这样开展的活动才是有意义的，才能够达到预期的目的。这就要求班主任全面而深入地了解学生，以便更好地组织班级活动。

（五）是对学生进行个别教育的必然要求

班主任面对的学生各种各样，有性格外向的，有性格内向的；有学习好的，有学习不好的；有家庭条件优越的，有家庭条件困难的；等等。作为班主任，要对不同家庭背景的学生

进行教育培养,这离不开对学生进行全面与深入的了解。这是对学生进行个别教育的必然要求,也是对学生进行个别教育的基础与前提。

二、了解和研究学生的原则

了解和研究学生必定是一个长期的、复杂的过程,在这个过程中,要收到良好的教育效果,就必须遵循一定的原则,具体如表2-1-1所示。

表2-1-1 了解和研究学生的原则

序号	原则	说明
1	全面性原则	全面性原则就是要求小学班主任要全面地看待班级群体和每个小学生。既要看到学生的优势,又要看到学生的不足;既要看到班级学生在校内的表现,又要看到其在校外的表现等
2	经常性原则	经常性原则就是要求小学班主任要把了解和研究学生作为自己的常规工作,充分利用一切场合条件,对小学生经常性地进行了解和研究
3	发展性原则	发展性原则就是要求小学班主任要用发展的眼光看待小学生,既要看到他们的过去,也要看到他们的现在,还要预见到他们的未来
4	客观性原则	客观性原则就是要求小学班主任客观地研究每个学生,要以一颗全无偏见的真诚之心来了解学生,而不要被自己已有的情感、态度所左右,更不能道听途说,或相信一面之词,而是要用事实说话

三、了解和研究学生的内容

(一)班级中学生的个人情况

了解和研究班级中学生的个人情况,可以形成对每个学生的具体性认知,有助于班主任有针对性地面向班级个体开展工作。徐特立指出:"教师要了解情况,了解学生个人的情况、学生家庭的情况。"了解学生的个人情况主要包括下面四个方面,具体如表2-1-2所示。

表2-1-2 学生个人情况的了解

序号	了解范围	具体内容
1	了解学生的基本情况	学生的基本情况包括学生的姓名、性别、年龄、健康状况、生活习惯等。尤其是学生的生活习惯,这是一个人长期养成的、一时不容易改变的行为倾向。通过对学生基本情况的了解,可以对学生的各种行为做出解释,并且提出更具有针对性的意见,在实施教育行为时能够做到有的放矢
2	了解学生的家庭情况	了解学生的家庭情况,包括了解学生父母的婚姻状况、文化程度、职业、家庭经济状况、居住条件等。家庭是一所不挂牌的学校,家长是孩子的第一任老师,了解了学生的家庭情况,可以更好地从学生的成长经历中把握其发展的脉络,是教育学生最有价值的背景资料,既体现了教育的针对性,又体现了教育的连续性
3	了解学生德、智、体等各方面的发展情况	了解和研究班级中每个小学生对国家大事的兴趣和认识,对劳动和社会活动的热心程度及认可度,对人对事的态度,在公共场所的行为举止,是否有集体观念、是否遵纪守法、是否讲文明懂礼貌,是否有端正的学习态度、良好的学习习惯等

续表

序号	了解范围	具体内容
4	了解学生的个性特点	了解和研究班级中每个小学生的个性情况，如能力状况、智力水平、兴趣爱好、情感和意志特征、性格和气质类型等。尤其要善于寻找教育与学生需要的结合点，寻找学生尚未发掘的潜在动力和闪光点

（二）班级学生的整体情况

从整体上了解和研究班级学生，可以形成对班级的整体认知，有助于班主任有针对性地面向班级开展工作。了解和研究班级学生整体情况，主要包括三个方面，如表2-1-3所示。

表 2-1-3　了解和研究学生的整体情况

序号	了解和研究的内容	范围
1	班级学生的基本情况	班级学生的总人数、性别比例、学生来源状况、年龄结构等
2	班级学生的发展情况	学习成绩优、中、差学生的比例，学生的身体素质和健康状况、学生品德的表现、班级取得的成绩和存在的问题等
3	班级学生的其他情况	学生生活社区环境、学生家庭条件、学生在校外的表现等

启智引航

魏书生曾经这样说："种庄稼，首先要知道各种作物的生长发育特点，才能适时适量地施肥、浇水，治病要了解每个病人的具体病情，才能对症下药；教师必须了解每个学生的特点，方能选择教育的方法、措施。"

思考：作为班主任，我们可以从哪些方面入手来了解学生呢？

四、了解和研究学生的途径和方法

了解和研究学生的途径和方法是由所要研究的内容和应遵循的原则等因素决定的，因此，了解和研究班级学生的途径和方法也是多样化的。

（一）了解和研究学生的途径

从整体看，了解和研究学生可以通过间接了解和直接了解两种方式进行，具体可通过材料分析、接触学生本人、接触与学生关系密切的人员三种途径来进行。

1.通过材料了解学生

可以用来了解和研究学生的材料包括：班级学生名单、学生入学档案、学生综合素质评价记录袋、学生体检记录、家校联系手册以及学生的作业、作文、日记、其他作品等。其中，班主任可以通过花名册了解班级学生的人数、姓名；可以通过学生入学档案了解学生的

性别、民族、年龄及其家庭成员、父母职业、文化程度、生源地；可以通过学生综合素质评价记录袋了解学生以往在德、智、体、美、劳各方面的发展情况；可以通过体检记录了解学生的身体素质、健康状况以及既往病史；可以通过家校联系手册了解学生家庭与学校的配合情况；可以通过学生的作业、作文、日记、其他作品了解学生的学习、思想、个性等方面的情况。

2. 通过学生了解学生

首先，班主任可以利用与班级内学生相处的时机，全面地了解班级学生整体情况。例如，在自己所任教学科的教学过程中，通过班级内全体学生的表现，了解班级的整体学习气氛、知识与能力现状等；在班主任参与组织的各种集体活动中，通过活动过程、活动气氛、活动效果以及同学间的交往等因素，了解班级中个人与班级的关系、班级风气、凝聚力以及班级对学生个体的吸引力等方面的特征。

其次，班主任还可以利用与班级内学生相处的时机，创造条件，深入地了解班级中学生的个人情况。在课堂教学中，直接问学生问题或参与学生之间的课堂交流，可以了解学生的学习态度与方法、思考问题的能力、语言表达能力以及学生的气质、性格特征；在课间休息时，参与学生的课间游戏或参与学生的闲聊，可以了解学生的人际关系状况、兴趣、爱好、个人特长、闪光点以及学生对一些问题的认知特征；在各种班级活动的组织、开展过程中，多与学生沟通，听取他们的看法或建议等，可以了解学生的人际沟通能力、处理问题的能力以及对自己和他人的认知、评价倾向，从中判断学生的人格特征。

3. 通过其他教育力量了解学生

接触与班级关系密切的人员，通过他们，间接地了解和研究学生。

一方面，可以接触班级的各科任课教师、学生家长、学校领导、其他教职工，听取他们对班级整体及班级内某个学生的看法。

另一方面，接触每个学生的同桌或关系要好的伙伴、班队干部以及其他对该学生比较了解的人员，听取他们对某个学生的看法和评价。这样，就可以了解到学生多个侧面的特点，例如，学生在日常生活中的表现特点、在集体活动中的表现特点、在不同人员面前的表现特点的差异性等。这些有助于班主任全面、准确地了解和研究学生。

（二）了解和研究学生的方法

了解和研究学生的方法，是指班主任为了解和研究学生所采取的措施和手段。了解和研究学生的方法有很多，下面主要介绍观察法、谈话法、材料分析法。

1. 观察法

观察法是指班主任在自然情况下，有目的、有计划、有重点地了解和研究学生的方法。它是班主任工作中最常用、最基本的一种方法，也是班主任工作中简单易行的一种方法。

运用观察法了解和研究学生，班主任应该注意以下几个问题：

首先，观察前，要提出观察的主题，确立观察的目的，制订观察的计划，明确观察的对象、范围、时间、地点等具体问题，以保证观察法的科学性。

其次，观察的过程中，为保证观察材料真实性，要注意以下几点：

（1）要与观察对象——学生，建立良好的关系，消除他们的戒备心理；

（2）要保持客观的态度，不把主观推测和客观事实相混淆；

（3）要保持观察场所的常态特征，不把人为的因素添加进去；

（4）要如实做好观察记录，不遗漏，不挑选；

（5）要根据观察现场情况，灵活地对观察计划做出调整；

（6）要妥善处理观察过程中的突发事件，把各种干扰因素对观察效果产生的不良影响降到最低；

（7）观察不能一蹴而就，要选取不同场合、时间进行长期、系统、持续的观察。

最后，要对观察材料进行及时筛选、整理、分析，通过现象分析本质。同时，要得出观察结论，并对观察的全程做出终结性评价。

2. 谈话法

谈话法是班主任有目的、有准备地与学生以及其他与班级有关的人员进行面对面的交谈，以了解学生情况的一种方法，也是班主任经常采用的方法之一。为了保证收到预期的效果，谈话法的使用应该注意以下几个要求：

（1）谈话对象的选取要广泛，应该是所有与班级有密切关系的人员。

（2）如果是与学生谈话，要特别注重谈话态度问题。一般来说，班主任要做到：亲切、和蔼。亲切意味着班主任要尊重学生，要平等相待，不要让学生感到紧张；和蔼意味着班主任的态度要诚恳，切忌居高临下，盛气凌人，以免造成对立情绪，妨碍谈话的顺利进行。

（3）谈话之前，班主任要做好充分的准备，包括确定好谈话的主题、目的、任务，计划好谈话的过程、时间、地点，选择好谈话的对象、方式、方法等。

（4）在谈话过程中，一方面，把控好谈话的过程，使谈话按照主题有序进行，同时又要耐心倾听，对谈话对象做出恰当的回应，但是不要轻易打断对方的话。另一方面，根据谈话对象的特点以及谈话现场状况，随机应变，采取灵活多样的谈话方式，善于运用启发、追问、暗示、沉默等谈话策略，引导谈话对象说出心里话。

（5）谈话之后，班主任要迅速写出谈话记录，并进行归纳、整理、分析，还要写下自己的感悟与思考。

3. 材料分析法

材料分析法是指班主任以记载班级相关信息的各种书面材料为依据，对它们进行分析和研究，从而了解和研究学生的一种方法，是小学班主任快速、便捷地了解和研究学生的一种方法。

运用材料分析法,班主任要注意以下几点:

(1)要用发展的眼光看待各种材料。班级处于不断地发展变化之中,尤其是班级的主体——学生,正处在快速发展变化的时期。各种材料记录的是过去的情况,只能反映班级学生曾经的特点,不能代表现在,更不能预示未来。因此,班主任不要单纯依据这些材料给班级学生下定论,那样会有失偏颇。

(2)要用理性的眼光看待各种材料。材料记录的仅仅是班级学生某些方面的特点,不是班级学生全部的特点,因为有些情况是不能通过文字材料反映出来的;有些材料内容的真实性尚待进一步核实、补充,因此,班主任用理性的眼光认识分辨这些材料才是对这些材料的很好利用。

(3)要用动态的眼光看待各种材料。班主任要把这些文字材料很好地利用起来,同时又要随时把搜集到的班级中的新情况、新问题进行整理和记录,形成新的文字材料,逐渐使班级材料更丰富、更完善和更有参阅价值。

综上,了解和研究学生的方法有很多,班主任在实际工作中,要根据情况灵活采用各种方法,还要善于把各种方法结合起来使用,方能达到很好地了解和研究学生的目的。

学以致用

针对材料四中李老师遇到的问题,可以先从了解学生入手,在了解学生的过程中要坚持"以人为本"的教育理念,全面客观地了解学生个体与群体,最终选择恰当的途径,运用正确的方法了解学生、走近学生,具体如表2-1-4所示。

表2-1-4 了解学生的内容、途径和方法

时间	内容	途径和方法	注意事项
入学前	总人数、性别比例、年龄结构	入学报名的初始材料	了解过程中遵循全面性原则、经常性原则、发展性原则、客观性原则
学期初	健康状况、生活习惯、父母的婚姻状况、文化程度、职业、家庭经济状况、居住条件等	基本信息填报、个别访谈	
学期中	学生德、智、体、美、劳等方面	教师通过观察、与学生个体或群体进行交谈、与任课教师等其他校内教育力量交流、与家长进行交流	
学期末	学生本学期的学习和发展变化状况及优缺点	材料分析法、谈话法	

任务检测

一、材料分析

1. 一年级新班成立后，班里有一个特别的女孩。下课时，别的孩子生龙活虎，唯独她看起来特别胆小，总是乖乖地坐在座位上，也不与周边的同学交流。上课时从来不举手，总是一副害怕出错、害怕老师批评的样子。有一次上课时，班主任主动叫她起来回答问题，可是她怯怯地站起来后就是不说话，无论老师怎么鼓励都无济于事。

问题1：如果你是她的班主任，你会怎么做？

问题2：分析总结了解学生过程中有哪些注意事项。

2. 上课了，班主任王老师走进教室，刚才喧哗的班级立刻变得鸦雀无声。班主任王老师刚接这个班级，打算借此机会来个"新官上任三把火"。王老师气愤地说："刚刚谁在教室里带头大声喧哗？"老师眼镜后面那严厉的眼光扫视了全班同学一遍后，将像一道利剑似的眼光对准了"我"，并盯住"我"不放。然后王老师迈着肯定的步伐走向"我"。"我"顿时面红耳赤，心怦怦直跳，大脑一片空白，……顿时，一只大手揪住"我"的耳朵，像提小鸡似的，把"我"拽出座位，很多同学也惶恐地看着"我"。王老师开口说道："是不是你在教室里带头大声喧哗？肯定就是你！"

"真的，不是我带头。""我"惶恐地说。

可是，旁边的同学也都跟着说是"我"带的头。王老师说："你不用狡辩，大家的眼睛是雪亮的，看你慌慌张张的样子，直觉告诉我就是你。"这时王老师又想出了一个建议："大家一起投票决定是不是你领头喧哗。"

投票的结果出乎"我"的意外，不是我带头喧哗的票数是0票，也就是说同学们都说是"我"带头喧哗。这时，王老师又说："你还骗人，真是无药可救！""我"倔强地回答老师："'我'没有骗人。"就在这时，有位同学站了起来说："老师，是我领头喧哗的。不关他的事情。"

回答问题：如果你是王老师，你会怎样处理这种局面？

二、实践应用

教师在了解学生和班级的同时，学生也要了解教师，撰写一份自我介绍，为快速融入学生打下良好的基础。（要求：明确班级的性质：新组建班级还是已有班级）

任务二　确立班级奋斗目标

名人语录

设定明确的目标，是所有成就的出发点。

——拿破仑·希尔

有人活着却没有目标，他们在世间行走，就如同河中的一棵小草随波逐流。

——塞涅卡

情境导入

【材料五】查德威克是横渡英吉利海峡的第一个女性，她决定向另一条更宽的卡塔林纳海峡挑战，如果成功了，她就是第一个游过这个海峡的女性。

1952年7月4日清晨，34岁的查德威克在加利福尼亚西海岸卡塔林纳岛下水，开始向加州对岸游去。当时，加利福尼亚海岸笼罩在浓雾中，由于雾很大，查德威克连护送自己的船几乎都看不到，而且海水冻得她身体发麻。15个小时之后，查德威克又累又冷，她知道自己不能再游了，就叫人拉她上船。她的母亲和教练在另一条船上，他们都告诉查德威克海岸很近了，叫她不要放弃，但她朝加州海岸望去，除了浓雾什么也看不到。

几十分钟之后，人们把她拉上船。又过了几个小时，她渐渐觉得暖和多了，这时她开始感到失败的打击，她不假思索地说："说实在的，我不是为自己找借口，如果当时我看见陆地，也许我能坚持下来。"人们拉她上船的地点，离加州海岸只有半英里（1英里=1.609千米）！

思考：

1. 查德威克最后放弃的原因是什么？
2. 在班级管理工作中，如何才能确定目标呢？

学习目标

1. 了解并掌握小学班级目标的内涵、作用、主要表现形式，掌握小学班级目标制定的要求及班级目标制定的过程。
2. 能够根据小学班级实际情况制定不同形式的班级目标。
3. 树立科学的教育观，促进学生主体性发展。

知识储备

做好班级工作，首要是要确定好班级工作目标，班级工作目标既是班级工作的起点，又是班级工作的归宿和最终追求；班级工作目标既有激励作用，又是班级工作的重要评价指标。

一、班级目标的内涵

（一）班级目标的概念

目标，是某一行动所要达到的最终目的，是要争取达到的某种预想结果的标准或状态。

班级目标是指班级主体通过一系列活动，在一定时期内使班集体达到一种期望的状态，是班级各项工作所要达到的预期结果，是班集体形成的条件和前进动力，也是制订班级工作计划的方向。

（二）班级目标的特点

班级目标是班集体在将来一定时间内要达到的结果，也是集体的追求目标，具有指向性、层次性、可行性和集体性的特点，具体如表2-2-1所示。

表2-2-1 班级目标的特点

序号	特点	说明
1	指向性	作为人们所追求的一种未来的目标，总是指向一定方向。班级目标体现了班级建设的基本理念，为班级成员的行动指明了前进的方向
2	层次性	班集体作为一个团队，其目标的实现需要将总目标分解为各个层次的子目标才能实现。如班级的总目标是育人，如何育人，哪一阶段完成哪些目标，就需要逐层分解，转化成切实可行的具体子目标
3	可行性	班级目标是班级学习和发展的方向，只有付诸实践才能有效，这就要求班级目标的制定必须结合班级的实际情况，符合班级管理规律和学生发展特点，具有可行性。目标的确定必须有具体的内容，要有可操作性，而不应只是一个纲领
4	集体性	班集体本身是由多个独立个体共同组成的，这就决定了班级目标的确定，不仅要考虑班级自身发展，更要兼顾班集体中每个成员的发展和需要，要兼顾"全员"

二、班级目标的作用

马克思说："最蹩脚的建筑师从一开始就比最灵巧的蜜蜂高明的地方，是他在用蜂蜡建筑蜂房以前，已经在自己的头脑中把它建成了。"

科学合理的班级工作目标，既是班级工作期待的结果，也是班级管理的起点和评价依据，其重要作用主要表现在导向、激励、规范、自我调控、评估等方面。

（一）导向作用

合理的班级目标体系的建立，为班级师生指明了共同努力的方向，使得班级师生在目标明确的前提下开展各项活动，对班级成员的行为和努力具有引导作用，让学生努力有方向，奋斗有目标，不仅提高了学生学习的积极性、主动性和创造性，还可以避免班级各项工作的盲目性和无序性，从而提高班级工作的实效性。因此，开展班级工作，首先就是要确立班级目标。

（二）激励作用

合理的班级目标的确立，让学生明确了班集体的共同目标与自己在班级中的义务和权利，能产生一种要自我实现的内驱力，激发起每个小学生积极向上的主动性、创造性以及共同朝着认定的目标努力的强大力量，促进学生自身更快、更好地发展，为达到目标而付出努力。

（三）规范作用

班级目标明确了班级成员的行为准则和期望，对班级成员的行为具有规范作用，使得班级成员在目标明确的前提下相互监督、相互配合、共同协作，劲往一处使，共同维护班级的秩序，久而久之学生就能养成良好习惯，能够自己维护班级秩序，并且有一种较强的集体荣誉感，这些会促使、推动着班级逐渐发展成一个团结向上的、真正的班集体，从而为形成团结、和谐、向上的良好班风打下坚实的基础。

（四）自我调控作用

班级工作目标可以作为班级成员自我评价和相互评价的依据，帮助班级成员了解自己的行为是否符合目标要求，从而进行自我调整和控制。会让每个孩子都能在班级中找到自己的位置和闪光点，这也会使学生的各种能力得到提高，并且让学生学会在集体中自治自理。

（五）评估作用

班级目标为班级及学生的发展提供了一套科学合理的评价标准，对班级工作的方方面面做出评价，判断各项班级工作在多大程度上实现了预期的目标，帮助班级成员了解班级工作的成效和不足之处，随时作为后续班级工作的重要依据，从而进行改进和提高。而且这个评价标准不是单一的，它涉及学生的德、智、体、美、劳等各方面的表现，如有的学生可能在学习上不是最好的，但是他在学校的体育活动中表现优异，他同样能在评价量表中取得好的名次，得到较高等级的奖励。

此外，班级工作目标在实施过程中，通过与其他班级成员的交流和合作，还可以拓展他们的社交圈子，增强他们的社交能力，促进班级成员之间的沟通与协作，有助于增强班级凝聚力和向心力，培养他们的综合素质和能力，促进班级成员的个人成长和发展。

总之，班级工作目标是班级管理实施的核心和灵魂，应该重视班级管理目标的作用，充分发挥其目标导向、激励、规范、自我调控和评估等作用，不断推动班级工作，达到有效育人效果。

三、班级目标的类型

划分标准不同，班级目标类型也不同。以目标主次程度为标准可将其分为主要目标和次要目标；以目标性质为标准可将其分为任务目标和班级建设目标；以目标内容的抽象程度为标准可将其分为一般管理目标、具体管理目标和领导工作目标；以实际情况对目标的限制为标准可将其分为必达目标和争取目标；以预期时间长短划分，可以把班级目标分为远期目标、中期目标和近期目标等。

（一）必达目标和争取目标

顾名思义，必达目标和争取目标就是必须要达到和争取达到的目标，是指不同班级发展目标往往具有共通性——发展成为班风良好、自主自治、和谐发展、各方面成绩优异的班集体，但由于现实情况限制，某些班集体只能根据自己班集体的具体情况制定某一阶段的必达目标。如某班在春季学期中由于清洁卫生和自习纪律等问题从未获得过一次流动红旗的荣誉。鉴于这种情况，班主任在秋季学期开学之初制定了这样的目标：一学期中获得3～5次流动红旗，这里"一学期获得3次流动红旗"为"必达目标"，"一学期获得5次流动红旗"为"争取目标"。

（二）任务目标和班级建设目标

任务目标和班级建设目标是具有明显指向性和时效性的目标。例如，学校要举行运动会，要求某班负责运动会期间主席台的服务工作，这时，圆满完成运动会期间的主席台服务工作即成了该班在运动会期间的任务目标，而班级建设目标则是指该班为了改善班风、促进每个成员的发展而制定的目标。

（三）远期目标、中期目标、近期目标

按照预期时间长短，班级目标可以分为远期目标、中期目标和近期目标，其关系如图2-2-1所示。

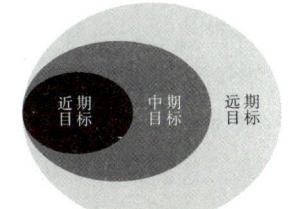

图 2-2-1 远期目标、中期目标和近期目标的关系

1. 远期目标

远期目标是指班级全体学生需要经过较长时间的共同努力才能达到的目标，也可以称作长期目标。它具有概括性、全局性和根本性，是班级组织和建设的最终目标，也是班级工作的总体目标。远期目标是设计和制定中期目标、近期目标的重要依据。远期目标的制定要符合学生年龄特征及发展阶段特点，如低段学生可以将良好习惯的养成确立为远期目标；中段学生可以将班级集体建设、主人翁意识的培养确立为远期目标；高段学生可以将新时代全面发展的培养确立为远期目标。

2. 中期目标

中期目标是相对于远期目标和近期目标而言的，是指班级工作阶段性的或者专项性的奋斗目标，它是实现班级远期目标的条件和保证，一般以一个学年为时间单位确立中期目标，有时也可以以一个学期为单位确立中期目标。多数情况下，中期目标包含在班级学年或学期工作计划的目标任务中，如把班集体建设成为学习先进班集体、常规管理先进班集体，或在个人道德行为方面培养学生的集体主义精神等。

3. 近期目标

近期目标是指每个教育阶段所要达到的目标，它是远期目标、中期目标的具体化，如搞好课堂纪律、搞好卫生、做好课前准备等。可以以一周、两周、一个月为单位确立近期目

标，近期目标具有鲜明的具体性和可操作性。

此三种类型的班级目标构成了一个完整的班级目标体系，它们之间彼此衔接，相互支撑。

启智引航

森林里生活着一群猴子，每天太阳升起的时候它们外出觅食，太阳落山的时候回去休息，日子过得平淡而幸福。

一名游客穿越森林，不小心把手表落在了树下的岩石上，被猴子猛可拾到了。聪明的猛可很快就弄清了手表的用途，于是，猛可成了整个猴群的明星，每只猴子都向猛可请教确切的时间，整个猴群的作息时间也由猛可来规划。猛可逐渐建立起威望，当上了猴王。

做了猴王的猛可认为是手表给自己带来了好运，于是它每天在森林里巡查，希望能够拾到更多的表。功夫不负有心人，猛可又拥有了第二块、第三块表。

但猛可却有了新的麻烦：每只表的时间指示都不尽相同，哪一个才是确切的时间呢？猛可被这个问题难住了。当有下属来问时间时，猛可支支吾吾回答不上来，整个猴群的作息时间也因此变得混乱。过了一段时间，猴子们起来造反，把猛可推下了猴王的宝座，猛可的收藏品也被新任猴王据为己有。但很快，新上任的猴王同样也面临着猛可的困惑。

这就是著名的"手表定律"：只有一只手表，可以知道时间；拥有两只或更多的表，却无法确定时间。更多钟表并不能告诉人们更准确的时间，反而会让看表的人失去对准确时间的信心。

在班级管理工作中，班主任应该如何制定班级目标？

四、班级目标的制定

（一）制定原则

班级目标的制定首先应该清晰明了，不同阶段应该完成不同的目标，使学生在完成目标的过程中对班级目标有一个清晰的认识；其次目标应该根据学生状况以及班级整体情况设置得相对合理，避免"空中楼阁"、脱离实际的目标设定方式；最后班级目标管理还要充分考虑在实施过程中的可行性、适用性以及阶段性，使班级目标管理的实施更加人性化、具体化。具体可概括为图2-2-2。

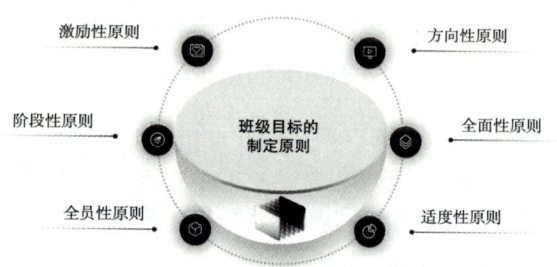

图 2-2-2 班级目标的制定原则

1. 方向性原则

班级目标是学校教育目标的具体化，是班主任与学生对未来前景的预想，也是未来所希望达到的结果和状态，没有目的的活动是盲目的、笼统的，也是空洞的。确立班级目标时，必须符合国家教育目的和学校培养目标要求，同时，小学生认知水平低、理解能力较差，因此，班级目标必须有方向性，在总目标的基础上必须明确具体，让小学生清晰地知道该做什么、怎么做、做到什么程度。同时，还要针对小学生身上出现的新情况、新特点、新问题，注意班级的"个性"及相关影响因素，如家庭环境、教养特点、性格特点等，制定切实有效的整体目标与"个别教育"目标，充分注意班级目标的针对性，避免"一刀切"。

2. 全面性原则

班级工作目标是班级成员共同努力的方向，具有统一认识和行动的作用。适宜的班级工作目标能使学生沿着正确的方向前进。这就要求在制定班级工作目标时要考虑到学生的思想品德、学习、纪律、健康、安全等各个方面，努力建立一个多层次、多角度的班级目标体系，以促进学生德、智、体、美、劳全面发展为宗旨，以实现"整体育人"的最终目标。

3. 适度性原则

班级目标是前进的动力，实现目标的关键在于班级全体成员的奋发进取，这就要求班级目标要适合学生的需要、兴趣和愿望，既要掌握好目标水平高于现实水平的差异，有目标高度，又要照顾学生年龄特点和接受水平，有可实现的可能性，使其拥有广泛的群众基础和实施的可操作性，否则班级目标就难以被学生认同，就不能调动学生实现目标的主观能动性和积极性。同时，适宜、可行的目标也会产生激励性，激发学生们的责任心、集体荣誉感，鼓励他们为达到预定目标而努力克服困难，使班级始终朝气蓬勃，不断前进。

4. 全员性原则

学生是制定和实现目标的主体，学生的参与程度越高，积极性也越高，一旦实现目标，就获得了极大的成就感，就会更加发挥学生的主人翁意识与主动性。因此，班主任应发动全班学生参与讨论，尽量引导全体学生自己提出并完善班级目标，如"假如我是班主任，我会怎么确定目标""假如我是班主任，我会怎么样带领大家实现目标"等。

5. 阶段性原则

目标实现直接决定着目标实施是否有效以及能够激励目标的实施，班级目标的设定需要有明确的时间限制。能够激发学生的目标执行力，能够直接促进目标的实现，更好地激励学生将远期、中期、近期目标连贯起来。同时，每一阶段目标都要考虑班级学生实际发展的可能性。学生是发展中的人，在发展的过程中不仅有阶段性还有差异性，班级目标要能够促进班级内每一个学生不同阶段的发展，体现出班级目标的发展性。

6. 激励性原则

社会学习理论认为，当人在确信自己有能力进行某一活动时，他就会产生高度的"自我效能感",并会进行这一活动。班级目标是由班主任和学生共同制定的,反映班级前景的,如被学生认为"一定会实现"时,一定会产生强大而持久的动力,并在行动中努力加以实现。因此,班主任必须通过全面观察、个别谈心、师生共同总结、讨论交流、分享心得体会等方式,及时总结评价,制定符合学生实际需要与愿景的班级目标。班主任要及时反馈目标的实现情况,并就实现过程中的干扰因素进行分析与指导,引导学生积极应对,根据总结反馈及班级整体目标进行调整,激励学生制定下一目标,并促成更高目标的实现。

总之,班级目标的制定,要根据学校教育目标,根据班级学生年龄段及实际情况,集班主任和全体学生的共同愿望和需求,既有方向指导性,又有具体可操作性;既有多样性和层次性,又有全员性和激励性。

(二)制定依据

由于班级是一个社会组织,班级目标的制定既要受到社会政治、经济、文化等因素的制约,又要受到班级组织自身发展规律的制约。具体来说,班级目标的制定要考虑以下几个因素。

1. 社会需要

班级是一个社会组织,班级目标要与社会发展,教育需求的总体目标相统一。班级目标的制定必须以此为基础,全面考虑社会性质、特征和对人才的基本要求,具体贯彻和体现党和国家的教育方针政策,全面考虑各阶段教育目标,才能保证班级管理目标的正确方向,为育人服务。

2. 班级实际情况

目标虽指向未来,但要立足于现实基础之上才能有据可循。在制定目标时,必须分析班级现实的主客观条件,遵循客观活动规律,明确班级现存的优缺点,要对班级的人力、物力、财力、学生、教师等方面的情况进行分析,力求在现实的基础上制定一个符合实际的工作目标。

3. 学生的身心发展规律

小学生作为教育和发展的主体,正处于身心发展的重要阶段,不仅具有极大的主动性和主体性,还蕴藏着极大的发展可能性和可塑性,在班主任工作中,既要了解学生身心发展特点和潜力,又须把握学生发展的需要,同时要考虑影响学生发展的主、客观因素,这样才能真正有效地促进学生的进一步发展。因此,在制定班级目标时,有必要把学生身心发展规律放在重要的位置上。

总之,在班级工作中,只有将社会、学校、班级、学生诸因素相结合,主客观条件相统一才能制定科学、合理、可行的班级目标。

(三)制定方法

确立班级目标的方法要因班而异,目前主要采用以下三种方法。

1. 班主任制定

班主任制定是指小学班主任直接向班级提出希望和要求，以此作为班级目标的一种方法。这种方法可以充分展现小学班主任的教育智慧，但不利于调动班级成员的积极性和主动性，而且，若要使班级目标转化为每一个小学生自觉努力的方向，还需要小学班主任在提出目标之后，对小学生进行反复的讲解与动员。这种方法适宜于差班或者乱班以及班级初建阶段。

2. 共同制定

共同制定是小学班主任与小学生一起制定班级目标。这种方法突出的特点就是民主性，也体现了对小学生的充分尊重。它不仅有助于小学生把自己对班级的感情转化为对集体的责任，把集体的大目标和自己的小目标统一协调起来，而且共同制定出来的班级目标还能得到小学生的普遍认可，成为班级每一个学生追求的目标。这种方法并不适合所有的班级，只适用于生源良好或者处于良性发展的班级，而对于生源很差或者发展涣散的班级则并不适用。

3. 小学生制定

小学生制定是由小学生集思广益后共同制定的，这种班级目标是全班学生共同参与的产物，反映学生的愿望和需求，更贴近班级生活以及小学生的实际，也更具可行性。同时这种目标制定的过程本身就是小学生自我教育的过程，因此这种方法产生的班级目标更具有激励作用。这种方法对班级的要求很高，仅仅适用于发展非常稳定、良好的班级，而且必须是小学高年级。

（四）制定过程

制定班级目标，是班级工作的起点，制定明确、具体、可行的工作目标，是班级有效工作的先决条件，也是一切班级实施计划、措施、行动的依据。因此制定班级目标，是开展班级工作的首要环节。具体来说，制定班级工作目标应该包括以下几个环节，如图2-2-3所示。

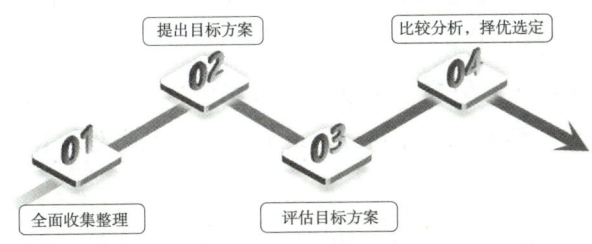

图 2-2-3 班级目标的制定环节

1. 全面收集资料

必须以班级的实际情况为基础，才能制定出合理的目标，那么如何知道班级的实际情况呢？这就要靠收集资料。包括班级内外部条件，外部条件指国家的教育方针、政策、教育发

展的要求；地区的社会状况，社会、家庭、学校对班级发展的要求等。内部条件指班级内部的现实条件，如人力、物力、财力、师资、班级成员的需要、对班级发展的期望等。

2. 提出目标方案

收集信息资料之后要做的就是将信息资料进行归类分析，进而提出班级目标的方案。目标方案的制定要明确，首先，明确要达到的目标；其次，要说明达到目标的限制性条件，存在着哪些有利条件、哪些不利条件，以及达到目标所需要的人力、物力、财力资源；再次，要说明实现目标方案的途径、策略和步骤，这是目标方案最为关键的内容；最后，要对影响目标实现的不确定因素进行预计。实现班级的教育目标可以有多种途径，这也就意味着可以通过多种管理方式来实现，所以在制定班级目标时，要尽可能提出多个目标方案。

3. 评估目标方案

确定备选的目标方案后就需要对提出的目标方案进行分析和评估了。要从班级内外部的实际情况出发，具体分析目标方案是否具有科学性和可行性，目标的制定既不能太低，也不能太高，太低了没有意义，太高了实现不了，切实可行的目标方案才是最重要的。

4. 比较分析，择优选定

在对目标方案进行分析和评估后，根据班级的实际情况，从备选方案中选择最优化的目标方案。最优的目标方案应该体现教育目标，"以学生为本"，促进学生德、智、体诸方面和谐发展为宗旨，要明确具体、科学可行。

总之，班级工作目标的制定，不是"拍脑瓜的想当然"，也不是班主任的心血来潮，而是班级全体成员工作的预期结果，要科学、合理。因此，目标要经过分析、论证、择优而定。

学以致用

对于材料五中的查德威克来说，她虽然是个游泳好手，但令她半途而废的不是疲劳，也不是寒冷，而是因为她在浓雾中看不到目标，没有了目标的指引，也就失去了前进的动力和坚持的理由，也就无法鼓足干劲完成她本该有能力完成的任务。班级管理工作也是一样，无论是班主任还是学生，如果没有一个明确具体、可行性强的工作目标，就会失去工作和学习的方向，失去前进的指引动力，容易迷失在一团混乱中。班级工作目标制定可以先从长远目标入手，划分为中期目标和具体可操作目标，既有方向性又有可操作性。

任务检测

一、材料分析

开学已经有一段时间了，于老师发现班级学生中流行着一股股"热"：画画热、书法热、踢毽热、跳绳热、漫画热……哪一项都轰轰烈烈、热火朝天的开始，而且很多学生也都参与其中，但几乎每一项都是几天时间热乎劲就过去了，又开始新的一项内容。一段时间之后，学生们没有哪一项是坚持下来的。

针对学生们学东西漫无目的和三分钟热度的情况，如果你是该班班主任，你会怎么解决和引导学生们呢？应如何帮助学生们合理确立并实现目标呢？

二、实践应用

1.时光荏苒，经过两年的学习，曾经的一年级（1）班已经升入三年级，请你帮他们确立新的班级目标。（要求：一定要注意目标的可行性、可参与性、发展性、激励性）

2.通过表2-2-2考察当地学生班级目标的确立和实施情况，记录并分析其成果及未达成目标的原因。

表 2-2-2 调查问卷

题目	选项			
	A	B	C	D
是否清楚知道并理解班级目标是什么？	非常清楚	基本清楚	不太清楚	不清楚
班级目标是否有清晰的衡量标准，可以准确知道目标是否达成？	所有目标都有	大部分目标有	小部分目标有	所有目标都没有
为了达成班级目标，你是否知道自己应该做什么？	非常清楚	基本清楚	不太清楚	完全不清楚
所在班级的班级目标总体难易度如何？	很难，几乎都不能完成	比较难，大部分不能完成	有点难，但大部分可完成	很容易，几乎都能完成
你觉得班级目标设置合理吗？	非常合理	比较合理	不太合理	非常不合理
所在班级制定的班级目标都有明确的截止日期吗？	全部都有	大部分有	小部分有	全部没有
你所在班级的班级目标主要由谁来制定？	学校统一制定	班主任制定	同学们制定	师生共同商定
你参与班级的管理吗？	经常参与	参与一些	没有机会参与	不想参与
是否积极想办法去促进所在班级的班级目标的达成？	对所有目标都积极	积极完成自己认可的目标	尽量做到不拖后腿	无所谓，和我没关系
班级目标是否都量化分解到小组或个人？	全部都量化分解了	大部分量化分解了	有一小部分量化分解了	全部没有量化分解

续表

题目	选项			
	A	B	C	D
你所在的班级设定的班级目标数量如何？	有点少，有些目标该设未设	正好，主要目标都有了	有点多，疲于应付	太多了，事无巨细没重点
所在班级为实现班级目标，是否制订了有效的实施计划？	所有目标都制订了实施计划	大部分目标制订了实施计划	少部分目标制订了实施计划	所有目标都没有制订实施计划
所在班级是否会定期检查班级目标实施情况，了解目标的执行进度？	所有目标都定期检查	大部分目标会进行定期检查	少部分目标会进行定期检查	所有目标都不检查
所在班级是否制定了相应的奖惩措施？目标达成了有奖励，未达成有惩罚	所有目标都有奖惩措施	大部分目标有奖惩措施	少部分目标有奖惩措施	所有目标都没有奖惩措施

任务三　制订班级工作计划

名人语录

> 凡事预则立，不预则废。
>
> ——韩愈
>
> 我们的生活是忙碌的，忙碌中又往往充满了迷茫。向左走？向右走？有时候，我们确实需要停下来，做好了准备再前进，也许会收到事半功倍的效果。
>
> ——安东尼·罗宾

情境导入

【材料六】李老师工作三年了，一直想努力成为一名学生喜爱、家长认可、同事羡慕的好老师。而且，她一直认为，当不好班主任的老师就不是好老师，所以当她接手了一个新班时，内心是激动、兴奋的，也是干劲十足的。她每天都忙于处理学生的学习、活动、班级卫生以及学生纠纷等各种各样的琐事，像陀螺一样不停地转着……半个学期过去了，李老师脸上的兴奋和热情也少了很多，取而代之的是疲惫和无奈，甚至抱怨：我每天都做了些什么啊？为什么每天都有做不完的事，连喝口水的时间都没有？感觉每天都像无头苍蝇一样，毫无章法，总有漏掉的事情。

思考：李老师的问题出在哪？如何才能改善这种无序而忙乱的状况呢？

 学习目标

1. 了解班主任工作计划内容、作用及计划的种类，掌握班主任工作计划的内容与制订要求。

2. 能依据班主任工作计划内容与制订要求，增强分析问题能力，并逐步形成制订班级计划的能力。

3. 树立科学、合理地制订班级工作计划的观念。

知识储备

一、班主任工作计划的内涵

（一）班主任工作计划的概念

工作计划是指工作或行动以前，预先对一定时期内的工作拟订的具体内容和步骤，是对未来行动目的、任务、要求、方法、步骤等通盘考虑的具体化、条理化和书面化。

班主任工作计划，是指班主任在开展工作前对班级工作的一种设想与工作思路。班主任是全面负责一个班学生的教育管理工作的教师，是学生健康成长的引路人，是学校进行教育教学工作的助手和骨干力量。作为班主任，班级工作计划的制订与执行直接影响着学校的管理秩序及班级学生的学习与成长。

（二）班主任工作计划的内容

班主任工作计划有多种形式，但是，任何形式的班主任工作计划都必须体现以下几方面基本内容：

1. 对班级情况的分析

班主任工作指向的是学生，要实现育人，实现"以人为本"，制订好工作计划，就必须首先了解学生，对班级情况进行分析，分析内容包括以下几项。

第一项，对班级基本状况的分析。包括班级学生总数、性别比例、年龄结构。

第二项，对班级发展情况的分析。包括班级学生在德、智、体、美、劳等方面的发展状况、不同层次学生的分配比例、班级中的人际关系状况、班级风气等。

第三项，对班级存在问题的分析。包括班级整体存在的突出问题、不同学生存在的典型问题，以及这些问题带来的不良影响等。

对班级情况合理有效的分析，是班主任制订有效工作计划的基础。

2. 确定班级管理目标

班级管理目标是班级管理工作预期达到的结果，或者说通过班级管理工作使班级学生要达到的预期发展目标，是班主任工作计划制订的依据。班主任对本班学生基本情况进行了解

后，就要指导学生制定奋斗目标，包括总目标、阶段目标、各活动具体目标等，在此基础上再制订切实可行的工作计划。

3. 班级管理工作的内容和措施

班级是师生共同成长、共同发展的平台，目标的实现、计划的制订都需要师生共同参与，这部分内容是班主任工作计划的主体，是对班级管理所有工作的布置和安排，是对班级管理工作的每一项具体任务和完成这项任务所要采取的具体措施的说明，包括主要教育活动、组织力量与分工、时间步骤、安排活动形式等。班级管理工作的内容和措施的表述或安排方式有两种，一种是以时间为主线纵向表述或安排，按照由前往后的时间顺序设计班级管理工作，哪些事情是重要、紧急的，哪些是重要但不紧急的，哪些先做，哪些后做，什么时间做等；另一种是以内容为主线横向表述或安排，按照德、智、体、美、劳等不同主题，从纪律、卫生、学习、日常等方面设计班级管理工作。

当然，在实际工作中，可以将两种方式结合起来运用以实现工作目标。例如，第一周通过班会、读书分享，第二周通过演讲、趣味活动等进行行为习惯养成教育、心理与安全健康教育、爱国励志教育等。

4. 班级工作计划的检查措施

这部分是指计划不能是一纸空文，而应是活动依据和步骤，对于计划完成情况也应及时检查和总结，不然容易流于形式。班主任在工作计划中要明确标出对各项工作的检查或评价方式，包括检查时间、方法、标准、责任人、奖惩措施等。例如，可以通过读书分享，检查读书情况；可以通过趣味活动，检查行为习惯养成等，并对结果进行及时总结，共同找出问题的解决办法并及时修正，提出下一步的努力目标和活动计划。

二、班主任工作计划的作用

班主任工作计划是对一段时间工作的设想与步骤安排，可以帮班主任按照工作目标厘清工作步骤，并及时检查与调整工作方式和方法，主要作用体现在以下几方面：

（一）有助于厘清工作思路

制订工作计划的过程是一个认真思考与厘清工作思路、安排工作步骤的过程。制订好工作计划以后，班主任基本对某一阶段的工作内容已经心里有数了，做起来自然就能清晰明了、从容有条理、"水到渠成"，即使出现一些意外，最后结果一般也不会有太大的差异。

（二）适时提示督促作用

班主任工作是烦琐零散的，学生的情况也是多变的，如果没有制订具体计划，没有详细地思考和规划，就很容易忙中生乱，忽略一些工作或细节。同时，也容易出现一些想象不到的偏差。制订好工作计划，就可以提示某一阶段，按照一定的步骤、要求来完成工作，避免遗忘和漏掉一些细节，预防偏差和盲目，有助于班级工作顺利进行。

（三）有助于班级目标的实现

计划的制订是为实现目标而服务的，一个好的工作计划可以根据制订的班级目标，选择合理的方式方法、步骤措施、时间安排等，根据环境及班级情况，预判可能存在的困难与障碍，变"意料之外"为"意料之中"，制定出相应的对策和方案，变被动为主动，使工作更加清晰明了、具体可行。

（四）可以培养良好的工作习惯

育人工作是一项长久、复杂的工作，也是有据可循的工作，不能有任何的随意性。好的工作计划，可以帮班主任条理清楚地安排工作，取得事半功倍的效果。习惯制订工作计划，遇事有目标、有预设、不拖拉、不推诿，是班主任工作成功必备的素质之一。

（五）有效总结与借鉴

"十年树木，百年树人"，育人的长期性要求班主任工作必然是连续的。因此，每次制订计划时，都要对之前工作进行总结检查，根据新的工作目标，制定新的工作思路和步骤。如果没有以前的计划，就无法准确反映原来的情况，快速、合理地找出问题，提出更好的解决办法，预防类似问题再次发生。因此，好的工作计划，不仅可以指导工作，还有助于总结经验，修正问题，进一步完善工作思路，促进目标的实现。

三、班主任工作计划的类型

班主任工作计划类型有很多，可以分为以下几种：

（一）学年班主任工作计划和学期班主任工作计划

前者是对一学年班级工作的目标、要求、内容、步骤、方法等方面的预先设计；后者是对一学期班级工作的目标、要求、内容、步骤、方法等方面的预先设计。

（二）综合性班主任工作计划和单项性或专题性班主任工作计划

前者是对班级所有工作的整体规划，后者是对某一时期、某一阶段的某一项工作的预先设计等。

（三）常见的班主任工作计划类型

常见的班主任工作计划有三种类型：一是学期计划，二是月或周工作计划，三是具体活动执行方案。

1. 学期计划

学期计划，是学期开始制订的计划，是全学期班主任工作的总纲。这种计划由三部分构成，具体说明如表2-3-1所示。

表 2-3-1 学期计划内容构成

序号	构成	内容	事例说明
1	班级的基本情况分析	班级自然状况、现实和历史状况的分析，班级的自然状况	如总人数、男女生人数、年龄、团员、队员、班干部、三好学生和差生的比例等
		班级现状分析，包括班级学生的思想品德状况、学习现状、特点、班干部的能力素质、班级中学生的人际关系等；班级的历史状况	如班风传统、形成班风的原因、班级的优缺点等
2	确定教育任务	根据教育目的，确定教育任务的要求，明确规定本学期应达到的教育目标。确定教育任务应抓住重点，突出中心任务；同时，确定教育任务还要注意针对性，不要过分笼统	如读书活动，需要明确本班本学期目标是什么，计划读多少书，读到什么程度等
3	工作具体安排	一般指为完成任务而打算采用哪些方法和时间安排。常见方式有两种：一是以时间顺序为主线，纵向安排各种具体活动的内容、时间、地点等。二是从德、智、体、美、劳几方面横向列表安排各方面工作	如阅读汇报课，可以采用叙述、朗诵、辩论、演讲、表演等形式进行读书活动；还可以通过"读书会"形式，邀请家长共同参加，评选"阅读之星""表演之星""诵读大王"等，以激发学生的读书热情，提升读书质量

2. 月或周计划

月或周计划，是学期计划的阶段性执行，把学期计划划分成四个小目标或者细化到每周一个小目标，如第一周推荐学生读什么书，什么时间读，班级通过开展哪些活动、如何开展活动来完成等。

3. 具体活动执行方案

为实现月计划或周计划而开展活动的具体执行方案，一般包括活动目的要求、活动时间、内容、具体实施步骤、措施等，也就是做什么，怎么做，做到什么程度。如三年级上学期，开学第一周的读书活动：

（1）明确读书目标：学会使用工具书；学会查找资料、搜集信息；拓宽知识面，领悟文学作品的思想，感受优美语言的魅力；能做简单的读书卡和摘录式读书笔记；

（2）营造读书氛围：张贴读书名言，准备读书角，通过诵读精彩片段、讲故事等方式向学生推荐好书，或者向同学介绍自己喜爱的书籍等，向学生推荐几本必读好书，如《安徒生童话》《名人故事》《神话故事》《朱子家训》等；

（3）周三下午有一节课为共同阅读时间，周六日在家不少于1小时阅读时间；

（4）熟读喜欢的故事，摘抄优美语句；

（5）周五讲故事比赛，分享优美语句，美观笔记张贴到班级板报处进行评比。

班级工作计划的制订，无论哪一种类型，一定要根据班级实际情况，明确可行、实现班级育人目标。

启智引航

提到如何制订班主任工作计划，有人说"网上下载一个觉得靠谱点的就行了。"有人说："计划没有变化快，没有固定计划啊！"还有人说："先拟订一份，工作中且行且修改呗！"

思考：在班主任工作中，你认为应不应该制订工作计划？如何制订呢？

四、班主任工作计划的制订

学校教育教学工作开展的好与坏取决于班级管理，班级管理的好与坏取决于班主任工作开展的情况，班主任的工作计划可谓规律性与目的性的统一。面对成长中的学生，虽然总会有这样那样的琐碎、突发事件发生，但如果能制订一个合理有效的工作计划，工作会更具有系统性和科学性，会更加有条理、更高效。班主任怎样才能制订一份符合学生成长规律、帮助学生健康成长、促进班集体良性发展的工作计划呢？

（一）制订依据

班主任工作计划的制订要有一定的依据，一般包含以下三个方面：

（1）上级指示。包括党和国家的教育方针、政策法规以及教育行政部门的指示和要求。

（2）学校要求。学校工作计划为整个学校管理规定了明确的任务，对教育目的和当前形势做出了明确的论述，它是制订班主任工作计划的直接依据。

（3）班级实际情况。班级情况包括学生人员构成、学习情况、思想情况、体质状况、骨干状况、班级特点等，班级状况是工作计划的基础，只有从班级实际情况出发制订工作计划，才能使其具有科学性、准确性和可操作性。

（二）制订要求

班主任工作涉及学校的各个方面，只有制订出周密具体、科学可行的工作计划，才能保证工作有方向、有目的，才能有步骤地把学校的教育计划落实到班级，使学校培养目标具体化、阶段化，保证学校教育教学工作顺利进行，保证学生健康成长。其制订要求包括以下几方面：

1. 制订计划，要有明确的目的性

目的性是对班主任工作计划最基本的要求，班主任工作计划首先要确定目标，坚持正确的方向。从大的方面来说，必须体现我国教育目的中促进学生德、智、体、美、劳全面发展的总体教育目标；从小的方面来说，必须体现学校教育工作的整体要求和目标，体现班级育人的目标。它的主旨必须是符合教育目的、正面积极、有利于学生健康成长的。

2. 制订计划，要集思广益，有可操作性

班主任工作计划不能只是自己提出一些抽象空洞的条文、一般性的号召以及几条宽泛性的措施，而应该集思广益，与学生一起，群策群力，提出切实可行的目标、明确的要求、存

在的工作难点、可以采用的具体措施、合理的工作进程安排以及人员的任务分工等。既要有一定的激励性又要具有具体可操作性，最好按照周次排列出来，以便对班主任工作计划的执行和完成情况进行检查。

3. 制订计划，要具有稳定性和灵活性

班级工作要井然有序，班集体要稳定团结，计划的稳定性和连续性是基本保证，不能朝令夕改，更不能脱离班级目标而独立进行。然而，"计划没有变化快"，班级工作中，学生的成长并不是一成不变的，总是存在着变数，客观环境也会存在着一定的变数。随着工作的推进，必须及时调整与修正计划，才能实现育人的管理目标。

4. 制订计划，要超前性和现实性相结合

计划的制订必定带有预测性和前瞻性，是未来一阶段班级目标的工作思路，也是对美好发展前景的一种描绘，这就是超前性。而前景的实现必须建立在现实的基础上，要根据学校教育目标、班级管理目标和实际情况来制订计划，不能好高骛远，这就是现实性。超前性与现实性的有效结合，使计划有长时间的实用性，也可保证计划实施的可行性。

5. 制订计划，要有阶段性和连续性

班主任制订工作计划要考虑到周、月、学期，不同时间、班级、学生情况不同，计划内容和要求也要有阶段性；同时，计划的制订应该是在审视、反思前期班级管理工作全程的基础上进行的，是前期班级管理工作的深入、延展或提高，是连续的。例如，对前期已经完成的工作进行总结，对某些工作中存在的问题提出完善和修正措施，并提出新要求、新目标或新思路等。

6. 制订计划，要具有创造性和发展性

每一期的班主任工作计划都是在既往的基础上制订的，但又不能是原有计划的复制与翻版，不同时期、不同时段的班级，不同年龄的学生，其发展都具有一定的独特性。因此，每一次制订的班主任工作计划都应该富有创造性和发展性，尤其是在班级管理措施上应该不断创新，体现时代育人特色。

（三）制订过程

任何班主任工作计划的制订都不是一蹴而就的，而是一个从准备到形成都需要做出大量工作的过程。一般来说，都会经历三个阶段，如表2-3-2所示。

表2-3-2 工作计划制订过程

序号	阶段	任务
1	酝酿阶段	这个阶段的任务有三个：一是研究国家的教育方针、政策以及学校的教育理念、工作计划；二是了解班级的基本情况，收集事实资料；三是发扬民主，与学生交流，倾听学生的建议和意见

续表

序号	阶段	任务
2	草案阶段	这个阶段的任务有两个，一是在对上述大量材料整理和分析的基础上，形成班主任工作计划草案；二是组织任课教师、学生家长、学生干部、普通学生等班级各种教育力量广泛参与，反复讨论，不断对班主任工作计划的草案进行修改
3	形成阶段	在前期的基础上，根据本阶段工作目标、班级实际情况、学生特点等，形成最终的、具体可行的班主任工作计划

当然，计划的制订只是初步预设的工作内容和思路，只有当计划被执行了，才会真正发挥作用。

学以致用

刚上任的班主任很容易会出现材料六中的这种情况，主要是因为对班主任工作的认识不够充分，对于班级工作缺乏系统规划。李老师在接手班级后，凭借的是一腔热情和干劲，却没有把要做的事进行系统规划和整理，没有为自己的工作列一份行之有效的计划，自然会在做事过程中出现无头苍蝇一样忙乱的状况。所以，在日常工作中，班主任要在准确了解班级学生的实际情况后，再在此基础上制订一系列计划，包括学期计划、月和周计划、具体工作计划，而且一定要可行、有效、系统，具有针对性和发展性。

任务检测

一、材料分析

王老师是学校的骨干教师，担任四年级3个班的语文教学工作，同时又是四（1）班的班主任、语文组组长，每天都有忙不完的事，但是王老师每天看起来都精神饱满、游刃有余。原来，每个新学期，王老师都会根据国家教育目标及学校教学与管理要求，结合学科特点和本班学生特点，制订一个学期计划。每周周末就会思考下周的工作重点、教学、班级、个人生活、学科教研等；思考班级工作中，哪些需要重点考虑和解决，需要特殊关注的是谁等；每天列出第二天要做的五六件重点事件，要事优先，并按轻重缓急排序，确定每件事的大致时间，对于确定要做的事，抓紧时间去做。看起来，制订计划，提前考虑和安排一学期、一周或每一天的工作浪费了很多时间，但王老师在工作中，不仅没有想象中的忙乱和疲累，反而每天都条理分明，从容又高效。

试分析王老师的做法有哪些值得借鉴之处。你认为制订计划应该注意哪些问题？

二、实践应用

1.从教育实践出发，在观察、了解和分析学生的基础上，运用教育学和教育心理学原理，对本班实际情况进行全面深入分析，制订科学合理的班级学期计划。

2.做事要有始有终,在制订和执行班级管理计划的基础上,请为本学期撰写一份完美的班级工作总结。

任务四　制定班级规章制度

名人语录

纪律是集体的面貌,集体的声音,集体的动作,集体的表情,集体的信念。

——马卡连柯

学校没有纪律便如磨房里没有水。

——夸美纽斯

情境导入

【材料七】王老师担任小学二年级(3)班班主任后,深知"没有规矩不成方圆"的重要性,他决定以制度建设为抓手,促进班级良好风气的形成。经过一段时间的观察,他制定了一份长达40多条的班规,内容可谓包罗万象。为了保证制度能够很好地贯彻落实下去,他把班规打印出来并发到每一位同学的手里,让同学回家自学,又通过班会集中学习。一段时间之后,不仅没有出现想象中的良好的班级面貌,反而连平时不扣分的项目也出现了扣分的现象,王老师深陷苦恼之中。

思考:

1.王老师在制定班规过程中出现了哪些问题?

2.如果你是王老师,应该如何来制定和执行班规?

学习目标

1.理解班级规章制度的类型、作用,掌握制定班规的要求和有效执行班级规章制度的做法。

2.通过分析和掌握班级规章制度制定要求与执行方法,提升分析问题与处理问题的能力。

3.体会班规的制定过程也是一个教育过程,树立科学、民主管理班级的意识与观念。

一、班级规章制度的内涵

（一）班级规章制度的概念

班级规章制度是指在班级管理中，班级成员共同承诺遵守的行为规范及其评价标准的规定，也有人称为班级公约、班级权利公约或班级守则等，简称"班规"，主要涉及学习、纪律、出勤、卫生等诸多方面，是学生自我管理的重要制度，也是一种典型的潜在课程。

（二）班规的特征

班规是依据相关政策法规，根据班级实际情况，为更好实现班级目标，促进全体成员全面、健康、和谐发展而制定的，因此，班级规章制度的特征，如表2-4-1所示。

表 2-4-1 班级规章制度的特征

序号	特征	说明
1	班规具有全面性的特征	班规涉及学校各方面生活所必需的行为规范，不仅要有规范性条款，还尽量有相关的奖惩等保障性条款，以强化良好行为
2	班规具有明确具体、容易记忆和理解的特征	总体上讲，小学生的认知特点是以具体形象为主，小学班规只有具体明确、容易记忆和理解，才能便于小学生掌握和执行
3	班规具有合理、合法的特征	班规应符合《小学生守则》和《小学生日常行为规范》，应与学校规章、相关政策法规相一致。同时，班规应适应小学生的年龄发展特点，适合本班实际情况，合情合理
4	班规具有正面表述的特征	小学生对于语言的理解以具体形象为主，负面表述的班规只能起到告诫的作用，而正面表述的班规才能让小学生懂得并养成适宜的行为，因此，班规的表述一定要正面、准确
5	班规具有全员性的特征	班规的出台应是为了实现班级共同奋斗目标，是班主任与学生共同商讨的结果，它约束的对象应是班级所有成员（包括班主任与班级每一名学生）的行为，而不应该带有个别针对性

（三）班规的类型

班规可以按照不同角度和标准分为不同的类型，常见划分方式有以下几种：

1.班规可以按制定部门不同分为两类

一类是由国家、地方的教育行政部门和学校的相关部门明文规定出来的各种守则以及行为规范，如小学生守则、小学生行为规范、××市小学生文明行为守则等；另一类是结合班级实际情况以班级为主体而制定的各种规章制度，如课堂学习常规、个人行为常规、安全卫生常规等。

2.班规可分为核心规则和常规规则

核心规则是班级成员做人、做事的基本行为准则，是班级核心价值观的体现，一般3～6条比较适宜，以便于牢记和执行；常规规则是学生从事每项日常具体活动的行为期望或行动规则，如课堂常规、课间常规、班务常规、集会常规等，可以依据活动的目的与内容制定得细致一些，以保证和提高活动效率。有些具体规则甚至可以是口头约定，例如，"一二三四五"班规，如表2-4-2所示。

表2-4-2 "一二三四五"班规

序号	名称	内容
1	一个规定	每天在规定的时间内做规定的事
2	两个原则	纪律求遵守，学习求进步
3	三件事情	每周调换座位以保护视力，每周进行等级评定，周末大扫除
4	四个优点	每周找出自己一个优点，别人一个优点，本班一个优点，别班一个优点
5	五个学会	学会做人，学会处世，学会合作，学会求知，学会忍耐

3. 班规一般包括规范性条款和奖惩性条款

规范性条款是对学生行为的期望或规范，是班规的主体部分；奖惩性条款是促进学生遵规守纪、形成良好行为习惯的条件。奖惩性条款与规范性条款不一定要一一对应。

4. 班规可以分为强制性规范和非强制性规范

强制性规范表现为班规是硬性的，需要全班一致遵守，以确保班级工作的顺利进行；非强制性规范表现在班规的内化上，即学生内在的价值观念和集体观念的统一上。

5. 班规可以包括逐步完善性条款

班规可以分步制定，逐步完善。可以先制定出规范学生主要行为、解决班级突出问题的规则，再根据学生在学习和生活中不断出现的问题或矛盾逐步完善班规。

"按次序理发"

有一次，列宁去克里姆林宫理发室理发。当时，这个理发室只有两个理发师，忙不过来，很多人都坐着排队，等候理发。列宁进去后，大家连忙让座，并且请列宁先理，可是列宁却微笑着对大家说："谢谢同志们的好意。不过这样做是要不得的，每个人都应该遵守公共秩序，按照先后次序理发。"他说完后，就随手搬了一把椅子，坐在最后一个位置上。

思考：规章制度，作为维护班级稳定的公共秩序有着不可或缺的作用。在班级管理中，班级规章制度到底有哪些作用呢？

二、班规的作用

"无规矩不成方圆"，班级，作为一个学校大家庭，其规章制度的制定尤为重要，其作用主要表现在以下几个方面：

（一）增强管理的科学性和公平性

"科学管理的表现形式之一就是要研究规律而后制定制度，制定'班规''班法'，从而使班级摆脱'人治'的不规则轨道而走上'法治'的轨道。"有了班级规章制度，就有了对个人行为评价的客观标准，能使班级活动的开展及其奖惩有"法"可依。如果班级中某个人的行为违背了班级规章制度，视其主观动机以及造成的后果，会受到不同程度的惩罚，从而增强了班级管理的科学性、公平性，避免了班主任因情绪影响或主观印象等而产生的工作随意性。在班级中形成"班级的最高权威不是班主任，而是规章制度，班内强调规则面前人人平等，人人都要照章办事，共同维护制度的权威"的氛围。

（二）营造出有序高效的学习环境

合理的班级规章制度可以使学生们"有法可依""有路可循"，可以减少人际交往中的摩擦，减少主观的随意性，有助于营造安全的、支持性的学习、生活环境，为师生有效利用学习时间、空间和资源创造条件，有利于提高学习效率和效能，从而形成良好的班风和优秀班集体。

（三）保证班主任工作重心的准确定位

小学班主任日常工作繁重，事务繁杂，容易陷入顾此失彼、杂乱无序、重心偏离、疲于应对的不良工作状态。依靠合理的规章制度，对班级的大量事务性工作就有了快速、明确的判断，使班主任能从中抽身，并实现对自己工作的精准定位，把自己的时间和精力更多地投入到班级的长远发展和建设中，有更充足的时间思考班级管理和学生发展的宏观问题，将更多的精力投向更有价值的教育领域：研究学生，走进学生的心灵。

（四）有利于实现班级目标

有了班级目标，仅仅是为小学生在思想上指明了一个努力的方向，而要在行动上落实，必须有班级规章制度做保障。班级规章制度作为一种规范，对小学生的行为起到实时的约束和评价作用，督促他们按照一定标准去实现班级目标。

（五）提高小学生自我教育的能力

苏霍姆林斯基指出："真正的教育是自我教育，是实现自我管理的前提和基础；自我管理则是高水平的自我教育的成就和标志。"自我教育在一定意义上说是教育的结果，又是进一步教育的条件或内部动力。有效的班规，可以规范学生的学习和生活行为，提升小学生主动约束和规范自己行为的意识，从而做到有没有外部监督都是一个样，不仅能形成主动学习的积极性和自主意识，更能够在制定与执行班规的过程中养成良好的习惯，有利于提高班级学生自我教育、自我管理的能力，以促进班级成员主动、和谐地发展。

（六）提升小学生的规则意识和社会责任感

依靠班规管理，可以"有法"可依、赏罚分明，小学生会逐渐懂得对自己的行为负责，

对班级、学校、社会负责；会树立规则意识，养成尊重规则、遵守规则的习惯，从而懂得并学会处理个人与他人、个人与集体的关系；会形成良好的公民品质，并逐渐发展成为一个有社会责任感的合格的社会公民。

> **启智引航**
>
> 　　曹老师已经带了两届毕业生，每到高年级，他总尝试分层、自主管理，而且很有成效，班级学生不仅学习热情很高，活动氛围也很好，他本人也深得学生和家长的信任。这届学生毕业后，学校决定让曹老师留在五年级，接任五（3）班班主任。开学第一天，曹老师就带领全班同学讨论"班级愿景"，在第一周班会上，想通过议事方式拟定班规，但没想到两次都遇到了"冷场"，事后了解到学生的心声：
> 　　"班规班规，不就是学校的要求嘛，按要求做就是啦，我们能有什么想法。"
> 　　"老师，你就给我们制订一个呗，你说怎么做我们一定遵守。"
> 　　"以前的老师也问过我们的意见，但也没什么用，都是走走形式。"
> 　　思考：你认为应该如何制定班规呢？

三、班规的制定

"国有国法，家有家规。"作为一个由几十个独立个体组成的大家庭——班级，更需要有行之有效的规章制度来约束和规范，以更好地实现教育与管理的目标。但班规的制定既不是随心所欲，也不是班主任的"一言堂"，应该是班级全体学生根据一定要求，针对班级实际需要制定而成。

（一）班规制定的要求

班级规章制度的制定不是随意的，而应该遵循一定的要求，这样的班级规章制度才会不流于形式，对班级的发展产生实效。

1. 要有正确的教育理念

班级是全体小学生共同学习和活动的场所，制定班级规章制度，其本意是为了维护班级生活中每个学生享有平等的、普适的学习权利，促进班级公共利益的最大化与最优化，而不是为了束缚、限制小学生，更不是为了抓住小学生的错误，对他们进行惩罚。因此，制定班级规章制度是开展班级工作的手段，而不是目的。

2. 要以有关的规章制度和班级的具体情况为依据

首先，班级规章制度是国家、地方等教育行政部门制定的守则、行为规范的具体化，因此，班级规章制度的内容不能与上述守则、行为规范相矛盾。其次，每个班级有自己的特殊情况，不同年级、不同班风的班级规章制度在具体内容上应该有所不同。因此，班级规章制度的制定必须以有关的规章制度和班级的具体情况为依据。

3. 要合理可行、简洁明了

班级规章制度是小学生经过努力可以做到的，是合理的要求，而且是符合小学生的需要和发展特点的，是可行的；班级规章制度的数量也不宜太多，可以逐渐增加数量，表述要清晰明了，用词要简洁，易于小学生理解和把握，否则会因为小学生无法理解和做到而形同虚设。

4. 以正面引导性的语言为主

基于小学生的心理特点，班级规章制度的内容表述要以积极的正向引导性语言为主，如"应该……""希望……"等，要明确地规定什么样的行为是值得赞许的，什么样的行为是不应该做的，给小学生指明努力的方向，这有助于小学生对班级规章制度的掌握和执行。尽量不要使用"严禁……""不许……""切忌……"等表述方式，因为这样的语言不仅不能给小学生指明行为的方向，而且会引起小学生的逆反心理，起到事与愿违的效果。

5. 要让小学生参与班级规章制度的制定

只有得到小学生认同的班级规章制度，才会使其努力遵守执行，这样的班级规章制度也才是有效的，而参与班级规章制度的制定是获得小学生认同的关键。因此，小学班主任要组织学生共同讨论、磋商，一起完成班级规章制度的制定。班主任切忌以学生年龄小为理由，单方面主观地制定，以免引起小学生的抵触情绪。班主任与学生共同制定与践行班规，是师生平等的切实体现，有助于学生深入理解班规，树立权利义务感，形成"规则面前人人平等"的意识。

（二）核心规则的制定

既然核心规则是班级成员做人、做事的基本行为准则，是班级核心价值观的体现，它的制定就应尽量发挥学生的主观能动性。可以通过以下步骤来制定班级的核心规则：

1. 明确必要性

班主任首先要依据班级学生的年龄采取适当的方式引导学生明确班规的必要性和重要性，一般可以采用讲故事、做游戏、提问、讨论或辩论等方式。

2. "头脑风暴"集思广益

"头脑风暴"是指班级师生共同敞开心扉，大胆提出各种规则或设想。头脑风暴活动可以全班进行，也可以先分组开展再全班整合。学生提出的规则可以在黑板上或大开纸上如实记录下来，集思广益。每位学生提出的规则，实际上是其对自我和班级的期望，同时，学生的参与就已经开始了班规内化的过程。班主任既是组织活动者，也是参与提出者，但对于学生提出的规则要延迟评价，以调动其积极性。

3. 归纳概括

小学生思维是具体形象、毫无拘束的，班主任要引导学生对所提出的纷繁的规则进行分析、归纳和总结概括，并用正面的、学生能够理解的陈述性语言进行表述。学生年龄不同，

班主任所发挥的引导作用应有所不同,引导学生归纳概括的过程,也正是指导学生参与制定和理解规则的过程。

4. 逐条分析表决

在班规归纳概括出来后,应让全体学生逐条表决,在表决过程中可再次审视、修改每项条款,多数学生表示同意便可通过。学生举手同意规则等于郑重地许下了承诺。当学生与班主任之间意见相左时,班主任应首先尊重学生的意见,将自己主张的规则条款在以后时机适当时再提出;对于分歧较大的条款,可以暂时搁置或引导学生开展辩论。

5. 醒目张贴

班规形成后,应张贴在班级最醒目的位置,以便起到提示和潜移默化的作用。

6. 不断修正完善

学生的发展是动态的,班规需要随着班级的发展和学生的成长不断增减、修改,以适应班级学生的变化,不断引导学生的行为,使之养成良好的行为习惯。

(三) 常规规则的制定

常规规则是学生从事每项日常具体活动的行为期望或行动准则,它主要用于保证和提高各项活动的效率。如什么时候该进教室准备上课、学习用具如何摆放、上课如何申请发言、如何收交和分发作业、在走廊和楼梯上如何行走、教师的哪些提示表示必须尽快安静、值日怎样进行等。因此,常规规则可以主要由班主任来规定,但要注意合情合理,避免统得过死、呆板机械。针对小学生自制力、理解力较弱的特点,常规规则要比较具体、细致,如低年级的常规规则可以编成朗朗上口的歌谣,以便于小学生记忆和掌握。

四、班规的执行

既然已经制定了班级规章制度,就不能让其成为一纸空文,失去意义。在班主任管理工作中,应该按规章办事,充分发挥班规的有效作用,使班规由"制度性要求"的规范逐渐转化为学生的行为习惯,促进其健康成长。具体做法如下:

(一) 深化理解班规

学生只有深刻理解了班规的内容才能逐渐成为自己的行为准则,也才能在具体活动中"有法可依"。

1. 理解与练习

在制定班规的过程中,引导学生将杂乱、具体的条款进行归纳、概括有助于促进他们理解班规。但是,每条班规会涵盖很多具体行为,会涉及各种复杂的情境,因此,班规出台后仍有必要专门抽时间再用演绎的方式来加强小学生对班规的理解。

班主任可以亲自分析,也可以邀请有关人士、组织学生,深入分析每条班规的必要性和广泛内涵。为了促进规则认识转化为良好行为,班主任要特别注意对小学生行为技能的示范，边示范边让学生操练，并注意增强趣味性。

2. 专题讨论或辩论

专题讨论或辩论就是针对某一条班规，班主任以案例引入，组织学生进行讨论或辩论。专题讨论或辩论可以系列化，或与其他形式相结合进行。此方法主要适合小学的中、高年级。

（二）强化执行班规

班规，只有体现在行动中，才能充分发挥有效作用，也才能逐步内化为学生的思想，从而形成良好的行为习惯。

1. 张贴提示

除了完整的班规需要在班级醒目的位置张贴，还可以把各项条款制作成生动形象、图文并茂的海报张贴在学生常去的地方，如学习角、走廊、黑板侧边等。这样既可以增强提示作用，又可以提高学生的自豪感和自我约束感。

2. 签约或宣誓

为了更加突出班规在班级管理中至高无上的地位，班主任还可以组织学生签订班规执行保证书或举行严肃的宣誓仪式，如举行"规则在我心中""守则、规则记心中"等主题班会。班主任应以平等的身份参与活动，以体现"班规面前人人平等"的思想。

3. 多方力量共合作

班主任必须牢记，除了自身的教育影响，班级的发展和学生的成长还会受到其他各个方面的影响。为了保证各种影响的一致性，有必要将班规告知班级的各位任课教师、家长、相关管理人员及后勤服务人员，邀请他们共同承担依据班规约束和教育班级师生的责任。

4. 定期评估

班规制定后并不是一成不变的，应该根据班级发展、执行情况、实用性等进行适时调整与修正，以便更有效地发挥班规的作用。

（1）对班规履行者的评估。

班主任和全班学生都是班规的履行者，要定期依据班规对班级师生的行为（而非人格）进行评估，具体可以采取自省和他评相结合的方式。起初的评价周期可以短一些，甚至需要每天评估，然后根据情况逐步延长；可以对班规的全面执行进行评估，也可以分阶段重点评估。

（2）对评估者的评估。

虽然每个班级成员都是班规的履行者，也都是班规的评估者，但班级作为一个组织，班规的执行还需要一些专门的监督、评估人员。通常，班主任和班干部是主要的"执法者"，对于他们"执法"过程中的态度和方式也需要进行评估。

例如，在李镇西老师的班级中，"全班学生都要对班委投信任票并进行民主评议，声誉

较差者必须调整。同时,班委干部还代表学生集体监督班主任的工作。如果我的工作有所失误甚至失职,他们会依照班规中的有关规定对我进行惩罚。"

（3）对班规自身的评价。

在评估班规执行情况的同时,也应不断对班规本身进行重新审视。对那些因班级成员已经养成良好行为习惯而失去效用的班规条款,应予以删减,并表示庆贺;而对于执行过程中出现违反较普遍、纠纷较多的班规条款,应引导学生讨论原因,如果因规则不合理,则要及时修改。

5. 塑造良好行为

心理学中的行为研究表明,行为塑造或矫正的方法通常有正性强化、负性强化、惩罚与忽视等。具体如表2-4-3所示。

表 2-4-3　良好行为塑造方法

序号	方法	说明
1	正性强化	正性强化是指当一个行为发生（即"反应"）,随之伴随着愉快事件（即"刺激"）的发生或强度增强,从而导致行为的增强。例如,当小学生遵守班规时,班主任予以口头表扬、物质或精神奖励等,而使小学生遵守班规的行为加强
2	负性强化	负性强化是指当一个行为发生（即"反应"）,随之出现"刺激"（通常是令人不愉快的事件）的消除或强度降低,从而导致行为的增强。如班主任告诫学生:"如果你明天能按时上课就不需要写500字情况说明书。"学生因为想避免写情况说明书,可能第二天就会按时到校
3	惩罚	惩罚是指一个行为发生之后立刻跟随着一个结果（通常也是令人不愉快的事件）,于是将来这个行为不太可能再次发生,即行为被弱化。例如,一个学生因伤害了同学且不道歉,受到全班学生的严厉指责,之后他不仅向该同学道了歉,而且再不敢轻易伤害同学。 值得注意的是,日常生活中的惩罚定义与行为矫正学中采用的惩罚技术在定义上是相差甚远的。日常对惩罚的理解是对从事不恰当行为甚至犯罪的人采取的措施,而行为分析学家指的是某一行为的结果导致了这个行为未来发生次数减少的过程。即,行为是否减少（或增加）才是界定心理学中界定惩罚（或行为强化）的标准
4	忽视	忽视是指取消以往维持某种行为的所有强化物,而使行为逐步消失。例如,某个小学生指出其他同学不守纪律的行为得到班主任的支持,从而演变成每次课间都为一点小事来告状,班主任意识到这点后采取冷淡回应甚至不理会的方法,最后导致这名学生的告状行为逐渐减少

在行为塑造过程中要注意突出班规的地位,将学生的行为与班规进行对照,做到公平公正,避免学生间过分的横向比较和教师主观臆断,同时奖惩方式尽量制度化,变成班规的一部分,依据制度具体执行,以消除不良行为、建立正确行为、形成良好行为习惯为目的。

6. 重视检查和评比

检查和评比是班规发挥作用的关键。学生正处于身心发展的关键时期,个体行为具有不稳定性,检查和评比如同一面镜子,可以及时发现学生的优点,予以鼓励和表扬,以强化良好行为习惯的养成;也可以及时发现学生的不足,予以提示和批评,以纠正不良的行为习惯。形成良好的习惯，要经历从认识向行为的转化，从行为向习惯的转化，通过检查和评比，对学生良好的行为进行强化，这是形成良好习惯的中心环节。

7. 正确运用奖励和惩罚

运用奖励和惩罚是班规发挥作用的手段。没有奖励的教育和没有惩罚的教育都是不完全的，班主任要恰当地运用奖励和惩罚，表扬可以隆重些，班主任认真地对待班规执行情况，学生也会更尊重和遵守班规；惩罚必须慎重，应以尊重学生人格发展为前提，帮助学生形成良好的学习与行为习惯。

值得注意的是，严厉不等同于惩罚，惩罚也不能代替管理。惩罚的目的是在教师对学生的关爱基础上给学生以良好习惯的引导，而非对学生身体和精神的摧残。

总之，只有在学生充分理解班规、多方力量配合的基础上通过一定行为强化，并对学生执行班规情况进行及时、合理的检查与总结，才能帮助学生形成良好的行为习惯，促进其全面发展。

（三）违规的处理

班规不是单纯为了约束学生，也不是惩罚违规的学生，而在于引导学生养成良好的行为习惯、成为有道德的人，因此，对于违规的处理需要格外谨慎。

1. 突出教育意义

"人非圣贤，孰能无过。"对于年幼的小学生来说，时不时会违反班规，这是十分正常的现象。班主任要理解违规的必然性，正如苏霍姆林斯基所说："教育者的任务之一，就在于教会孩子看到自己每个行为的后果。""道德上的愚昧无知，往往是不善于环顾周围开始的。如果这种不善于变成一种习惯，而且变成一种本性和特性的话，那么，在人身上就会发展成粗野和无礼的行为。"因此，要让学生从小懂得遵守规则，要为自己的行为负责，约束自身行为，而不能为处罚而处罚。

2. 突出以班规为尺度

班规一旦出台，就成了班级"法律"。班级全体成员参与制定的班规，代表着集体的意志，对班主任来说，维护班规的权威，便是维护自己的权威；对学生来说，维护班规的尊严，便是维护自己的尊严。当学生违反班规时，处理的唯一尺度应是班规条款，即学生的集体意志。同时，班规也是班主任克制自己不良情绪的"戒尺"，它有助于班主任自身的道德发展。

3. 注重自省

学生的违规行为虽然可以直接改变，但在改变之前，最好引导学生对自己的行为先做出价值判断。班主任在处理学生违规的过程中也要时刻注意自省，注意教育的艺术，就像教育家所说："说那些尖锐但又中肯的话也不容易。善于做到这一点，就是把教育的技巧和教育艺术融合在一起了。"

4. 兼顾动机与结果

因为小学生的好奇、好动和自我约束力较差，总会出现这样那样的"淘气难管"行为，还有的小学生常常会在善良的动机下做出一些不恰当的行为。在处理那些捣乱行为时，教师只有谨慎地探析根源，帮助学生探查他们的动机和该行为会产生的后果，才能保证处理的公正性。至于一些自制力差的特殊儿童，如多动症儿童，班主任更应了解他们的特殊心理和行为特点，予以理解，并积极寻找专业性支持，不要因自己的武断而影响孩子的成长与发展。

5. 选择合理方法

对违规进行处理的具体方法，最好由班级成员共同讨论。一方面要把握处罚的尺度，不能伤害学生的身体与心理；另一方面要有层次性，对于偶尔违反和多次违反有不同的处罚措施。有时候，冷处理、以扬促悟也能起到意想不到的效果，正如陶行知先生"四颗糖果"的故事所产生的奇妙效果。

6. 指导改进

处理是为了改进。班主任要善于向违规学生表达对其改进行为的期望，在学生需要帮助时提供具体的改进参考意见，或指导学生制订行为矫正计划，而不要浮于单纯的表面说教。

7. 循序渐进

从改变学生的不良行为到帮助学生形成良好的习惯和人格，不可能一蹴而就，而是一个渐进的过程。班主任要有耐心，坚定教育信念，相信自己坚持不懈的努力和不断改进的教育方法终会换来班级学生的健康发展。

总之，班规制定后，应该深入理解，严格履行，而且要及时反馈，强化良好行为，纠正不合理行为，对于违规行为采取合理恰当的处理办法，以此帮助学生养成良好行为习惯，形成健全人格，促进班集体共同发展。

学以致用

在材料七中，王老师制定的班规过于繁杂、冗长，又没有系统的解释和具体可行的执行办法。制定班规，应该根据班级具体情况集思广益、简洁明确、合理可行；在执行过程中，应该让学生正确、深刻理解并能参与其中，而且不仅局限于一种形式，一定要及时反馈，对于不合理的规定一定及时修正，对于学生的良好表现及时进行表扬鼓励，对于违规现象也要及时妥善处理。这样才能帮助学生完成从认识到行为的转化，形成良好的行为习惯。

任务检测

一、材料分析

已经上课了，小明还一直在玩拼插积木，如果你是班主任，你的做法是：

（1）直接走过去没收积木，同时当着全班同学的面严厉批评他，以示惩罚。

（2）警告他不要上课玩积木，并告诉他以后不要把玩具带到课堂上，同时解释原因并告诉他应该好好学习。

（3）让他继续玩，放任不管。

二、实践应用

1.在实习过程中，了解所在班级的班规内容，并观察执行情况。说一说，该班规制定的优缺点以及改进意见。

2.你认为对于班规的制定，是以0分为原始分做加法好还是以80分为基准（优加劣扣）好？谈谈你的认识。

任务五　选拔任用班干部

名人语录

> 我无论做什么，始终在想着，只要我的精力允许我的话，我就要首先为我的祖国服务。
> ——泰戈尔

情境导入

【材料八】都说新人新气象，一开学，孙老师就感觉到了这届学生的不同之处。作为新入学的小学生，他们没有入学的焦虑，喜爱参加班级的各项活动，非常愿意表现自我，大有初生牛犊的感觉。但有喜就有忧，在班干部的选任上，他们就给孙老师出了一系列难题。

在班干部的自荐程序中，孩子们非常踊跃，但有3/4的同学把自荐的岗位定在班长这一职务上。孙老师在找学生谈话的过程中发现孩子们之所以选择当班长，多是认为班长是班级最大的官，当上了班长可以有各种特权，当上班长可以管别人……虽然初衷不尽如人意，但孙老师认为干上后就好了，于是按照自荐与民主认可并行的方式，选举出班级的首届班委会。

在履职过程中，孙老师奉行用人不疑，疑人不用，明确各班委的工作后，便将管理权交给了学生。但接下来的几天，孙老师发现交给班委的任务一多半没有很好地落实，班级的晨读、卫生、大课间及路队等也是一塌糊涂，班级犹如一盘散沙……无奈之下，孙老师只好亲自上阵管理班级。

就在孙老师焦头烂额的时候，同年级其他班级的小干部们已经做到每天早上到校后"威严"地站在讲台前，提醒各小组上交作业，带领同学们早读，铃声一响便有序组织同学们列队出发去操场……

思考：
1. 同样是选拔和任用班干部，为什么会出现如此大的差异？
2. 班主任应该怎样选拔和任用班干部呢？

◉ 学习目标

1. 认识到班干部在班级管理中发挥的作用；理解并掌握选拔任用班干部的原则、班干部的产生方式及培养方法。
2. 通过对班干部选拔方式及培养方法的分析，提升自身分析问题、解决问题的能力。
3. 树立正确的学生观，促进学生的全面发展，促进班集体建设。

◉ 知识储备

班级作为正式的社会组织，想要正常运转，就必须有强有力的领导核心和健全的组织系统，能够团结在班主任的周围，执行班主任的决策、反映同学们的心声、服务和沟通各方力量。因此发现和培养积极分子，认真选拔、任用、培养班干部，是班主任管理班级、建设班集体的一项重要工作。

一、班干部的职责

（一）班干部队伍的构成

小学班干部队伍一般由6~10人组成，包括班长、副班长、学习委员、体育委员、文艺委员、劳动委员、生活委员、纪律委员、宣传委员等。需要注意的一点是，班干部的设置不是一成不变的，而应根据班级的需求及学生的实际情况进行调整和设置。

（二）班干部的职责

班干部在小学班主任的指导下，由班长组织和领导开展班级的各项工作，每位班干部都有自己的主要工作职责，职责分配如表2-5-1所示。

表2-5-1 主要班干部职责分配

序号	职务	职责
1	班长	制订班干部学期工作计划，分配工作任务；督促班干部做好本职工作，定期召开班干部会议，了解和指导各委员的工作；组织主题班会和各种班级活动；及时向班主任反馈班上同学的意见和要求，并将意见提交委员会讨论，以增强班级凝聚力
2	副班长	协助班长管理一些日常事务，负责考核班级出勤；协助学习委员、科代表、小组长做好本职工作；班长不在的时候，全权代理班长完成其工作职责

续表

序号	职务	职责
3	学习委员	负责促进日常教学活动的顺利进行,积极组织各学科活动小组开展活动;帮助、支持、监督各学科课代表的工作;组织班级学生交流学习经验;组织班级学习成果展览
4	体育委员	负责组织班级各类体育活动,协助体育教师上好体育课;帮助和督促班级同学认真做好广播体操和眼保健操;组织同学上好体育课;组织开展各类班级体育比赛
5	文艺委员	负责组织全班的各类文娱活动;督促文艺特长生参加学校舞蹈、合唱、乐器、美术、书法等各类课外活动;推荐文艺活动积极分子;组织班级的各种联欢会
6	劳动委员	对本班卫生、劳动情况全面负责,做好学生劳动前和劳动中的思想教育工作;布置劳动任务,安排值日生;组织同学参加学校、社会的各种劳动
7	生活委员	关心班级同学的日常生活,及时帮助有困难的同学;关注班级同学的心理状态,疏导同学的不良情绪;关心班级同学的身心健康,组织开展相关知识的学习、向同学宣传卫生保健常识
8	纪律委员	负责本班升旗、集合、上课等各项活动的纪律监督并考核记录;加强对同学的纪律、安全教育和日常行为规范教育,积极组织安排同学参加学校各班执勤活动;注意各种安全、治安动向,发现问题及时处理,协助同学随时制止可能引发严重后果的行为;组织班级同学进行纪律评比。
9	宣传委员	设计、组织、美化班级环境;组织同学出黑板报和墙报;负责开展节庆日的宣传工作
10	各组组长	对本组事务全面负责;定期召开小组会,总结前期各项基本情况,讨论后期计划与要求;随时了解本组组员的思想状况,并及时做好组员的思想工作,及时与其他干部沟通

二、班干部的作用

班干部是班主任开展班级工作的得力助手。一个严谨而优秀的班委组织有能力把一个班级支撑起来,给全班同学一个稳定的空间去学习、生活、发展自己的特长。一支严谨而优秀的班干部队伍是小学班主任开展各项工作的得力助手,也是建设一个良好班集体的重要条件。其发挥的主要作用如图2-5-1所示。

图 2-5-1 班干部的作用

(一)助手作用

班干部是班主任开展班级工作的得力助手。由于班级组织的特点,围绕班集体发展的需要,每位班干部都有自己的特定职责,他们履行职责的过程就是对小学班主任工作分担和支持的过程,在此期间协助班主任组织开展各种活动,进行班级管理,做好班级工作。因此,班干部是班主任开展班级管理不可或缺的助手,他们也是学生生活学习的帮助者。

小学班主任工作

（二）榜样作用

班干部是学生中的优秀分子，他们身上有许多良好的人格特征和优秀的道德品质。在班级日常的学习、生活、劳动以及其他活动过程中，能够起到榜样示范作用，并且可以带动中间和落后的同学，从而有利于班级工作的开展。

（三）桥梁作用

班干部的成员来自学生，他们最了解班级成员的想法和诉求，所以班干部是小学班主任和小学生之间的桥梁。通过这个桥梁，班干部可以及时、准确地将这些想法反映给班主任，这有助于班主任及时、准确地把握班级成员的想法、愿望、建议与要求，班级成员也可以清晰地领悟班主任的思想、理念、希望和感受。从而使小学班主任与班级成员之间建立起一种相互信赖、相互支撑的良性关系，有助于班主任了解班级情况，顺利开展工作。

> **启智引航**
>
> 新华网记者在与小学生聊关于做班干部的问题时，得到了这样一系列的回答：
> "当上班干部好处可多了，他们会送我吃的，还有礼物！"
> "我可以管别人，别人不能管我。"
> "如果有人不听话，你是不是会记他的名字？"
> "我想记谁的名字就记谁的名字。"
> "当班干部特别过瘾！"
> "因为我们班的班干部可以拿黑板擦打人。"
> "当干部有权力，能管住好多人！"
> "当班干部可神气了！自己可以不做事，专门指挥别人。"
> ……
> 针对以上种种不正确的价值观，请思考：
> 1. 小学班干部的主要职责究竟是什么？
> 2. 班干部的任用应该遵循哪些原则？

三、班干部的任用原则

建立一支强有力的班干部队伍，是衡量小学班主任工作水平的重要标准。班干部队伍的建立要遵循以下四个原则：

（一）民主性原则

为切实发挥班干部的助手、榜样和桥梁作用，每一个班干部的选拔和使用，都要认真听取班级学生的建议，如在班干部的选拔过程中就可以通过选举等形式，充分尊重全体同学的意见，选拔大多数学生信赖的学生组成班干部队伍。只有遵循民意产生的班干部队伍，才能最大限度地发挥其在班级管理中的作用。

（二）用其所长原则

"尺有所短，寸有所长"，在组建班干部队伍的过程中，要摆脱错误的唯分数论及克服主观判断，客观地认识和任用学生。班主任要深入了解每一位班干部的个性特征、兴趣特长、能力倾向、优势潜能，充分利用其所长进行职务分配。这样不仅可以更好地为班级服务，还可以在服务班级和同学的过程中培养学生的服务意识、树立学生的自信心。

（三）使用和锻炼兼顾的原则

使用每一位班干部的过程，是利用其能力为集体做贡献的过程，也是学生成长的过程，更是他们自身能力得到开发、锻炼和提升的过程。因此，在使用班干部的过程中小学班主任要尽量创造条件，如实行班委轮换制等，让更多的学生有机会参与到班级管理的过程中来，成为班干部的成员，受到锻炼、得到提升。

（四）关心爱护与严格要求相结合原则

"没有爱就没有教育"，对于班干部，特别是新"入职"的班干部，他们在工作中经常会出现好心办坏事的现象，这主要是由于他们受年龄和个人经历所限，在处理班级事务过程中往往动机是好的，但方式方法不恰当。在这种情况下，作为班主任应该关心爱护他，采取由"扶"到"放"的方式，让他们正确认识自己的岗位职责，找到适合的工作方法，树立他们在同学中的威信，最终在班级中形成强大的凝聚力。

对于班干部也要严格要求，部分学生担任班干部后，往往出现高高在上、颐指气使等不良的工作作风，或者出现一系列对自己要求不严格的坏习惯。在这种情况下，班主任一定要向他们讲清楚班干部的作用，让他们平等地对待每一位同学，时时处处都作表率当示范，真正发挥榜样引领作用；同时，对于违反纪律的，绝不能迁就，要按照班规给予严肃处理。

四、班干部的产生方式

班干部的产生方式多种多样，小学班主任应该根据班级状况、班级工作所处的不同阶段等因素，选择合适的方式。

（一）委任制

委任制也称任命制，即由班主任推荐和任命。委任制一般可应用于两种情况：一是班级组建初期，老师和同学之间缺少充分的了解，可由老师根据初步印象直接指定，但只作为过渡期出现，待彼此熟悉后再进行选拔；二是班干部无法承担应尽职责时，班主任根据对学生的充分了解，对学生进行重点培养。任命班干部可以在一定程度体现班主任的意图，有利于树立班主任在班级的权威，有利于集体活动计划的落实。但由于班干部的威望是外加的，所以这种班干部的产生方式往往缺乏学生的信赖，威信较低。为了使班干部任命制充分有效，

班主任必须建立客观有效的选择标准、考察模式和培养制度，同时建立班干部轮换机制。

（二）选举制

选举制一般建立在班级工作已经走上正轨，学生之间有了一定了解的基础上，由学生推举有能力、品学兼优的学生当班干部，这种方式产生的班干部众望所归，往往具有较高的威信，与大多数学生的关系比较融洽。选举制的基本步骤如表2-5-2所示。

表2-5-2 选举制实施的基本步骤

序号	步骤	说明
1	氛围营造	班主任引导学生谈谈对班干部职责、标准的认识，对班干部选举的想法和愿望，让学生树立对班干部的正确认识，并形成一定的舆论氛围，给选举暖场
2	征集候选人	班主任公布参与选举的班干部的职位及参与候选人的基本资格和条件，组织学生自由介绍其所了解的某同学的优点或推荐某同学参选
3	推举候选人	班主任在整合较集中的意见后，推出参选的候选人名单
4	投票选举	由学生主持，实行差额选举，得票占多数为当选条件
5	当选演说	在完成写票、投票、唱票、监票等工作后，由当选的班干部进行发言
6	正式当选	班干部、班主任宣布新一届班干部队伍正式成立

班干部选举制的优点在于能够把有一定管理能力、学习优秀、有群众基础的学生推选出来，形成一个强有力的班委会，由此，班级工作能够较快地走上正轨。

（三）竞选制

竞选制是一种公平、信服度比较高的班干部产生方式。在自由平等的氛围中，每一个学生都有机会参与班干部的竞争，学生为自己信服的人投上一票。通过竞选产生的班干部，因受到同学的拥护，有利于今后班级各项工作的开展。这种形式往往和选举等形式相结合，即先竞选候选人，再进行民主选举，在若干名候选人中选出班干部。大致的步骤如表2-5-3所示。

表2-5-3 竞选制实施的基本步骤

序号	步骤	说明
1	宣传动员	班主任公布参与竞选的班干部职位、候选人的基本资格、条件和竞选的具体要求和安排，鼓励学生参与竞选，然后学生自荐，由学生根据自身条件对照要求，确定所要竞选的职位，拟定好演讲稿，内容大体是介绍自己的施政设想，也就是担任班干部后要开展工作的具体措施和方案
2	学生自荐	由学生根据自身条件对照要求，确定所要竞选的职位，拟定好演讲稿，内容大体是介绍自己的施政设想，也就是担任班干部后工作的具体措施和方案
3	投票选举	召开班级大会，参加竞选的学生一一登台演讲，演讲时间一般控制在3分钟以内。最后再由全班同学通过无记名投票的形式，选举产生新一届班委，以得票占多数为当选条件

续表

序号	步骤	说明
4	正式组建	班主任提出对新一届班委的期望和要求。当然，竞选结束后，班主任还要做好落选同学的思想工作，端正认识，保护他们的积极性

通过竞选班干部，形成一个肯负责、有勇有谋、为全体同学所接受的班干部群体接管班级，能够推动班级日常事务更好地运转。

（四）轮换制

轮换制是根据一定的原则，学生轮流担任班干部的方式。一般与选举和竞选等形式结合起来选出班干部，以后定期改选，但原班干部必须全部或部分更换。这种形式的优点在于使更多的学生有锻炼和参与的机会，他们会在自己的任期中发挥自己的聪明才智，也能培养班干部能上能下的优良作风，增强服务意识，但轮换不宜过于频繁。班干部轮换制的模式主要有两种：一种是全体班干部定期轮换，也就是班长和班干部全部定期轮换；第二种是部分轮换，也就是班委会固定2~3名骨干，然后其余的班干部定期轮换。

（五）继任制

前期的班干部队伍直接沿用下来，这种形式常用于继任班主任工作之初，有助于新上班主任初步稳定班级工作局面。

当然，班主任在选拔班干部时，可以根据自己班级的实际情况，选择适合的班干部选拔方法，也可以将多种方法结合起来使用。

> **启智引航**
>
> 场景一：
>
> 班主任："啊，你还是班干部呢！怎么带的头啊？丢脸！"气急败坏地数落一通，而后予以惩罚。持这种做事风格的班主任往往会在班规里有类似"班干部者加倍扣分"的规定。
>
> 场景二：
>
> 班主任："怎么搞的，你也违反纪律？这次就算了，下不为例啊。"轻描淡写的一番谈话后就不了了之了。持这种做事风格的班主任往往呵护着班干部。
>
> 思考：选拔班干部重要，培养班干部同样重要，作为班主任应该如何正确对待和培养班干部呢？

五、班干部的培养策略

小学班主任还要加强对班干部的培养，使其成为优秀班干部的同时也成长为一名品学兼优的学生。

（一）注重思想引领

1. 培养责任意识

责任意识是人自我意识最基本、最内在的层次。作为班干部，不是只听从班主任的指挥，完成班主任交给自己的任务，而要具备高度的责任意识才能真正实现自身的成长和服务他人。

在班干部责任意识的培养过程中，班主任首先要树立正确的班干部责任意识培养观念，了解责任意识在培养中的价值及其作用。因为班干部的责任意识大多来源于丰富多彩的生活，在具体的生活实践中，让班干部认识到自己在班级中的责任。其次班主任要帮助他们从观念上转变自己的责任意识，树立他们的服务意识。最后充分利用课内外、校内外的有利时机，在日常生活中让班干部在个体与集体利益之间做出选择，培养他们的责任意识和大局意识。

2. 增强合作意识

班干部的合作意识是班干部个人素质培养中比较重要的一项，较强的合作意识是同学间交流无障碍和班级工作能够顺利开展的保障。班主任对小学班干部合作意识的培养要从大的方向来把握，在具体的实践中给班干部创造合作机会。如制定班级目标、处理班级事务时与班主任进行合作，在实施班级管理的过程中与其他班干部进行合作，在布置班会、组织活动时与其他同学进行合作。

通过情境创设，让班干部在合作中受教育，提高他们的合作能力。对于合作中班干部身上暴露的缺点，班主任要及时地指出并予以指导；对于合作中班干部所展现出的优点，要及时予以表扬，这样可以帮助班干部树立自信心，激发其合作意识，从而提高他们的合作能力。需要注意的是有合作就会有竞争，因此，班主任在培养班干部合作意识的过程中，要让他们在竞争中学会团队合作。

3. 强化服务意识

因班干部的桥梁和纽带作用，使部分班干部对自身角色产生模糊认识，以致最终成为告密者、情报员等。班主任要使其形成正确认识，即班干部是服务者，要为同学服务，要多承担班级中的工作，要收集班级同学对班级有效的建议；要在班级工作中发挥他们的主观能动性和创造性，采用自上而下的管理模式，让他们能够进行上下沟通，提高工作能力，正确地使用班主任所赋予的权利，使其明确自身职责，强化服务意识，最终获得同学的认可。

（二）优化培养方式

1. 明确职责，分工合作

班级组建初期，班级成员均处于不够成熟的阶段，班干部也会出现职责不明确、自主管理能力欠缺等问题。这就要求班主任在选定班干部人选后，要对他们进行明确的分工，使其明确职责，并制定班干部的责任条例。任职前对他们进行培训，教给他们最基本的工作方法与好的策略，班干部之间要互相帮忙，团结一致。这样，遇到事情才能齐心协力去解决。如艺术节、运动会等，班主任可以放手让班干部去组织、策划和实施，根据职责进行分工，根据需求进行合作，在锻炼学生能力的同时，也培养学生的责任感和合作意识。

2. 悉心指导，扶放结合

班干部履职之初，往往难以理解班主任的工作意图和良苦用心，造成工作难以开展和效果不佳的局面。为了避免类似问题的出现，班主任可以采用培养"三步走"的办法。

第一步，班干部选好后，班主任不要急于压上重担，先要给予悉心指导。如可以对班干部进行岗前培训，牵着班干部的手示范给他们看，带领他们开展工作，在适当的时机让他们独立地开展工作，展示自我，使班干部们能尽快进入角色，这样的助手才会逐步显示其得力性。

第二步，在班干部初步适应岗位后，适度给班干部加担子，采用半扶半放的方式，让班干部对今后的工作提出设想，然后由班主任做审查，提建议，教方法，定期召开班干部工作会议，帮助他们经常分析和总结工作中的成败、得失，肯定他们的成绩，同时指出不足，给出工作的建议，鼓励他们工作的信心，教给他们工作的方法，以尽快提升他们独立开展工作的能力，完成班干部培养的第二步。

第三步，通过班级活动的开展、班级成绩的总结等形式，让班干部"闪亮全场"。班主任全程的支持与指导成为班干部成长的不竭动力，成绩的取得和同学们的认可，增强了班干部的工作积极性和为集体服务的热情，同时又提升了班干部的能力，使其最终成为班主任管理班级的得力助手。

3. 多方兼顾，严格要求

班干部上任以后，班主任要帮助他们做抓紧时间的"有心人"，帮他们处理好学习与工作的关系，做到既善于工作又善于学习。对一些学习上存在困难的班干部，班主任要发挥自身的作用，对他们进行个别辅导，帮他们逐步闯过学习上的难关，坚定当干部的信心。

在班干部的管理上，班主任要做到严格要求，对他们的缺点、错误要与一般同学同等对待；并且注意教育他们与班级同学平等相处，不要因为与班主任接触较多或者承担的工作较多而心生优越感。

4. 多元评价，科学培养

教育评价的作用不仅是选拔，更多的是培养。评价在培养班干部过程中发挥着激励的作用，所以班主任要充分地利用多元评价的功能，激励他们勇敢地去管理班级。

首先，在评价者的确定上，应该是班级全体成员对班干部进行评价。因为班干部是全班同学一起选出的，也是为全班同学服务的，同时也受到了全班同学的监督，所以他们之间才是互相了解最清楚的。班主任对班干部工作能力和组织能力等有着最直接的了解和认识，但是对班干部学生的认识只是表面化。同时，班干部也要进行自我评价，在评价中更要突出班

干部自我评价的地位，用多种渠道反馈信息来促进班干部的发展。

其次，在评价内容的设计上，因要涉及班干部的多方面表现，所以要具备多样性。如对他们的工作成绩以及他们的学习成绩、德、智、勤、绩等方面进行评价。在评价内容的设计上，要准确且真诚，要体现教育性、激励性、发展性。评价形式可以弱化原有的分值量化，辅以等级评价加评语的方式，对班干部评议的内容更加丰富。对于低年级学生，在评价中可以使用比较有趣的图形，如采用粘贴星星、笑脸等动态展示的方式来表现班干部的表现情况。同时，在班级同学和班级老师对班干部进行评价以后，要让班干部知道，要学会反思，这样才能够进步，这次评议会才开得有意义。

最后，在评价时间的设定上，可进行定期评价和不定期评价。一般采用学期或者学年评价的方法，定期评价可以一个星期或者是一个月进行一次评价，不定期评价可针对班级中所发生的某件事召开一次班干部评议会。

学以致用

材料八中孙老师在班干部的选拔和任用过程中所出现的状况，是许多新手班主任可能面临的问题。为了避免类似问题，真正发挥班干部在班级管理中的作用，班主任除了要遵循班干部的选拔任用原则外，还要抓好选拔任用的细节工作。

首先，在选拔之前要做好准备工作，要让学生充分了解班干部的主要职责，为其后续的履职做准备。班主任还要充分了解学生的职务选择动机及意向，为后续的任用做准备。

其次，在班干部上岗后，抓好关键的"第一次"。一个新的班集体组成以后，对于新产生的小干部来说，会遇到一连串的第一次。所以需要班主任耐心指导，手把手地教，年级越低，越需要细心指导。如第一次早读，班主任要告诉班长提前10分钟到校，先将早读的内容和要求抄写在黑板上，等同学们陆续到校后组织早读，个别同学学习有问题要耐心解答，对有问题的同学要先暗示，后提醒，尽量不发生冲突。早读结束后要对早读情况进行评价。这一期间老师不能放松，甚至要寸步不离地坐在班里关注每个学生的状态变化，这是一个教的过程，要求学生养成习惯，让学生知道怎样早读才是符合要求的，并一直保持下去。

再次，当班干部有了一些工作实践经验以后，班主任可在各种具体工作之前，请小干部提前设想，提前安排，自己充当参谋。例如，班里组织春游活动，班主任先请班干部谈谈具体想法，然后进行补充。在班干部有了一定的工作能力后，班主任应放手让他们大胆地工作。"放开手"并不是撒手不管，班主任可定期召开班干部例会让班干部互相交流经验。班主任要大力表扬敢于管理、独当一面的干部，在班干部中形成比、学、赶、帮、超的局面。班主任鼓励班干部们要有开创精神，在工作中要自己拿主意，凡是正确的，符合学校、班集体利益的就要坚持大胆去做，把班干部推到班级活动的第一线，让他们独立组织和开展班级活动，但要明确的是大胆放手不等于放任不管，班主任要在班干部独立开展工作的同时，给予指导，当好参谋，掌握好方向，使班干部在实践中不断得到自我提高和完善。

最后，当班干部的工作进入正轨，可以独立自主开展工作时，班主任可以跟着走，要配合和支持班干部的工作，激发班干部的工作热情，针对班级工作多与班干部进行商量，询问他们的意见和建议。

班干部毕竟是学生，受经验及心理等方面的影响，容易出现自我要求放松、独断专行、三分钟热度等问题，这就要求班主任不能放弃对班干部工作方向和工作态度的监督与提醒。

班主任在指导班干部开展工作，培养工作能力的同时，也要做好班干部的教育和引导工作。

任务检测

一、材料分析

2020年3月，周老师刚刚接手现在这个班级。当时是一年级下学期，班级里的学生年龄比较小，十分调皮，活跃得有点过头，班级秩序很乱，有几个班干部勉强支撑，但却不能良好维护班级的秩序。这种状况一直持续到二年级上学期，周老师尝试制定合理的班规制度，培养了一批得力的小班干部后，班级情况才得以好转。

问题：如果你是这个班级的班主任，你如何从培养班干部入手来管理班级？

二、实践应用

1.针对你所带的新班级，制定一份班干部队伍建设规划。

2.作为新手班主任，你认为班干部的产生方式有哪些？并分析各种产生方式的利弊，并完成表2-5-4。

表 2-5-4 班干部的产生方式及利弊分析

产生方式	优点	缺点	实施建议

任务六　建设班级文化

名人语录

使每一面墙都会说话，让每处环境都能育人。

——苏霍姆林斯基

情境导入

【材料九】全面建设社会主义现代化国家，必须坚持中国特色社会主义文化发展道路，增强文化自信，围绕举旗帜、聚民心、育新人、兴文化、展形象建设社会主义文化强国，发展面向现代化、面向世界、面向未来的，民族的科学的大众的社会主义文化，激发全民族文化创新创造活力，增强实现中华民族伟大复兴的精神力量。

——2022年10月16日，习近平总书记在中国共产党第二十次全国代表大会上的报告

我反复强调，中华优秀传统文化是中华文明的智慧结晶和精华所在，是中华民族的根和魂，是我们世界文化激荡中站稳脚踏的根基。我们坚持把马克思主义基本原理同中国具体实际相结合、同中华优秀传统文化相结合，不断推进马克思主义中国化时代化，推动了中华优秀传统文化创造性转化、创新性发展。

——2022年5月27日，习近平总书记在十九届中央政治局第三十九次集体学习时的讲话

思考：自古齐家治国平天下，为人处事做学问皆有文化，文化兴国、文化强国、文化育人。作为小学班主任，在工作中应该如何构建有利于学生发展的班级环境文化呢？

学习目标

1. 了解班级文化的内涵，明确班级文化的功能。
2. 能够联系当前班级文化的实际，分析班级文化分类、营造要求。
3. 在分析班级文化营造要求的过程中，提升班级文化育人理念。

知识储备

一、班级文化的内涵

关于班级文化，《教育大辞典》给出了这样的定义："班级文化即班级群体文化，它作

为一个社会群体中班级全体或一部分成员所共同拥有的信仰、价值观和态度的复合体，班级成员言行倾向，班级人际环境和班级风气等为其主体标志，班级墙报、黑板报、活动角以及教室内外部环境布置都是它的物化反映。"

　　班级文化是由班级成员（包括教师和学生）在学习和交往活动过程中形成的理想信念、价值取向、态度、思维方式、行为方式及其物质表现形式。具体来说，班级文化既包括物质形态的班级文化，如班级教室的布置、活动的设施等，也包括精神形态的班级文化，如班级学生的信念、价值观、态度等；既包括显性的班级文化，如班级的规章制度、行为准则等，也包括隐性的班级文化，如师生的精神面貌、班风、舆论、人际关系和相应的心理氛围等；既包括班级群体文化，即班级群体在活动中共同表现出来的观念体系和行为模式，也包括班级个体文化，即学生个体的观念体系和行为模式；既包括制度文化，如符合社会期待的班级应有的文化，也包括非制度文化，如班级中存在的社会期待以外的文化。

二、班级文化的功能

　　班级是一个由教师和几十个有着不同家庭背景、不同文化背景、不同性格、不同气质的学生结合而成的集体，它实际上是一个"文化生态圈"，建立了良好的班级"文化生态圈"，便建立了一个有效实施教育的精神场所，主要发挥着以下几种功能：

（一）育人功能

　　班级文化是班级教育力量的重要组成部分，拥有强大的感染力和渗透力，对国家教育方针和学校教育目标落实到班、班级教育目标落实到人，最终实现学生的健康成长起着重要的促进作用。

　　班级文化通过优化班级环境的布置，让学生在创造美的过程中感受美，进而形成正确的审美观点，提高学生创造美和鉴赏美的能力；通过班规、班训等制度文化，对学生的生活方式和行为方式产生影响，促进学生的社会化进程；通过良好的班风、学风、价值观念、人际关系、班级舆论等观念文化，对学生的思想观念、行为习惯产生影响，帮助学生形成正确的三观。

　　总之，良好的班级文化对班级及其成员的价值取向及行为取向起导向作用，通过立体式的文化影响最大限度地发挥其育人功能。

（二）规范功能

　　班级文化不但规范着学生在校的学习行为和交往行为，也影响着学生的校外行为。

　　班级文化通过有形的规范，如班级目标、班级规章、学生守则、班级公约等，为学生提供思想与行为的规范与标准，在让学生享受班级一员应有权利的同时明确自己应尽的义务，遵守各项规章制度，自觉约束自己的言行；通过无形的规范，如理念、社会道德规范和舆论等对学生的思想观念、心理及行为习惯产生影响，给学生一种无形的心理暗示，使其意识到自己的言行举止如何符合规范的要求，才能顺利地融入班集体之中，反之则容易被集体边缘化。

总之，班级文化运用有形与无形的规范约束和影响着学生，使其在谋取心理平衡和集体认同的过程中，从刻意执行到自觉服从，最终养成良好的个人行为习惯以及班级成员间的心理相容。

（三）凝聚功能

良好的班级文化是班集体形成的黏合剂，他以文化认同的形式把班级成员的个人利益与班级的命运和前途紧密地联系在一起，使其在利益一致的基础上产生认同感。这种认同感一经形成，便会激发成员对班级目标、班级规章制度的认同感，使其产生强烈的使命感、归属感和自豪感，从而形成强烈的向心力、凝聚力和群体意识，促使学生在日常学习和生活中时刻清醒地意识到"这是我的班级，我是这个班级的学生，班级光荣，我光荣"，从而达到育人的目的。在班集体中，班级文化建设水平越高，这种向心力、凝聚力和群体意识越容易得到体现。

（四）激励功能

班级文化的建设者为每个班级成员，而班级文化的创建，为班级成员提供了一个文化享受和文化创造的空间。建设班级文化的过程是全员参与的过程，在这期间，成员的兴趣、理想和信念会得到实现和升华，在充分践行以人为本教育理念的同时有效地激发和调动每位成员参与班级活动的积极性、主动性和创造性，使其以高昂的情绪和奋发进取的精神投入到学习和生活中。

班级文化对班主任的管理方法和管理模式的形成也起到促进和制约作用，使其在建设、管理的过程中不断提升自我。如小学班主任对自己的工作经验进行总结，逐步形成自身独特的班级文化风格，进而形成特有的文化建设模式，又将这种文化建设模式应用到以后所带的班级中。但这种传承不是一成不变的，而是在传承的过程中不断创新和发展。

三、建设班级文化的原则

积极向上的班级文化是学生健康成长的需要，是班集体良性发展的保障，也是班主任班级管理水平的重要体现，是优化学校教育的重要途径之一。在建设过程中应遵循以下原则：

（一）全员参与原则

学生是班级文化的创造者和受益者。让学生全员融入到班级文化建设计划、规章的制定与执行中，参与环境布置、活动开展及总结评比等。同时，要采纳学生意见，接受监督，不搞"一言堂"。

（二）激励引导原则

在班级文化建设中，要以正面引导、激励为主，遵循激励和引导并行原则。既看到优秀生的优点并发挥其榜样作用，同时也要正视后进生，挖掘他们的闪光点。例如，针对一年级下学期即将迎来的少先队入队活动，在班级环境建设时，班主任可以有意识地设计符合儿童特点的、具有思想政治引领和价值引领作用的班级环境，在用红色文化浸润童心的同时让学生明白为什么要加入少先队，激发他们加入少先队的动力，从而养成良好的行为习惯，形成心理共识，充分发挥班级文化的激励功能。

（三）情理结合原则

班级文化在执行中既要有制度上的严明要求、律人律己，又要有情感上的善解人意、待人以诚、刚柔并济，以达到育人目的。如在班规中涉及的勤学习、守纪律、讲卫生等，不仅要认真执行，还要有定期检查、总结评比的"刚性"管理；在教室文化建设中，创建优美舒适的学习环境，让学生在优雅的文化氛围里受到潜移默化的熏陶；通过丰富多彩的活动凝心聚力，形成正确的班级舆论等。

（四）协调一致原则

家庭教育、学校教育和社会教育，是影响儿童身心发展的三大外部因素，三者之间互相影响。在班级文化的建设中要遵循一致性原则，争取家庭和社会的配合，学生家长及学生所居住社区保持联系，以了解学生的家庭情况及学生在家中的表现，了解学生所在社区的情况及学生在社区中的表现，实现校内校外教育力量的有机结合，形成班级对学生综合管理与教育的合力育人网络。

四、建设班级文化的措施

启智引航

苏霍姆林斯基曾说过："无论是种植花草树木，还是悬挂图片标语，或是利用墙报，我们都将从审美的高度深入规划，以便挖掘其潜移默化的育人功能，最终连学校的墙壁也在说话。"

思考：良好的班级文化处处是教育，良好的班级文化应该如何营造？

建设班级文化是一项系统工程，围绕以学生为中心这一核心，将显性文化与隐性文化有机结合促进学生全面发展。在具体的建设中要做到以下几方面：

（一）明确班级文化建设的目标

以人为本的班级文化建设的目标应该是以学生为中心，注重学生的个性发展和价值观培养，同时也要注重班级成员之间的凝聚力和集体荣誉，促进学生的全面发展和个性成长。班主任可以设立一些具体目标来建设班级文化，首先，培养学生的自我意识和自我管理能力，良好的班级文化会帮助学生发现自己的特长和优势，并能够帮助学生规范自身的行为，培养学生良好的生活习惯。其次，要培养学生的自尊心，班级文化不仅会提升学生对本班的认同感，更重要的是突出学生的个性，培养学生的自尊心，为学生日后的生活奠定良好的基础。

再次，要培养学生的创新思维和实践能力，建设良好的班级文化就是要鼓励学生在班级日常生活中发现班级内部存在的问题，并且积极寻找解决方法，促进学生创新思维的发展。最后，培养学生的集体意识，学生要认识到班级是一个集体，要发挥自己的力量帮助班级形成独特的班级文化，进而促进班级凝聚力的提升，这有利于加强学生之间的沟通互动。

（二）营造良好的物质文化氛围

在班级文化建设的过程中应该营造良好的班级物质文化氛围，让学生从中感受到班级的温暖和关爱，进而建立和谐互动的班级氛围，让学生对自己的班级产生归属感。

1. 注重基础环境建设

教室整洁是班级良好班风的缩影。干净整洁的教室不仅让人身心愉悦，而且对学生良好审美观的形成也有重要影响。要做到教室整洁，需要班级每个成员都有主人翁精神，并能够相互监督、不断强化，以逐渐形成一种良好的习惯。要明确，干净的教室不是打扫出来的，而是保持出来的。

2. 美化绿化教室环境

优美的教室环境不但能给学生增添生活与学习的乐趣，消除学习后的疲劳，更重要的是有助于培养学生正确的审美观念，陶冶学生的情操，激发学生热爱班级、热爱学校的感情，促进学生奋发向上，同时还可以增强班级的向心力、凝聚力。

教室可以布置与教学有关的内容（如学生自我展示的文稿、诗词采撷、名人名言等），与生活教育有关的内容（如公告栏、荣誉榜、奖励栏、班级信箱、班规等），与各类学习有关的内容（如书法角、音乐角、阅读角、作业角等）。还要注意教室空间的布置（如课桌椅、壁柜的摆放，卫生工具、资源回收筒等的摆放等）。

教室还可以摆放一些绿色植物，如盆景、花草等，让教室充满绿色，充满青春的气息，同时可以缓解学生的视觉疲劳。

在建设的过程中要让学生参与班级文化建设，亲自动手设计、布置，这不仅能够培养学生的动手能力和实践能力，让每位学生为美化教室出一份力，从而增强班级的凝聚力；通过布置营造优雅的读书环境、浓郁的文化氛围，能够陶冶学生性情，培养其气质；班主任指导学生布置教室环境，与学生加强交流，能够和谐师生关系，融洽学生间的气氛。

（三）建立完备的制度文化体系

班级制度文化的建设，不仅能为学生提供评定品格行为的内在尺度，而且能使每个学生时时都在一定的准则规范下自觉约束自己的言行，使之朝着符合班级群体利益，符合教育培养目标的方向发展。

（1）规章制度的制定要符合教育教学规律。不同的班级有不同的特点，在开展班级制度文化建设的过程中，必须结合班级实际来进行，使规章制度符合教育教学规律，符合学生的年龄特征、班级实际状况。如果不顾实际情况，生搬硬套，将不能取得好的效果。

（2）依靠学校、家长、社会和其他教师的配合和支持。班级文化建设仅靠全班同学和班主任的努力是不够的，还需要社会的榜样支持、学校的活动支持、教师和家长的教育同步支持等。只有形成教育合力，才能促进班级文化建设的生根发芽、开花结果。

（3）抓好开头。"好的开始等于成功的一半。"一开始就要立好规矩。新生入校之际、班级成立之初都是班级制度建设的好时机，学生刚入校门，就要做好入校教育，要让每一位学生了解制度，重视行为规范的落实。

（4）重视学生意见。学校教育的主体是学生，学生是班级的主人，所以在班级制度文化建设过程中，要充分尊重学生的意见。班级公约不能"自上而下"由班主任强加给学生，而应该由学生讨论产生，让他们明确这是自己的事情，他们是制度的制定者、执行者和维护者。班级制度可以通过教师初步拟定，学生讨论修改，家长参与修改，班委及班主任定稿，最后由全班学生以投票的方式来制定。这样制定出来的制度才会得到学生的认可，才会有生命力和实效性。

（5）制度的实施要持之以恒，反复强化。制度的执行一定要长期坚持，反复强化，不能朝令夕改，更不能只制定不执行。

（6）制度的实施要公开、公平、公正。班级制度是针对全体学生的，不能因为某些学生成绩好，就回避这个学生的问题或对这个学生从轻处理；否则，制度的实施就难以为继。因此，一定要保证制度实施的公开、公平、公正。

（7）建立多元化奖惩制度。必须制定详细的奖惩制度并严格执行，只有严格落实这些奖惩制度，才能满足学生渴望公平的心理需求，起到强化作用。惩罚是一门艺术，班主任在实施惩罚制度时要本着适度、公正、委婉的原则。在教育过程中，要以"制度"为先，用统一的标准去评价每一位学生的行为。另外，班主任教育学生也要注重他们的个体差异，要有针对性，因材施教。

（四）培育积极的精神文化力量

班级精神是班级德育工作的核心，班主任应在班级成立之初就有意识地培养学生的班级精神文化，让学生理解和接受。

1. 明确班级目标

班级目标是班级前进的动力，分为长期、中期和短期目标。长期目标应着眼于学生终身发展，中期目标着重建设优秀班集体或形成班级特色，短期目标则是长期和中期目标的具体化，可结合学校或班级的阶段性任务。

2. 确立班名、班歌、班训

班名、班歌、班训是班级精神文化的外显形式。班名要体现班级特色和时代精神，班歌要反映班级精神风貌，班训要简洁有特色，能激励全班学生勤奋学习和积极进取。此外，班旗、班徽等也有助于增强班级凝聚力。

3. 培养班级舆论

班级舆论是班级精神文化的核心，班主任要通过各种形式培养学生的正确价值判断，树立正确的是非观、荣辱观和美丑观，引导学生向先进人物学习，形成积极的班级舆论。同时，要实事求是地树立班级中的先进学生典型，引导学生向先进看齐。

4. 增强班级凝聚力

凝聚力是指群体成员之间为实现群体活动目标而实施团结协作的程度。凝聚力的外在表现为人们的个体动机行为对群体目标任务所具有的信赖性、依从性乃至服从性。要让班级具有凝聚力，应做好以下几方面工作，如表2-6-1所示。

表2-6-1 班级凝聚力的要求

序号	要求	说明
1	重视领导队伍建设	重视班干部及班主任的作用，尤其是班长的作用。一个好的班级领导能让班级中的学生以在这个班为荣，在外能对别人自豪地说："我是××班的！"
2	营造有归属感的集体	在集体中，学生能够感受到温暖，能够感受到它给自己带来的好处，自然就会产生归属感。需要注意的是，如果遇到问题，千万不可以强硬的态度去训斥学生，而要采用疏导的方法，进行潜移默化的引导
3	公平是唯一的尺度	无论在何种情况下，都不要做出不公平的事情，一旦出现不公平，整个班级就会涣散
4	榜样是最好的引导	榜样能使班集体中的学生有前进的方向，从而产生凝聚力。让学生一起参加以班级为单位的竞技比赛，如拔河比赛、长跑比赛等，也是提升班级凝聚力的好方法
5	构建和谐的人际关系	良好的人际环境能使人心旷神怡，能使人产生一种奋发向上的动力。班主任必须教育学生树立平等、团结、互助、友爱、包容的人际观，同时要尊重、信任、平等地对待每一位学生，主动与学生交朋友

5. 优化班风

班风是经过长期、细致的教育和严格的训练，在班级中逐步形成的一种行为风气。它是班级"软文化"建设的重头戏，也是整个班级精神文化环境建设的核心部分。它包括班级风格和班级风气，是班级对外的社会形象。良好的班风是无声的命令，是不成规章的准则，它能使学生自觉地约束自己的思想言行，约束和抵制不符合班级利益的各种行为。

一个有着良好班风的班集体，表现为有正确的舆论导向，学校、教师的教育意图能顺畅地下达、执行，有严明的纪律和整洁的环境，学习气氛浓厚，大部分成员在感情上认同和依恋班集体，自觉维护着班集体的荣誉。

要形成良好的班风，必须制定相应的班规班纪。但班规班纪只是治班之表，情感陶冶才是治班之本。情感陶冶就是利用各种环境因素，特别是教育者要利用自我创设的教育情境来对学生进行感化和熏陶，做到以境育人、以情育人，潜移默化地培养学生积极健康的思想情感，从而提高学生的思想觉悟和道德水平。情感陶冶不仅要对学生提出明确的要求，而且要寓教育于各种情景之中，使人耳濡目染，在不知不觉中受到熏陶和影响。

五、建设班级文化的注意事项

（一）要以促进学生身心健康为核心

班级文化建设的核心在于促进学生的身心健康。小学班级文化需符合小学生的年龄特征，如富有童趣、生动、注重平等、鼓励好奇和憧憬未来。

（二）防止物质文化形式化

班级物质文化建设包括教室布置、班级标志等。但许多班级中，这些元素形式化，缺乏实质性内容。形式化的物质文化无法发挥熏陶和启迪作用。班主任应避免为追求形式、时尚或迎合外力而营造班级文化。

（三）拒绝粗放的制度文化

班级制度文化不仅要求成员遵守班规，还需让他们认同并能在未来灵活应对。缺乏温度和认同的制度文化无法深入学生内心，成为约束行为的内驱力。粗放式管理只是形式上的规定，不关心学生的学习和心理发展。因此，班级制度文化建设需考虑到成员特点，细化并深入人心。

（四）避免缺少关怀的精神文化

班级精神文化建设常被忽视。主要原因包括缺乏明确坚定的班级整体价值观念、班主任未注重班级主导意识的形成，以及对班级形象建立的误区。班主任应明确班级精神文化建设的整体发展目标，制定合理的奖惩制度和选举规则，注重班级主导意识的形成，并纠正对班级形象的错误认识。

（五）重视班级文化的个性化与特色化

每个班级都应有其独特的文化特色和个性。班主任应当鼓励班级成员共同参与到班级文化的建设中，发挥自己的特长和优势，为班级文化增添多元化的元素。通过举办各类活动、比赛、展示等方式，让学生有机会展示自己的才能和创造力，增强班级凝聚力和向心力。

（六）保持班级文化的持续性与发展性

班级文化建设不是一蹴而就的，需要长期的积累和沉淀。班主任应当持续关注和引导班级文化的发展，根据学生的年龄增长和心理变化，适时调整和优化班级文化内容。同时，也要鼓励学生积极参与到班级文化的传承和创新中，使班级文化始终保持活力和生命力。

（七）加强家校合作，共同推进班级文化建设

家庭是学生成长的重要场所，家长是学生教育的重要参与者。班主任应当加强与家长的沟通与合作，引导家长认识到班级文化建设的重要性，并鼓励家长积极参与到班级文化的建设中。通过家校合作，共同营造积极向上的班级文化氛围，为学生的全面发展提供有力支持。

综上所述，建设班级文化是一项长期而艰巨的任务，需要班主任和全体学生的共同努力。只有以促进学生身心健康发展为核心，注重物质文化的实质性、制度文化的灵活性和精神文化的关怀性，才能营造出积极向上、富有特色的班级文化，为学生的成长和发展提供有力的支持。

学以致用

针对材料九，在班级环境的布置中要注意以下方面：

（1）教室环境布置忌主题杂乱，花里胡哨。在布置班级环境前，班主任和学生要共同商量，确定一个主题，再围绕确定的主题从布置元素、布置形式，以及主色调等方面进行整体设计。环境布置要有一定的思想性，这个过程也可以邀请有特长的家长参与进来。

（2）在布置班级环境时，要充分发挥学生的主体作用，班主任不能越俎代庖，应起指导作用。首先，让学生自己参与策划设计，让每个学生都参与讨论，将大家的意见梳理出来，选用切实可行的建议，进而形成详细的方案。其次，鼓励学生踊跃报名"承包"班级布置工作的某一个部分，寻找合作伙伴，着手实施。

（3）班级环境其实也是一种隐性课程，会对学生产生潜移默化的作用。教室是学生学习的场所，布置教室时要营造文化氛围，让学生感受到文化气息。同时，教室的布置要讲究艺术性，讲究布局的整体一致，协调搭配，富有美感。这样，才能"让每一面墙壁都会说话"，为学生创造一个富有美感和感染力的环境。

（4）班级环境的布置还要考虑在与学校的教育观念一致的基础上，突出班级的特色和个性。班级环境布置应有学生个性化的表达，设计时要多利用学生的作品，展现班级实力，展示班级风貌。

（5）班级环境布置也是重要的课程资源，将师生合作布置的过程整合、提炼，就形成了系列课程。例如，请学生作为班级环境的创设者，集思广益，就是一节头脑风暴课；学生动手实践，教师从旁指导，就是一节综合实践课；布置完成后，教师带领学生一起欣赏或讨论改进，就是一节艺术欣赏课；在这个过程中，每个学生参与其中，在提升班级向心力、融洽学生间气氛的同时，还促进了师生关系的和谐发展。

（6）班级环境布置不是一成不变的。长期不变，会引起学生的审美疲劳，班级环境布置应该是不断更新、动态生成的。更新布置时不一定要全部推倒重来，可以进行小范围的变化。小范围的更新，也会带给学生新鲜感。

任务检测

实践应用

观察、记录你所在实习班级的文化建设情况，并对其做出科学评价。

任务七　构建教育合力

> 以众人之力起事者,无不成也。
>
> ——《管子》
>
> 没有家庭教育的学校教育和没有学校教育的家庭教育,都不可能完成培养人这样一个极其细微的任务。
>
> ——苏霍姆林斯基

情境导入

【材料十】美国著名的人类学家和生态心理学家尤·布朗芬布伦纳(U. Bronfenbrenner)在1979年出版的《人类发展生态学》中提出了个体发展模型。书中提到影响人类发展的关键性环境因素包括学校、家庭和社会因素,在个体的发展过程中,这些因素发生着千丝万缕的联系或进行着交互的作用。该理论把个体的发展与周围的环境之间相互联系构成了四个密切联系的系统,即微观系统、中间系统、外在系统以及宏观系统。微观系统,主要是指个体亲身接触和参加其中并产生体验的,与之有直接而紧密联系的环境,如家庭、学校、同辈群体等。在微观系统中的每一个因素都会对个体的发展造成积极或消极的影响。中间系统是指各微系统之间的联系或相互关系。外在系统是指那些儿童并未直接参与但却对他们的发展产生影响的系统。例如,父母的工作环境就是外在系统的影响因素。宏观系统指的是存在于以上3个系统中的文化、亚文化和社会环境。宏观系统实际上是一个广阔的意识形态。它规定如何对待儿童,教给儿童什么以及儿童应该努力的目标。在不同文化中这些观念是不同的,但是这些观念存在于微观系统、中间系统和外在系统中,直接或间接地影响儿童知识经验的获得。布朗芬布伦纳的这一理论在强调个体发展的时候,不但要求必须考查家庭、学校、社会等所有可能的子系统,还特别注重要全面细致地把握它们之间的潜在交互关系。

思考:

1. 影响学生发展的外部因素有哪些?

2. 小学班主任在各种因素中应该起到怎样的作用?

学习目标

1. 理解并掌握教育力量的特点、作用以及班主任在各种教育力量中的地位与作用。
2. 能够对当前班主任在协调各种教育力量中存在的实际问题进行有效的分析，并找到解决问题的方法。
3. 在解决分析实际问题的过程中，增强自身协同育人的管理理念。

知识储备

班主任是教育教学的领导者、组织者和推动者，但仅凭班主任一人之力，是无法完成育人这一整体工程的，这就要求班主任充分组织和利用影响学生发展的诸多因素和力量，形成教育合力。如何切实构建学校、家庭、社会三位一体的教育合力，以便让更多有益的教育影响渗透到教育过程之中，使学生在多种积极教育因素的熏染和滋养下，健康地成长起来，是班主任工作的又一重要内容。

一、校内教育力量的协同发展

校内教育力量除班主任外，还有任课教师、班级学生以及学校领导和有关部门的老师等。把这些教育力量整合起来，协调一致地对每个学生产生教育影响，这是班主任的职责。

（一）校内教育力量的构建

1. 与任课教师有效合作

班级作为最基本的教学组织形式，课堂成为其组织生活的重要组成部分和存在方式。由于小学普遍实行分科制教学，这就将不同学科的教师通过课堂的形式与班级联系在一起，成为班级组织的教育者和管理者。

学生是发展中的人，班级的情况也在不断发生变化，为了更好地了解学生、开展教育并实现教育目标，班主任要与任课教师密切联系，开展有效的合作活动。如在开学之初，为任课教师准备好班级学生名册、成绩表，编好座次表、学号，整理出本班的上进生、中等生、后进生情况表，并把这些表册在学期初就主动交给任课教师；同时向任课教师积极介绍班上学生的情况、班级的优点和缺点，使任课教师心中有数，有的放矢地进行教育教学；在学期中，与任课教师建立积极联系，在了解课堂秩序及学生学习情况的同时服务于任课教师的教学需求；在学期结束时，联合任课教师与其他教育力量对学生进行科学的评价，促进学生的进一步发展。

2. 与学校教辅、工勤等人员有效合作

"教育无小事，事事是教育。"学生在学校中不仅接受班主任、科任教师的教育，还会在与教辅、工勤（如学校医务室工作人员、保安、食堂师傅）等人员的接触中受到影响。班主任应教育班级学生尊重所有的学校工作人员，争取得到他们对学生教育的支持。

在一些寄宿制学校中，生活教师更是一支不容忽视的教师队伍，负责生活的教师往往和学生的交往更充分、更亲密。首先，班主任要尊重生活老师，对生活老师提出的意见和建议要虚心接受；其次，班主任要主动与生活老师联系，获取关于学生更丰富的信息，及时发现问题，以便有针对性地进行教育；最后，班主任还应善于利用生活老师与学生的密切关系，使其成为班级管理的重要力量。

（二）校内教育力量协同发展应遵循的原则

推动校内教育力量协同发展，必须遵循特定的原则，它们是实现教育目标的重要保障，具体如表2-7-1所示。

表2-7-1　校内教育力量协同发展应遵循的原则

序号	具体内容	解释说明
1	目标一致性原则	协同的目的是更好地实现学校教育目标，各项协同应与学校的总目标保持一致
2	科学性原则	协同应基于科学的教育理论和方法，遵循教育规律，确保协同的一致性
3	民主性原则	在协同过程中，应充分尊重教师、学生的意见和建议，调动他们的积极性
4	开放性原则	协同要具有开放性，鼓励各方资源的参与和共享，形成良好的教育生态
5	层次性原则	根据学校的实际情况，分层次、有步骤地进行协同，保证协同工作的顺利推进
6	整体性原则	从学校的整体发展出发、全面考虑各项教育资源的整合，避免片面化和局部化
7	持续性原则	协同是一个长期的过程，需要持续不断地进行优化和改进，以适应教育发展的需求

遵循这些原则，可以使小学校内教育力量的协同合作完成得更科学、有效，促进学校教育的整体发展。同时，我们要根据自身实际情况，灵活运用这些原则，不断探索和创新，找到更好的合作方法。

二、校外教育力量的协调

启智引航

苏州市枫桥中心小学打造"林爸林妈"家校共育工作坊，优化"双减"课后服务。学校成立了领导小组暨"林爸林妈"家校共育工作坊常务委员会，校长为组长，工作坊成员均为热心于学校工作的家长。借助工作坊平台，学校最大限度地吸纳优质课程，不断丰富教学内容、优化教学方式，借由网络平台的定期推动，这些课程的影响力辐射到更多的人群。仅2021年9—12月，学校便邀请了近500名家长，打造了220堂精品家长课程，形成了品德修养、学业发展、身心健康、审美素养、劳动实践五大主题模块，惠及4 000多个家庭。

思考：这个案例给了我们哪些启示？

（一）与家庭的沟通与合作

家校合作是指对学生最具影响的两个社会机构——家庭和学校，形成合力对学生进行教育，使学校在教育学生时能得到更多的来自家庭方面的支持，而家长在教育子女时也能得到更多的来自学校方面的指导。

1. 学校教育与家庭教育的相互作用

学校教育和家庭教育是孩子成长过程中不可或缺的两个重要组成部分，它们相互关联、相互影响，共同促进着孩子的成长。学校教育提供了系统的知识体系、专业的教师团队和规范的教学环境，帮助孩子在各个学科领域获取知识和技能，培养其思维能力、创新意识和社交能力。家庭是孩子最早接受教育的地方，家长通过言传身教，给予孩子以教育、关爱、支持和引导，培养孩子的良好品德和健康心态，对孩子价值观、道德观、行为习惯等的形成起着至关重要的作用。

学校教育和家庭教育的终极目标都是孩子的健康成长和幸福未来，学校教育和家庭教育应共同关注孩子的需求和特点，因材施教，相互配合，形成教育合力。家长要积极参与学校的教育活动，与教师保持密切沟通，了解孩子在学校的学习和生活情况；学校应通过举办家长学校、家长会等活动，向家长传递科学的教育理念和方法，为家长提供教育指导，引导家长正确开展家庭教育，共同促进孩子的全面发展。

总之，学校教育和家庭教育是相互依存、相互促进的关系。只有实现良好的家校合作，才能为孩子创造一个更加有利的成长环境，培养出全面发展、具有社会责任感和创新精神的新一代。

2. 班主任与家长沟通的原则

班主任与家长沟通时，表2-7-2中的原则可以帮助双方建立良好的沟通关系。

表 2-7-2　班主任与家长沟通的原则

序号	具体内容	解释说明
1	尊重与信任	尊重家长的意见和观点，信任他们对孩子的关心和教育意愿。以平等、友善的态度与家长交流，营造相互尊重的氛围
2	主动与及时	班主任应主动与家长保持联系，及时反馈学生的学习和行为表现。及时沟通可以让家长更好地了解孩子在学校的情况，及时解决问题
3	倾听与理解	认真倾听家长的意见和担忧，理解他们的立场和需求。在沟通中保持耐心，明白家长存在的情绪和压力，以平和的心态进行交流，可以更好地与家长达成共识，共同关心孩子的成长
4	专业与负责	以专业的态度和知识与家长沟通，提供准确的信息和建议。同时，要对学生的教育负责，与家长共同制订适合孩子的教育计划
5	保密性	涉及学生个人隐私的信息应予以保密，保护学生的自尊心和权益
6	合作与协商	班主任与家长应以合作的态度共同解决问题，协商制定教育方案。通过双方的努力，为学生提供更优质的教育环境

续表

序号	具体内容	解释说明
7	灵活性	根据不同家长的情况和需求，采用灵活多样的沟通方式和时间，确保信息的有效传递
8	沟通与反馈	建立定期的沟通机制，如家长会、电话沟通、短信或邮件等，与家长保持联系。及时向家长反馈学生的进步和优点，鼓励家长继续支持和参与孩子的教育

遵循这些原则，班主任可以与家长建立良好的沟通关系，更好地促进学生的成长和发展。同时，也能增强家长对学校教育的信任和支持。

3. 与家长的沟通策略

班主任与家长沟通时，运用一些技巧可以增进双方的理解与合作，可以参考表2-7-3中的沟通策略。

表2-7-3 班主任与家长沟通策略

序号	具体内容	解释说明
1	选择合适的时间和方式	在与家长沟通前，了解家长的工作和生活情况，选择一个合理的时间进行沟通。根据具体情况选择适合的沟通方式，如电话、面对面交流、微信或其他通联方式
2	主动分享学生信息，表达关心和支持	定期向家长分享学生在学校的学习、行为和社交情况，让家长了解孩子的进步和需要改进的方面。借助学生在某一活动中的具体表现，让交流更具针对性。同时让家长知道你关心他们的孩子，并且愿意提供支持和帮助。表达对孩子的积极期望，增强家长对教育的信心
3	使用积极的语言，提出具体建议	避免使用批评或指责的语言，而是采用积极的表达方式。强调学生的优点和潜力，鼓励家长共同关注孩子的成长。针对学生的问题，提供具体的建议和解决方案。与家长共同探讨如何帮助孩子克服困难，提高其学习成绩或改善其行为
4	尊重家长的观点，鼓励家长参与	耐心倾听并给予家长充分的理解，让他们感受到被尊重。即使与家长的观点存在差异，也要尊重他们的看法，并尝试从他们的角度理解问题。邀请家长参与学校活动、家长会或志愿者工作，让他们更深入地了解学校和孩子的学习环境。这样可以增强家长的参与感和责任感
5	及时反馈，建立良好的关系	在沟通后，及时将沟通的结果和采取的措施反馈给家长，让他们了解问题的处理进度。通过友好、信任的沟通，与家长建立良好的关系。这样在遇到问题时，家长更愿意与你合作解决

4. 班主任与家长沟通的方式

（1）家长会。

家长会是由学校或班主任组织，邀请在校学生的家长到学校与教师进行交流、互动的会议或活动。

①举办家长会的宗旨。

举办家长会的宗旨是学校教育和家庭教育在沟通的基础上实现对孩子教育的统一，防止出现教育分歧，减少家长在教育孩子上出现思想和行为的盲目性。所以开家长会时要让家长了解学生在学校的学习成绩、行为表现、社交情况，共同探讨如何帮助学生更好地学习和成长，分享教育理念和方法，共同讨论学生在学习和生活中可能遇到的问题，寻找解决方案，并引导家长关注学生的学习习惯、品德养成等方面，通过与家长的沟通与合作，学校可以更好地了解家长的需求和期望，进一步提高教育质量，实现家校共同教育，促进学生的全面发展。

②家长会的形式。

家长会的形式有很多，常见形式如表2-7-4所示。

表2-7-4　家长会的形式

序号	具体内容	解释说明
1	定期家长会	学校定期组织的家长会，通常在新学期开始、学期中或学期末举行，旨在向家长汇报学生的学习进展、成绩情况等
2	主题家长会	针对特定主题或问题召开的家长会，如学生的学习方法、心理健康、安全教育等
3	家长委员会会议	由家长代表组成的委员会定期召开的会议，参与学校的管理和决策，代表家长们的意见和建议
4	个别家长会	针对个别学生的问题或特殊情况，老师与家长进行单独沟通的会议

需要注意的是，不同学校和地区可能会有不同的家长会形式和安排，具体类型可能会有所差异。此外，一些学校还可能通过组织家长培训会、家长志愿者活动等形式，以促进家校合作和家长参与。

③召开家长会的注意要点。

班主任在召开家长会时，应注意提前了解每个学生的学习情况、进步和问题，准备详细的报告或资料。创造一个开放、友好和轻松的会议氛围，让家长们感到舒适和自在。除了口头交流外，还可以运用多媒体展示学生的作品、成绩等，让家长更直观地了解学生的情况。注意每个学生的独特需求和情况，与家长进行个性化的交流和指导。邀请家长分享他们的经验和观点，鼓励他们积极参与学校活动。在讨论学生问题时，注意保护学生的隐私，避免在公开场合批评或指责。针对家长提出的问题，提供具体的解决方案和建议。表达对家长支持和配合的感谢，增强家校合作的良好氛围。合理安排会议时间，确保重要议题得到充分讨论，不拖延会议。会后及时跟进家长的反馈，解决遗留问题，确保家长会的效果。

总之，开好家长会是全面实施素质教育，培养具有创新能力的一代新人必不可少的环节，是弥合家庭、学校断层与分歧的黏合剂。只有把握好家长会的宗旨、策略，才能使其更好地为教育教学工作服务。

（2）家访。

家访是班主任为了保证学校与家庭教育的一致性，代表学校对学生家庭进行的具有教育性质的访问。这是学校同家庭密切联系的重要途径，也是班主任工作的一个重要内容。家访可分为一般性家访、慰问性家访、表扬性家访、沟通性家访、防微杜渐性家访、纠正不良家庭教育的家访等，班主任要根据不同需要及时进行家访，在进行家访时需要关注几个要点，具体如表2-7-5所示。

表2-7-5　家访时应注意的要点

序号	具体内容	解释说明
1	提前通知并了解家庭情况	事先告知家长家访的时间和目的，以便他们做好准备，避免在家庭成员可能忙碌或疲劳的时候拜访，并确保双方都有充裕的时间进行交流。同时要提前了解学生的家庭背景、生活环境和家庭成员情况，这有助于更好地理解学生的行为和需求
2	保持专业和尊重，耐心倾听家长意见	以专业的态度和尊重的方式与家长交流，避免过于随意或亲昵的行为。给予家长充分的发言机会，认真倾听他们的意见、关注点和期望，这有助于建立良好的沟通和信任关系
3	保护学生隐私并提供具体建议	在家访过程中，要注意保护学生的隐私，不泄露学生的个人信息或在其他家长面前讨论学生的问题。根据学生的情况，提供具体的教育建议和指导，帮助家长更好地支持学生的学习和成长
4	尊重家庭文化并感谢家长配合	尊重不同家庭的文化背景、价值观和生活方式，避免对家庭文化进行评价或批判。在家访结束后，表达对家长配合的感谢，并告知他们后续的沟通方式和渠道
5	做好家访记录，注意往返安全	要适当记录家访的主要内容和达成的共识，以便后续跟进和参考。在往返学生家时，注意自身安全，如了解路线、确保交通安全等

家访是教师与家长沟通的重要方式，注意以上问题，可以使家访更加顺利、有效，从而促进家校合作，共同关心和教育学生。当然，具体的注意事项还会根据不同的情况和学生特点有所差异，教师可以根据实际情况进行适当调整和补充。

（3）运用网络工具与家长互动。

在高度信息化的今天，网络已经成为家庭与学校沟通的重要形式，其开放性和交互性突破了学校与家庭之间传统的沟通模式，更有利于家校间的沟通合作。根据家长的使用习惯和学校的需求，选择适合的网络沟通平台，如微信、QQ、电子邮件等。班主任可以及时将孩子的学习和活动情况上传到网络平台，让家长了解孩子在校的情况，也可以将每天的家庭作业发到微信群，告知家长，便于家长对孩子进行督促和检查。家长对班级和学校的意见也可以通过这些渠道发布出来，让学校领导和教师及时了解家长对孩子教育问题的想法和建议。网络为家长之间的沟通提供了一个桥梁，家长之间可以交流在教育孩子的过程中遇到的问题，相互学习借鉴。家长间的密切交流能消除因孩子产生的误会，也可以互相沟通教育孩子

的方式方法。应该指出的是，网络虽然为家校互动带来了便捷，但它无法替代传统的家校交往方式（如家访、家长会），无法达到传统家校互动的层次与家校联系的深度。

（二）整合社区资源

1. 社区的概念

"社区"一词是中国社会学者在20世纪30年代自英文"Community"意译而来。尽管社会学家对社区下的定义各不相同，但在构成社区基本要素上的认识是基本一致的：一个社区应该包括一定数量的人口、一定范围的地域、一定规模的设施、一定特征的文化、一定类型的组织。社区就是这样一个"聚居在一定地域范围内的人们所组成的社会生活共同体"。

2. 社区与学校的关系

国务院《关于基础教育改革与发展的决定》（2001年）强调指出："学校要加强和社区的沟通与合作，充分利用社区资源，开展丰富多彩、文明健康的教育活动，营造有利于青少年学生健康成长的社区环境。"学校是人类向新生一代传授一定的社会规范、价值标准、知识和技能，有目的、有计划、有组织地为一定社会培养所需人才的机构。社区是社会学中一个从空间形式反映人们社会生活的概念，是从事一定的社会活动，具有某种互动关系和共同文化维系力的人类群体及其活动区域，是学校组织所处的一个外在环境。

3. 社区力量在班级管理中的积极作用

以前，我们往往忽视社区在班级管理中的作用，甚至根本就不涉及这方面的内容，但随着时代的发展，全方位的立体式教育越来越凸显其优势，社区教育的力量也开始逐渐被关注。

（1）为学生提供社会实践的场所。

社区拥有众多的机关、企业事业单位等组织，相对于学校，社区也具有明显的教育资源优势，包括社区环境资源（包括自然资源、人文环境资源）、社区文化教育设施设备的物质资源（包括学校、图书馆、文化馆、革命遗址、博物馆、体育馆、影剧院等）、社区人力资源（包括教师、社区教育工作者、各行各业专业技术人员、先进劳模、老一辈革命家、离退休干部等）、社区组织资源（包括社区协会、社团组织、研究机构、企事业单位等）。各地区、各部门、各单位都有自己的创业史和辉煌业绩，都有自己的先进模范人物，而这些都是向学生进行教育的生动内容，都可以为学校开展传统教育、社会教育、形势教育提供帮助，为开展访问活动提供场所。街道、社区可以为小学德育工作提供新资源。还可以组织学生到社区开展志愿者服务活动，让学生感知社区的变化、社区的发展。在这些活动中，学生不仅增长了知识，而且在自然美、科学美、社会美的氛围中，潜移默化地受到了熏陶和影响。

（2）有利于家庭教育指导工作的开展。

小学生都生活在街道、小区居委会、村民委员会的组织内，社区干部串百家门、知百家情、办百家事，他们对各家各户的情况比学校更加清楚。众所周知，不同的家庭有着不同的结构和不同的生活习性,而教师在对学生的教育过程中难以做到全面了解。在对青少年开展教育时需要有一个沟通社会、家庭、学校关系的协调机构,这个机构可以在配合学校抓后进生转化、抓特殊家庭子女教育等方面的工作中发挥巨大作用。

(3)班主任对学生社会实践的指导。

社会实践和社会服务的场所有别于学生熟悉的校园,活动目的和可能遇到的困难也会异于平常,所以班主任要注重对学生的指导,具体内容如表2-7-6所示。

表 2-7-6 班主任对学生社会实践指导的要点

序号	具体内容	解释说明
1	安全教育的指导	去社区开展活动经常会出现分组活动的情况,学生会远离教师的视线,所以安全意识一定要强。教师要对可能遇到的情况有所预测,并有针对性地提醒学生,同时一定要避免学生单独行动,活动范围也要有所规定
2	礼仪教育的指导	进入社区后,学生面对的主要是成年人,需要懂得一定的礼仪。因此,在学校内最好能对各种礼仪有所训练
3	亲和教育的指导	学生到社区活动时,往往会产生羞涩、局促、回避等心理特征,班主任一方面要帮助学生做好充分的物质准备,另一方面要鼓励学生勇敢、大方地与人接触,要学会随机应变,在人员安排时,注意不同性格的孩子互补搭配

4. 社区力量的协作原则

(1)育人为本的原则,如图2-7-1所示。

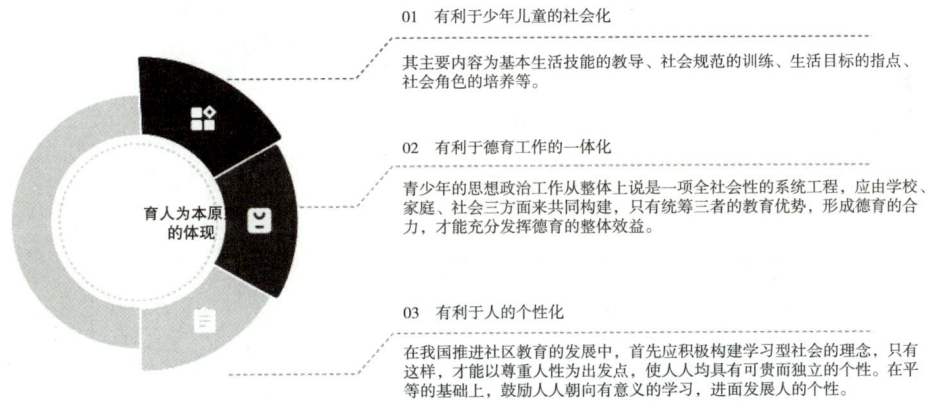

01 有利于少年儿童的社会化

其主要内容为基本生活技能的教导、社会规范的训练、生活目标的指点、社会角色的培养等。

02 有利于德育工作的一体化

青少年的思想政治工作从整体上说是一项全社会性的系统工程,应由学校、家庭、社会三方面来共同构建,只有统筹三者的教育优势,形成德育的合力,才能充分发挥德育的整体效益。

03 有利于人的个性化

在我国推进社区教育的发展中,首先应积极构建学习型社会的理念,只有这样,才能以尊重人性为出发点,使人人均有可贵而独立的个性。在平等的基础上,鼓励人人朝向有意义的学习,进而发展人的个性。

图 2-7-1 育人为本原则的体现

(2)互动性原则。

学校与社区的互动,是指学校与社区和社区成员、机构、组织之间的双向交流与合作关系。一方面,要使社区,包括成员、机构与组织理解、支持和帮助学校,以便有效地实施教育目标;另一方面,学校应该支持社区、面向社区,向社区开放、服务社区,形成学校与社区的互动,双方建立良好关系,把学校带向生活,把生活引入学校,形成一股合力,共同培育学生和社区居民。

（3）适应学生发展原则。

引入的社区力量应有利于学生的全面发展和成长，确保参与的社区力量具备相应的资质和信誉，保障学生的安全和利益。

5. 班级在社区开展活动时的策略

班级在社区开展活动时可以遵循一定的步骤和策略，具体如表2-7-7所示。

表2-7-7　班级在社区开展活动时的策略

序号	具体内容	解释说明
1	选择时机	班级在社区内开展活动可以选择有纪念性的日子，这样把活动和节日、纪念日等结合起来，不但使活动的主题更鲜明，而且更具有教育意义
2	充分准备	到社区开展活动，班主任首先要和社区的相关部门取得联系，共同制订活动计划，明确活动主题。进入社区前，要组织学生进行充分的准备，要让学生掌握必要的礼仪知识
3	以学生为主体	进入社区后，班主任要鼓励学生独立开展活动，并且活动以小组为单位，遇到困难要培养学生解决问题的能力
4	注意积累资料	班主任要有积累资料的意识，摄影、录像、随笔、学生作品……这些不仅便于学生总结学习，还对今后开展活动有帮助；同时，这些资料还可以提供给社区，为其宣传提供资料

学以致用

针对材料十，可以得出以下结论：

影响学生发展的外部因素有很多，如家庭环境、学校教育、社会文化、朋友圈子等。这些因素都会在不同程度上影响学生的价值观、思维方式、行为习惯和学习成绩。

作为小学班主任，在这些因素中可以起到关键的引导和协调作用。首先，班主任可以与学生的家长保持密切沟通，了解学生的家庭情况，提供必要的支持和指导，促进家庭与学校的良好合作。其次，班主任可以营造积极向上的班级氛围，培养学生的良好品德和团队合作精神。再次，班主任还可以关注学生的社会交往，引导他们建立正确的人际关系。班主任还应该关注学生的个体差异，因材施教，激发每个学生的潜能。通过组织丰富多彩的课外活动，培养学生的兴趣爱好和综合素质。最后，班主任也要及时发现学生在学习和生活中遇到的问题，给予关心和帮助，让学生感受到温暖和支持。

影响学生发展的外部因素除了上面提到的家庭环境、学校教育、社会文化和朋友圈子，还包括以下几个方面：

（1）社区环境：学生所处的社区环境也会对他们的发展产生影响，如社区的安全状况、文化氛围等。

（2）大众媒体：电视、电影、网络等大众媒体对学生的价值观、行为方式等也有一定的影响。

（3）政策法规：教育政策和法规的变化也可能对学生的发展产生影响。

在这些外部因素中，小学班主任可以起到以下作用：

（1）协调各方资源：班主任可以积极与家长、学校其他教师、社区等沟通合作，整合各方资源，为学生提供更全面的支持。

（2）引导正确价值观：通过教育教学活动，引导学生树立正确的价值观，培养良好的道德品质。

（3）培养社会适应能力：组织学生参加各种社会实践活动，帮助他们提高社会适应能力。

（4）关注个体差异：注重每个学生的特点和需求，提供个性化的教育和关怀。

（5）营造良好班级氛围：打造一个团结友爱、积极向上的班级环境，让学生在良好的氛围中学习成长。

教育合力可以使各种外部因素相互作用、相互促进，从而更好地推动学生的全面发展。

任务检测

设计一份学期中家长会活动方案。

任务八　开展差异性教育

名人语录

> 人生天地间，各自有禀赋。为一大事来，做一大事去。
> ——陶行知
>
> 在教育集体的同时，必须看到集体中第一个成员及其独特的精神世界。
> ——苏霍姆林斯基

情境导入

【材料十一】陶行知在担任一所学校的校长时，一次，他看到学生王友用泥块砸同学，当即制止，让他放学后到校长室。

陶行知来到校长室，王友已等在门口准备挨训了。没想到陶行知却给了他一颗糖，并说："这是奖给你的，因为你很准时，我却迟到了。"王友惊疑地瞪大了眼睛。接着，陶行知又掏出第二颗糖对王友说："这第二颗糖也是奖给你的，因为我不让你再打人时，你立即就停止了。"

陶行知又掏出了第三颗糖说："我调查过了，你砸的那些男生，是因为他们不遵守游戏规则，欺负女生；你砸他们，说明你很正直善良，且有跟坏人作斗争的勇气，应该奖励你啊！"王友感动极了，哭着说："陶校长，你打我两下吧！我错了，我砸的不是坏人，是自己的同学。"

陶行知这时笑了，马上掏出第四颗糖说："因为你正确地认识错误，我再奖励你一颗糖。我的糖分完了，我们的谈话也结束了。"

思考：教育家陶行知的事例能带给我们什么启示呢？

学习目标

1. 理解并掌握个别教育、非正式群体的概念和不同类型学生、非正式群体的特征。
2. 能够运用不同类型学生的心理特征、非正式群体的特征开展差异性教育。
3. 在开展差异性教育的过程中，增强自身的职业责任感。

知识储备

一、班级中的个别教育

所谓个别教育，是指针对个别学生的特点，通过个别接触、个别指导的方式进行的教育活动，是班主任工作的重要途径。苏联著名教育家苏霍姆林斯基曾经说过："在教育集体的同时，必须看到集体中每一个成员及其独特的精神世界，关怀备至地教育每一个学生。我们的原则是：既依靠集体教育个人，又通过对个别学生的教育来推动集体的前进。"由此可见，个别教育和集体教育是相辅相成的，班集体状况如何，完全取决于班上每一个学生的具体情况。因此，班主任只有经常做好学生的个别教育工作，使每一个学生都不断进步，班集体才能健康地发展。做好个别教育工作，既是学生全面发展的要求，又是建立良好班集体的需要。

做好个别教育工作，包括做好优秀学生、中间学生和后进学生的教育工作。他们在班级中处于不同的发展水平，从整体上看，不同层次和类型的学生在整体上有共同之处，但是每一个学生又是不同于其他任何一个人的独特个体。所以，班主任在进行个别教育工作时，既要看到一类学生的共同点，又要看到学生个体之间的差别，充分运用教育技巧和规律，促使每一个学生都得到最大限度地发展和提高，为班集体的发展奠定坚实的基础。

（一）先进学生的教育

一些班主任、科任教师、家长往往把先进学生仅仅看作学习上成绩优秀的学生。在这种学生观的指导下，班主任容易忽视对优秀学生思想品德及心理素质的教育和指导，导致一些长期笼罩在光环下的优秀学生，一旦遭遇挫折，就可能做出超乎人们想象的事情。所以，教育工作者应全面辩证地看待他们，实事求是地对待他们的优缺点。在肯定成绩的同时，对他们的缺点，哪怕是细小的表现也要指出来。决不能忽视他们身上存在的问题，对他们的教育也具有必要性。

1. 先进学生的特征表现

先进学生一般具备较强的学习能力，能够快速掌握新知识，有良好的学习习惯和方法。他们通常能够自觉地管理自己的时间和行为，制订合理的学习计划，并能严格按照计划执行。他们在学习和做事时能够保持专注，并且有坚持不懈的精神，不怕困难，勇于挑战，能够快速适应新环境和新情况，积极应对变化。分析和解决问题的能力较强，能够灵活运用知识。当然，每个学生都有自己的优点和不足，即使是先进学生也存在不足和需要改进的地方，以下是一些先进学生身上存在的不足：

（1）自我主义，缺乏互帮互助的意识和团队协作的觉悟。

一部分先进学生由于一直很优秀，在家长的表扬、老师的重视、同学的羡慕中成长，这容易造成他们自尊心强，不能容忍别人的长处；看不到其他同学身上的优势，不善于学习别人的优点；讨厌集体活动，把自己封闭在以我为中心的圈子里，傲慢自负。

（2）挫折容忍度低，对失败感到畏惧。

大部分先进学生从小学开始一直是班里的好学生、班干部，事事称心如意，一帆风顺，对自己有很高的期望。他们习惯了一直以来顺利和成功，再加上家长或教师过于强调成功的结果，追求完美的性格使他们过分担心会因失败而失去先进学生的地位或优势。过度竞争的环境同样使他们过分关注与他人的比较，而忽视了自身的成长。在面对变化和不确定性时，他们缺乏灵活应变的能力，从而因挫折而变得怯懦。了解了这些原因有助于我们更好地帮助先进学生提高挫折容忍度，正确面对失败。

（3）过分关注学业成绩，其他方面的发展较为薄弱。

在不正确的优秀评判标准下，部分先进学生往往只重视学习成绩，忽视自身其他方面素质的养成，如道德品质、团队合作能力、交往能力等。而部分家长和教师"以一优遮百丑"，放松了对他们的要求和教育，这更助长了他们的片面发展。在与家长的交谈中，老师们常常听到：只要孩子成绩好，什么事都不用他做，什么要求都可以满足，这是造成某些先进学生缺乏劳动观念和生活自理能力的又一原因。

（4）循规蹈矩，缺乏创新。

先进学生的成长发展存在不同情况。一部分学生遵规守纪，缺乏开拓精神和创新意识，过于追求稳定而非创新，这限制了他们的求异思维能力。另一部分学生虽然成绩优秀，但背后存在不良道德和心理品质，这些缺陷制约了他们的进一步发展。这些不良品行和心理素质因具有潜藏性而容易被忽视，因此更需要教育工作者加以重视并矫正这些学生的道德品质和心理素质缺陷。

2. 先进学生的教育策略

先进学生思想基础较好，积极要求上进；学习刻苦；尊重老师，有较强的组织纪律观念；在学习工作中起着模范带头作用。但是，由于他们与其他同学所处的地位不同，成长进步的条件存在差异，思想追求也不一样，这决定了他们具有与众不同的特点。因此，在管理教育中要辩证地看待先进学生，了解他们的心理状况，做到有的放矢，使管理教育具有针对性。班主任在施教时，应从以下几方面入手：

（1）强调团队重要性，设置合作任务，培养合作精神。

在组织团队活动时，让先进学生在合作中体验到互帮互助的乐趣，明白团队的力量大于个人，通过团队协作可以取得更好的成果。鼓励先进学生多关注他人的需求，学会倾听和理解他人，培养同情心和同理心。在学习和活动中，设置需要团队合作完成的任务，让先进学生在实践中提高团队协作能力。引导先进学生克服自我主义，培养团队协作精神需要一定的时间和耐心。我们可以逐步提高他们的团队意识和协作能力，使其在团队中发挥更大的作用。

（2）正视挫折失败，学习应对技巧，培养坚韧品质。

让他们认识到挫折是不可避免的，是成长的必经之路。让他们明白每个人都会遇到挫折，要克服挫折所带来的失败体验，总结失败的经验教训，为下一次尝试做好准备。适时为他们分享一些成功人士的失败经历和挫折故事，让他们看到这些人是如何从失败中站起来并取得成功的。教授先进学生一些应对挫折和失败的技巧，如积极的自我对话、情绪管理、问题解决等。通过参加体育活动、挑战项目等方式，培养他们的坚韧品质和毅力。如果学生的挫折感和畏惧失败情绪较为严重，也可以考虑寻求专业心理辅导的帮助。

总之，班主任应该帮助他们逐步地改变思维方式，关注他们的情绪变化，并给予他们足够的支持和鼓励，以增强他们的心理素质。让他们更好地应对学习、生活中的各种挑战，在成长过程中变得更加坚强和自信。

（3）致力于全面培养，采用多元化的评价体系。

让先进学生了解，学业成绩固然重要，但其他方面的发展同样不可或缺，如兴趣爱好、社交能力、身体健康等。鼓励他们尝试各种活动，发现自己的兴趣爱好，并给予足够的时间和空间去发展这些兴趣。提供与同龄人交流的机会，培养良好的人际关系和沟通能力。并采用多元化的评价方式，不仅仅看重学业成绩，还要关注他们在其他方面的进步和成就。通过以上引导，帮助先进学生在保持学业优秀的同时，也注重其他方面的发展，真正成为全面发展的个体。

（4）设疑问，拓视野，营造创新育人环境。

培养先进学生质疑的精神，让他们学会思考问题的本质，而不仅仅是接受现有的规则和答案。通过提供新奇的事物、问题或情境，激发他们的好奇心，促使其主动探索和思考。进行多元思维训练，如头脑风暴、思维导图等，帮助先进学生拓展思维，寻找更多的解决方案。同时，要创造一个鼓励创新的学习环境，如组织创新竞赛、实验项目等。让先进学生接触不同的领域和知识，拓宽视野，为创新提供更多的素材和灵感。帮助先进学生逐渐克服循规蹈矩的思维模式，培养创新意识和能力。同时，要注意每个学生的个性差异，根据具体情况选择合适的引导方式，逐步提升他们的创新素养。

（二）中间学生的教育

所谓中间学生，是指在班级集体中，学业成绩及品行表现等处于中等状态的学生。他们行事谨慎、腼腆、本分，品德及活动中表现一般，学习成绩一般，平时不易引起他人注意，因此，也有人将这部分学生形象地称为"灰色儿童"。在一个班级中，中等水平的学生人数最多。基础教育领域有这样一句话："抓两头，带中间。"但在具体教育过程中，班主任和科任教师往往容易忽视对中间学生的教育，使其成为被班主任"遗忘的角落"。中间学生的心理共性包括意志薄弱、可塑性强等。一方面，通过良好的教育与指导，他们能向优等生靠拢；另一方面，他们也可能滑落为差生。可以说，中间学生是差生的预备队，也是优等生的后备军。因此，若忽视了对中间学生的教育和指导，会产生一种潜在的扩大后进学生队伍的危险；而对他们进行有针对性的教育和指导，则可以增加先进学生的人数。从这个意义上说，班主任应重视对中间学生的教育工作。

1. 中间学生的特征表现

他们的学习成绩处于班级或群体的中等水平，不像先进学生那样突出，但也不会有较大的学习困难。成绩和表现相对较为稳定，不会出现较大的波动。他们具有一定的潜力，但需要更多的引导和激励才能发挥出来。相较于先进学生，中间学生可能对自己的能力和表现缺乏自信。在学习方法和策略上存在一些需要改进的地方，容易被老师忽视，但他们同样需要老师和家长的关注与鼓励。中间学生的特征因个体差异而有所不同，不能一概而论。每个学生都是独特的，教育者应关注每个学生的具体需求和特点，提供适当的支持和引导，帮助他们充分发展潜力。

2. 中间学生的教育策略

（1）关注个性，促其进步。

中间学生内心潜藏着许多积极因素，如要求进步、乐于为班级做事、有表现自己才能和智慧的要求等。他们特别希望得到老师的重视和信赖。因此，班主任应深入了解中间学生，关心他们、肯定他们，帮助他们树立进步的信心。

（2）鼓励教育，提升自信。

中间学生既自尊又自卑，既渴望得到老师的表扬，又害怕受到老师的批评。教师要善于给予正面激励，满足他们自尊的需要，帮助他们克服自卑心理，产生乐观、奋发图强、积极向上的情绪。同时，教师要传递自己对他们的热切期待，提高他们的能力和自信心。

（3）活动搭台，体验成功。

活动是教育学生的重要阵地。教师在活动中重视先进学生和后进学生的同时，不应忽

视中间学生。应组织多样化、分层次的小型竞赛活动，让中间学生在活动中获得成功的体验。引导全体学生积极参与，充分调动和发挥中间学生的积极性和特长，让他们在活动中锻炼才能。

（4）指引学习，高效成长。

教师要细心观察、耐心诱导，有针对性地以他们感兴趣的学科或学得较好的科目为切入点，激发其学习兴趣。同时引导学生找到适合自己的学习方法，并培养他们的抗挫折能力，使学生在遭遇困境时能够勇于面对和积极应对。

（5）家校携手，推动成长。

班主任要做好家校合作工作，经常与中间学生的家长联系，了解家教情况，解答家长的教育困惑。有针对性地研究策略，帮助家长走出教育误区，如让家长平等地与子女谈心，进行赏识教育，营造自主、健康、和谐的家庭环境，激发中间学生的创新思维，并积极追求自我价值，进而促进其均衡而又有个性地发展。

（三）后进学生的教育

对在班级中学业与品德发展欠佳学生的叫法很多，有的叫作"后进生"，有的叫作"学习失能学生"……这类学生的基本特征是：智力属正常范围，但由于种种原因而对普通学校中的学习生活不适应，最终导致"学业不振"或"学业不良"。从理论上讲，这种"不良"是可逆的，在一定补救条件下是可以转化的。后进学生有双后进学生和单后进学生之分，前者指除了学业成绩不良外，还存在思想觉悟低、不遵守学校纪律、在班级中经常违反道德原则等问题，或指犯有严重过错的学生。后者就是指学业成绩不良或纪律约束性不强的学生。后进学生是每个教育者都特别关注的群体，以至于谈到个别教育，有些人就以为是专门针对他们开展的教育。小学班级中后进学生虽少，但对班级的消极影响不容忽视，能否做好后进学生的教育转化工作，不仅关系到学生的个人成长，而且会影响到班级的发展和家庭、社会的安定。

1. 后进学生的特征表现

后进学生在学习成绩或某些方面较弱，但具备坚持、积极、善良、乐于助人等优点。在艺术、音乐、体育等领域可能有独特天赋，实际操作和沟通能力也出色。然而，后进学生存在以下问题：

（1）自尊心与自卑感矛盾。

后进学生因自尊心受损而产生自卑心态，希望得到尊重和信任，但常受批评和冷遇，导致与老师、家长疏远，形成自卑心态。

（2）疑虑和对立倾向。

后进学生因品德或学习成绩落后而遭到责备和冷落，导致敏感多疑，容易将他人视为对立面，形成对立意识。

（3）意志不坚定，自我约束能力差

后进学生虽有上进心，但面临艰辛和痛苦抉择时，难以坚持。他们因长期形成的懒散习惯、害怕艰苦劳动和缺乏毅力而导致意志薄弱，容易退缩和丧失信心。

启智引航

众里寻他千百度——寻找"后进学生"的"闪光点"

苏霍姆林斯基曾经说过："正像医生细心地研究病人的肌体，找出疾病的根源，以便着手进行治疗一样，教师也应当深思熟虑、仔细耐心地研究儿童的智力发展、感情发展和道德发展的情况，找出儿童在学习上感到困难的原因，采取一些能够照顾个人特点和个别困难的教育措施。"

思考：个性化的教育方式会带给后进生怎样的变化？

2. 后进学生的转化策略

对于后进学生，转化他们的关键在于理解和尊重他们的特点，同时采取积极有效的措施帮助他们克服困难和挑战。下面是一些可供参考的转化策略：

（1）重塑自尊心。

教师和家长应该给予后进学生更多的正面反馈和鼓励，帮助他们重塑自尊心。要尽量避免公开批评和责备，而是采用私下沟通的方式，引导他们认识到自己的优点和潜力，鼓励他们积极面对困难和挑战。

（2）建立信任关系。

后进学生往往因为长期的挫败感和被忽视，而与老师、家长和同学之间产生隔阂。因此，建立信任关系至关重要。教师和家长需要耐心倾听他们的心声，理解他们的困境和需求，与他们建立起真正的情感联系。

（3）提供针对性帮助。

后进学生在不同的领域可能面临不同的挑战。因此，教师和家长需要提供有针对性的支持。例如，在学习方面，可以为他们提供额外的学习资源和辅导；在情感方面，可以为他们提供心理咨询和情绪管理技巧；在社交方面，可以组织小组活动，帮助他们建立良好的人际关系。

（4）强化自我管理。

后进学生需要学会自我管理和约束。教师和家长可以通过制订明确的目标和计划，鼓励他们坚持执行，培养他们的意志力和自律能力。同时，也可以教授他们一些应对困难和挫折的方法，帮助他们建立积极的心态并提高应对压力的能力。

（5）利用班集体矫正不良行为。

良好的班集体是学生精神生活的乐园，是后进学生性格得到矫正并不断进步的摇篮。班

主任可以通过创建良好的班风,使后进学生感受到集体的温暖,找到表现才能的舞台,同时在集体的潜移默化中得到感染与改变。

综上所述,转化后进学生需要全社会的共同努力和理解。通过重塑自尊心、建立信任关系、提供针对性支持以及强化自我管理等策略,我们可以帮助后进学生走出困境,实现全面的进步和发展。

二、班级中非正式群体的教育

启智引航

李军、张浩和许正是某高校附属子弟小学五年级的学生,他们来自租住在周边小区的外来务工人员家庭,由于有着相似的生活背景,他们既在同一班级又居住在同一个小区,自然而然地形成一个非正式的小群体。自升入五年级以来,他们学习成绩较差,上课不爱听讲,做小动作,家庭作业完成情况差,经常早上来学校抄袭其他同学的作业,逆反心理强,经老师批评教育后效果也并不理想。

思考:作为班主任应该怎么进一步引导这些孩子?

班级是一个有明确的组织目标、正式的组织机构、清楚的组织规范、明确的角色分工的正式组织。同时,班级中还存在一些非正式组织。

(一)小学班级中非正式群体的特点、成因及类型

1. 非正式群体的含义

非正式群体是人们在活动中自发形成的,未经任何权力机构承认或批准而形成的群体。而班级中的非正式群体是指以一些学生心理一致或相容为基础、带有明显情感色彩的、自愿自发结合而成的群体。如学生自发组织起来的各种课外活动小组、学习小组、兴趣小组,以及其他三五成群的小团体、小团伙等。

2. 非正式群体的特征表现

(1)规模较小,通常由3~5人组成。与正式群体相比,非正式群体规模较小,因为它们是自发形成的,成员之间情感交流和人际交往更加密切。

(2)隐形的行为规范和较强的约束力。虽然非正式群体没有明文规定的规范,但它们的行为规范是隐形的、不成文的,具有很强的约束力,因此成员之间容易相互监督和参照。

(3)情感联系和心理凝聚程度较高。非正式群体的维系力量来自成员间的兴趣、爱好、志向等相同或相似,需要、情感、思想等相互适应,因此具有很强的凝聚力。

(4)核心人物的领导魅力。非正式群体有自己的领袖人物,通常是自然形成的,具有很强的内在影响力,如知识、经历、特长等。他们在群体内有很高的威信,对成员有一种无形的吸引力。

（5）内部信息交流畅通且带有情绪色彩。由于规模较小且情感色彩浓厚，非正式群体内部成员之间的思想交流畅通，但信息传递带有明显的情绪色彩，客观性和真实性可能受到一定影响。

综上所述，小学班级中的非正式群体具有独特的含义和多维特征。它们基于学生的心理一致性和相容性而自发形成，具有适中的规模、隐形的行为规范、深厚的情感联系以及畅通的信息交流等特点。这些特征使非正式群体在班级中扮演着重要的角色，对班级的整体氛围和学生心态产生着深远的影响。

3. 非正式群体形成的原因

非正式群体形成原因有很多，主要原因如表2-8-1所示。

表2-8-1　非正式群体形成原因

序号	具体内容	解释说明
1	时间与空间的影响	时间因素在于，同一班级内大多数同学有共同的自由支配时间，或是某种机会下共同活动的时间；空间因素在于，彼此的生活、学习地点比较接近，如家庭地址相近或座位相邻的学生容易形成非正式群体。由于非正式群体的形成必须有比较频繁和长期的深入交往，所以时空因素是必需的
2	志向、观点、品质的一致性	在某种意义上，这个因素也是决定性的因素。主要表现在一些同学由于观点态度的一致性、兴趣爱好的共同性、交往需要的相辅性和性格气质的相容性，而很容易聚在一起，谈论共同话题，从事共同所好之事，从而结成牢固的"友谊"
3	相似的经历或遭遇	例如，都是单亲家庭的孩子，或者都有某种先天的缺陷，或者在班级里都受别人欺负，或犯过同样的错误等，共同的经历或遭遇使学生感觉"同病相怜"，更容易彼此接纳，走到一起
4	面对共同的外界压力	这也是促成非正式群体尤其是"小团伙"形成的重要因素。由于小学生的生理、心理尚处于不成熟状态，思想、行为易出现盲目、冲动，但又趋向于独立，想摆脱学校、家庭的束缚，一旦受阻，容易结为一体

4. 非正式群体的类型

（1）积极型非正式群体。

这类群体通常具有积极的目标和价值观，成员之间相互支持、合作，对组织的目标和发展具有促进作用。成员可能会主动参与组织的活动，提出建设性的意见和建议，这有助于提高工作效率和员工满意度。

（2）中间型非正式群体。

中间型非正式群体的行为和态度对组织既没有明显的积极影响，也没有明显的消极影响，可能在某些情况下对组织产生一定的助力，但在其他情况下可能会出现一些问题。这类群体的特点是成员之间关系较为松散，对组织的关注度和参与度相对较低。

（3）消极型非正式群体。

消极型非正式群体的目标和价值观可能与组织的利益相悖，成员之间可能存在一些不良

行为和习惯，如抵制变革、传播谣言、拉帮结派等。这些群体可能会对组织的凝聚力和工作效率产生负面影响，甚至干扰组织的正常运作。

需要注意的是，非正式群体的类型并不是绝对的，它们可能会随着时间和环境的变化而发生转变。此外，同一个非正式群体在不同的情境下，也可能表现出不同的特征。因此，对于非正式群体，班主任应该及时了解其动态，采取有效的管理措施，引导其发挥积极作用，化解可能出现的消极影响。同时，也应该注重营造良好的班级文化，增强学生的归属感和凝聚力，减少非正式群体带来的潜在风险。

（二）班级中非正式群体的作用

1. 积极型非正式群体的作用

（1）满足心理需求。非正式群体为学生提供了心理和精神上的满足。正式群体活动无法完全满足每个学生的心理需求，非正式群体弥补了这一不足，帮助学生保持心理平衡、调适精神生活、丰富业余文化生活，对维护身心健康和提高适应能力有重要作用。

（2）增强群体意识。非正式群体通过无形的行为规范，增强了学生的群体意识。成员自觉遵守群体规范，强化了群体观念和意识，有助于正式群体的形成、巩固和建设，使正式群体更加团结和有效执行任务。

（3）及时援助。非正式群体在物质和精神方面为学生提供了及时充分的援助。当学生遇到困难时，非正式群体因其高情感维系性而首先提供帮助，这种援助通常更及时、彻底和全面，包括物质、经济、精神和心理方面的援助。

（4）促进个性发展。非正式群体使学生能够相互学习、相互提升，推动个性全面发展。在群体中，学生更全面地认识自己和他人，易于发现自身的缺点和他人的长处，从而取长补短，进行自我完善和提高。此外，非正式群体的自由氛围有助于推动学生个性的全面发展和保持良好心境。

综上所述，小学班级积极型非正式群体在满足心理需求、增强群体意识、及时援助和促进个性发展方面发挥了重要作用，有助于学生的全面发展和健康成长。

2. 中间型非正式群体的作用

（1）提供社交支持，促进情感发展。中间型非正式群体为小学生提供了一个与同龄人交流和互动的平台，帮助他们建立友谊、增强社交能力，缓解孤独感。成员之间的相互关心和支持，有助于小学生发展良好的情感管理能力，学会关心他人、理解他人的感受。

（2）培养合作精神，增强自我认知。在群体活动中，小学生需要相互协作、合作完成任务，这有助于培养他们的合作精神和团队意识。通过与群体成员的互动，小学生能够更好地了解自己的优点和不足，从而增强自我认知和自我接纳。

（3）影响行为规范，培养领导能力。中间型非正式群体的成员可能会相互影响，形成一些共同的行为规范和价值观念，从而影响小学生的行为表现。在群体中，一些小学生可能会表现出领导才能，通过组织和引导群体活动，锻炼自己的领导能力。

然而，中间型非正式群体也会带来一些负面影响，例如，传播不良信息、产生同伴压力等。因此，教师和家长需要关注小学生的中间型非正式群体，给予正确的引导和教育，帮助他们形成正确的价值观和行为准则。同时，要鼓励小学生参与多样化的正式群体活动，促进他们的全面发展。

3. 消极型非正式群体的作用

（1）情感重于理智。导致学生行为偏激，可能产生非法和违法行为，损害班集体、学校和社会，阻碍正式群体的正常活动。

（2）高凝聚力削弱正式群体。导致学生非正式群体自卫性强，可能产生各自为政、相互对立、互相排斥的局面，削弱正式群体的凝聚力和组织活动。

（3）信息交流畅通、随意。易成为谣言传播者，影响正式群体和组织的信息传播，造成人心浮动。

（4）核心人物影响力大。易导致成员心理与行为偏离和失误，给正式群体以致整个学校和社会带来重大损害。

（5）与正式群体冲突导致内部消耗。产生破坏性冲突，削弱正式群体规范的威严和约束力，使正式群体活动难以进行，导致群体"内耗"。同时，非正式群体成员可能因角色冲突而左右为难和矛盾。少数学生非正式群体的负面行为已成为影响班集体、学校和社会的现实问题。

（三）班级中非正式群体的教育举措

1. 积极型非正式群体

鼓励和支持积极型非正式群体的发展，为他们提供必要的资源，如场地、时间等，让他们能够更好地开展活动。认可并宣传积极型非正式群体成员的优秀事迹，让其他同学以他们为榜样，学习他们的优点和长处。对于在积极型非正式群体中表现出领导才能的学生，可以加强培养并给予更多的锻炼机会，提升他们的领导能力。鼓励积极型非正式群体与其他同学进行合作与分享，营造团结和互助的班级氛围。

2. 中间型非正式群体

密切关注中间型非正式群体的动态，与群体成员进行沟通，了解他们的想法和需求，引导他们向积极的方向发展。针对中间型非正式群体存在的问题，提供必要的帮助和指导，如组织相关的培训和活动，提升他们的能力和素质。通过团队建设活动，增强中间型非正式群体的团队意识，让学生明白团队合作的重要性。鼓励中间型非正式群体成员发挥自己的特长和潜能，为班级和学校的发展贡献力量。

3. 消极型非正式群体

及时发现消极型非正式群体的不良行为，采取适当的措施进行纠正，如谈话、批评

教育等。明确班级的规章制度，对消极型非正式群体进行约束，让他们明白什么是可以做的，什么是不可以做的。

对于消极型非正式群体中的个别学生，要给予更多的关注和帮助，了解他们的问题根源，帮助他们改正错误。与家长保持密切联系，共同制定教育措施，帮助消极型非正式群体的学生养成良好的行为习惯。针对消极型非正式群体的问题，开展相关的专题教育活动，如法制教育、心理健康教育等，提高学生的法律意识和心理素质。

综上所述，对于班级中的非正式群体，教育举措应具有针对性和灵活性，根据不同类型的群体采取相应的措施。同时，教师要注重与学生的沟通和交流，了解他们的内心世界，真正做到因材施教。

还要注意，学生中非正式群体活动不仅限于校内，还涉及家庭和社会。因此，仅靠学校和教师的管理是不够的，需要建立学校、家庭、社会三方结合的教育网络，实行全面的教育管理。学校应争取社会各方的配合，利用社会实践活动创造优良的教育管理条件和环境。通过社会实践，学生可以发挥特长，接受社会教育和监督，强化优良行为，提高自身素质，从而消除非正式群体的不良影响，向正确健康的方向发展。

学以致用

材料十一中陶行知"三块糖"的故事给我们的教育启示主要有以下几点：

（1）赏识教育：陶行知通过奖励学生的方式，而不是批评，让学生感受到自己的优点和价值，激发了学生的积极性和自信心。

（2）了解事实：在处理问题时，先了解事情的真相，避免盲目的指责和惩罚。

（3）引导反思：让学生自己思考行为的对错，培养他们的自我反省能力。

（4）树立正确价值观：陶行知肯定了学生的正义感，这提醒我们要教育学生树立正确的价值观。

这个故事告诉我们，教育应该是一种引导和启发，而不是简单的惩罚。通过赏识和理解，我们可以更好地激发学生的内在潜力，帮助他们成长。

任务检测

一、简答题

1. 班主任应如何做好先进学生的教育工作？
2. 班主任应如何做好中间学生的教育工作？
3. 班主任应如何做好后进学生的教育工作？

二、材料分析

1. 张峰是一名小学五年级的学生。他经常迟到、旷课，甚至打架斗殴，学习成绩就更不用说了，门门功课挂红灯，尽管老师多次教育，但仍不见好转，最近发展为向同学借钱，同学不借就打同学，以致班里同学见了他都躲得远远的。虽然偶尔也有进步，但没过两天又恢复原样。

不过，这个学生并不是一无是处，他百米赛跑速度惊人，在校运会上，他连续两年获得百米赛冠军，为班级争得了荣誉。除此以外，他还特别喜爱绘画。

问题：假如你是张峰的班主任，你如何对待这样的学生？

2. 花园里，同学们都纷纷说了自己喜欢的花，这时全校闻名的"调皮大王"李刚发话了："老师，我最喜欢的是仙人掌，它虽然全身长满了刺，但它的生命力最旺盛，而且刺丛中还能开出美丽的花儿呢！"

他的话立即遭到同学们的反驳。

"你们就看到它的刺了！你仔细看看人家刺中也有花，也值得我们去喜欢呀！"平时从不受欢迎的调皮大王，见同学们都不赞同他，便据理力争。

"刺中有花！刺中有花！"调皮大王的话如一股电流触动了我的神经，赏花与育人不也同样吗？我激动地走到李刚身边，搂着他的肩对同学们说："李刚说得对。仙人掌虽然浑身是刺，但是它的刺中也有美丽的花，我们不能只看到它的刺，就看不到它的花啦；更不能因为它刺多就不喜欢它的花。我们对待同学也应像赏花一样，特别是对缺点多一些的同学，更应该正确看待他身上潜在的闪光点。'花'有千万种，各有优缺点，你们说对不对？"说着我拍了拍李刚的肩，我的话赢得了一片掌声，李刚也不好意思地低下了头。

问题1：通过阅读上述材料，你能否就"刺"与"花"进一步谈谈与之相关的教育观点？

问题2：你认为对个别学生的转化，应从哪几方面着手？

任务九　处理偶发事件

名人语录

明者因时而变，知者随事而制。
——《盐铁论·忧边》

世异则事异，事异则备变。
——《韩非子·五蠹》

情境导入

【材料十二】 这是发生在两个一年级刚入学的小朋友身上的事故。事情经过非常简单：2017年9月25日下午的课间，一（4）班的小乐跑到了学校禁止玩耍的监控盲区——教学楼背后，偏偏被二楼一（12）班的小海和小越扔下的塑料瓶划破了额头。血流满面的小乐，第一时间就被课间走廊值日的老师发现并送到校医室处理伤口，接下来的处理程序全都符合学校规定：通知两边班主任，联系家长，报告领导，找到肇事者等。小乐的妈妈及时赶到学校，校医处理伤口时发现伤口较深，建议家长送小乐去医院缝针。小乐的妈妈也是某医院的主任医师，她凭着自身经验认为不必去医院，于是就带小乐回家了。一（12）班的小海和小越的家长当天就致电慰问了小乐，并在周末的时候拎着营养品上门看望。双方沟通顺畅，此时班主任松了一口气，都以为此次安全事故顺利地了结了。

没想到2018年7月，一（4）班的班主任再次接到小乐家长的电话。原来小乐的伤口愈合状况不好，额头上出现了一条大约两厘米长的疤痕。小乐的家长认为这条疤痕会影响小乐以后的形象和工作，如不能当飞行员。因此，小乐的家长要求小海和小越的家长各赔偿五千元用于整形美容，但被两方的家长拒绝，小乐家长坚持不让步。校方只得出面组织双方协商，但未曾想到，这次的协商变成了一场拉锯战，学校和班主任一次次努力也未能让事情解决，反而索赔总额度由最初的一万元增至十六万元，导致双方直接谈崩。小乐家长一纸诉状把另外两名家长告上法庭，最后把学校也追加成第三被告。原告的诉讼请求是手术费及美容费两万元，手术后营养费两万元，给小乐换一个班但不能是一（4）班和一（12）班。

（资料来源：杨丽华. 班级安全事故处理的基本逻辑和法律依据[J]. 班主任之友（小学版），2020（Z2）：61-62.）

思考：

1. 案例中的教师在事件发生后及时做了处理，学校也给出积极的回应，为什么还发生了我们不愿看到的情况？

2. 对于这类事件，班主任究竟应该怎样处理？

学习目标

1. 了解偶发事件的特点、类型及成因。
2. 通过对典型案例的分析，提高对偶发事件处理的应变能力。
3. 明确班主任工作的内容，提升处理班级管理工作中的耐心、细心和责任心。

知识储备

一、偶发事件的概念

偶发事件是指在班级管理过程中突然发生的、事先无法预料或难以预料的事件。这类事件通常不是由教师或学生的主观行为所引起，而是由一些不可控的因素所导致。学生成长环境复杂、思想空前活跃，都会对班主任处理偶发事件带来不小的挑战。偶发事件往往带有突发性和紧迫性，需要班主任迅速做出判断，并进行相应的处理。偶发事件的处理是否得当将直接关系着学生的身心健康，影响着师生关系，以及班集体的巩固和发展。因此，如何及时、巧妙、恰当地处理偶发事件是新时代班主任必备的一项基本功。

二、偶发事件的类型

在班级管理中，教师常遇到的偶发事件大致可以分为七种类型，如表2-9-1所示。

表2-9-1 偶发事件类型

序号	类型	举例
1	自然灾害	地震、洪水、火灾等不可抗力的自然灾害，这些事件通常会对学生的生命安全和财产安全造成威胁，需要班主任迅速采取应对措施
2	突发疾病	学生突然昏厥、抽搐等，需要班主任及时采取急救措施，并尽快联系医疗急救机构
3	意外伤害	学生在校园内发生摔伤、撞伤、割伤等意外伤害，需要班主任及时采取止血、消毒等紧急处理措施，并送往医院治疗
4	人为事件	学生间、师生间的冲突，破坏公物等行为，这类事件对班级的和谐氛围会产生负面影响
5	群体性事件	群体性事件，如学生集体罢课、游行等，需要班主任及时了解情况，沟通协调，化解矛盾，维护校园稳定
6	网络事件	学生在社交媒体上发表不当言论、传播谣言等，需要班主任及时关注，进行引导和干预
7	其他突发事件	文艺演出、运动会、交通事故、动物入侵等发生的意外事件，需要班主任根据具体情况采取相应的应对措施

三、偶发事件的特点

偶发事件在班级管理中是一种常见的问题，会对学生的成长产生重要影响。深入了解偶发事件的特点，有助于我们更好地预防和解决这些问题，提高教育效果。

（一）成因的不确定性

偶发事件的出现往往在意料之外，教师很难预见具体是哪一位学生，会在哪一刻，哪一处，出现什么样的偶发事件。尤其是那些思想品质、行为习惯尚未定型的学生，他们常常会做出一些出乎意料的事情。就像美国心理学家J.D.斯托奇在他的著作《前瞻与现实的心理虚幻》中说："不要幻想所有的学生都是你眼中温顺的羔羊，很难想象一条大河中只有中规中矩的舒缓，没有湍急和咆哮会是什么样。"

在班级管理过程中，偶发事件主要发生在人际交往间。人际交往间的矛盾可能是师生之间的、同学之间的、学生与家长之间的，也可能是学生与社会上某些人之间的。起因或是一些始料不及的因素，或是某种已有矛盾的爆发，或是本已缓和的矛盾再次激化。比如教师

因素，教师是班级管理的主要负责人，他们的行为和态度对偶发事件的发生有重要影响。一些教师可能因为缺乏经验、管理能力或沟通技巧，而无法有效地处理班级中出现的问题。再如学生因素，学生是班级的主体，他们的行为和态度也会影响偶发事件的发生。一些学生可能存在行为问题、心理问题或家庭问题，这些问题可能导致他们在学校中出现异常行为。又如家长因素，也是影响偶发事件出现的重要因素，家长的态度和行为可能导致偶发事件的发生。例如，家长与教师的沟通不足，或者家长对孩子的教育方式不当，都可能导致孩子在学校中出现不良行为。这种情况下，我们是无法提前预测偶发事件发生的时间、过程和规模的。换言之，偶发事件的发生是难以避免的。这也就体现了偶发事件的突然性特点。

（二）发生的突然性

偶发事件通常没有明显的征兆，突然发生，让教师和学生措手不及。正常情况下，偶发事件出现的机会极少，但一旦出现就是突然的、爆发性的、出人意料的。很可能是上一秒师生共同徜徉在知识的海洋，下一秒就要面对突如其来的"海上风暴"。也可能上一秒同学之间相处得还其乐融融，下一秒就会变得剑拔弩张。例如元旦联欢会上，同学们正在做抢凳子的游戏，原本轻松和谐的气氛，会突然因为两个同学之间的你争我夺而被打破，甚至大打出手，上演一出"闹剧"。这一事件的发生既是非常偶然的，又是出人意料的。

（三）影响的破坏性

一般来说，班主任开展班级教育活动是在预先计划的指导下，有条不紊、按部就班地进行的。而偶发事件则会打乱原有部署，使原本井井有条的教育活动无法按计划进行，活动的效果也会受到影响，甚至背道而驰。其具体破坏性如表2-9-2所示。

表 2-9-2　偶发事件影响的破坏性的具体表现

序号	表现	说明
1	对班级正常秩序的干扰	偶发事件的发生往往打破班级的正常教学秩序，影响学生的学习效果和班级的整体表现
2	对学生身心健康的伤害	各类偶发事件都可能给学生带来不同程度的身体和心理创伤，影响学生的健康成长
3	对班级凝聚力的破坏	偶发事件可能导致班级内的矛盾和冲突加剧，削弱班级的凝聚力和向心力
4	对教育工作者和学校形象的损害	处理不当的偶发事件可能导致家长和社会对教育工作者和学校产生不信任感，使其形象和声誉受损

（四）解决的紧迫性

偶发事件的发生具有时间上的紧迫性，很多偶发事件都是突然发生的，需要及时处理，否则可能会发生更严重的问题，如教育教学活动难以继续，学生心结难以打开，师生关系难以理顺等。

（五）作用的双重性

在班级管理的过程中，偶发事件的出现是一种常见的情况。这些事件，往往没有预兆，无法预测，却能在瞬间改变班级的氛围和动态。正因为其突发性和不可预测性，使许多班主任和教育工作者在面对这些偶发事件时感到困扰和挑战。然而，偶发事件并非只有负面的影响，它更是一把双刃剑，既有不利的一面，也包含着可以利用的机遇。

偶发事件常常会打破原有的教学计划，分散学生的注意力，甚至可能引发更大的问题，如冲突、恐慌或混乱。这些问题不仅增加了班级管理的难度，也给学生的身心健康带来潜在的威胁。然而，如果我们能换个角度看待这些偶发事件，就会发现它们实际上也是一些宝贵的机遇。一方面，偶发事件提供了了解学生的机会。例如，通过观察学生对某一偶发事件的反应，教师可以更好地理解他们的价值观、行为模式和情感需求。另一方面，偶发事件也可能成为学生教育和成长的契机。例如，面对一次突发状况，教师可以借机培养学生的应变能力、问题解决能力和团队协作精神等，这时教师的态度和行动对学生的影响要比在通常情况下的影响深刻许多，往往使学生刻骨铭心。正确处理偶发事件，把思想政治教育和解决实际问题结合起来，其产生的教育效果是空洞的说教所无法比拟的。

四、偶发事件的成因

在班级管理的日常实践中，偶发事件可能涉及学生的学习、生活、情感等各个方面，对班级的整体氛围和学生的个体发展都可能产生深远的影响。为了更好地理解和应对这些偶发事件，我们需要深入分析它们的成因。

（一）学生个体差异与心理特征

每个学生都是独特的个体，他们的性格、兴趣、爱好、价值观等都存在显著的差异，这种个体差异导致了学生在面对相同的情况时可能会有不同的反应。例如，有些学生可能比较敏感，容易受到他人的影响，而有些学生则可能比较独立，能够很好地处理自己的问题。此外，学生的心理特征，如情绪稳定性、自我控制能力等，也会对偶发事件的产生起到重要作用。

（二）家庭环境与社会背景

家庭环境和社会背景是影响学生行为和心理的重要因素。家庭氛围、父母的教育方式、家庭经济状况等都可能对学生的行为和心理产生深远的影响。同时，社会上的各种信息、价值观等也可能对学生的心理和行为产生冲击。例如，家庭关系的紧张可能导致学生在学校中出现行为问题，社会上的不良信息可能诱导学生产生不良行为等。

（三）学校管理与教育政策

学校的管理和教育政策也会对班级管理产生影响。学校的课程设置、作息时间、考试制度等都可能对学生的学习和生活产生影响。如果学校的管理和教育政策不够合理或者执行不够到位，就可能导致一些偶发事件的发生。例如，考试压力过大可能导致学生出现焦虑、抑郁等心理问题；作息时间不合理可能导致学生身体健康出现问题等。

（四）师生关系与生生关系

师生关系和生生关系是班级管理中不可忽视的因素。如果师生关系紧张或者生生之间存在矛盾，就可能导致一些冲突和事件的发生。同时，如果师生之间或者生生之间缺乏有效的沟通和交流，也可能导致一些误解和误会的产生，进而引发偶发事件。例如，教师对学生的误解可能导致学生产生逆反心理；学生之间的矛盾可能导致冲突甚至暴力事件等。

（五）环境因素与突发事件

环境因素和突发事件也是导致班级管理中偶发事件发生的重要原因。例如，自然环境的变化（如天气突变、自然灾害等）可能对学生的日常生活和学习产生影响；社会上的突发事件（如交通事故、公共卫生事件等）也可能对学生的心理和行为产生冲击。这些因素都可能成为班级管理中偶发事件的成因。

班级管理中偶发事件的成因是多方面的，包括学生个体差异、家庭和社会影响、学校管理和政策、师生关系和生生关系以及环境因素和突发事件等。为了更好地应对这些偶发事件，我们需要深入了解它们的成因，并采取相应的措施。例如，加强学生的心理健康教育、优化学校的管理和政策、加强师生之间的沟通和交流、提高学生对环境变化的适应能力等。只有这样，我们才能更好地促进班级管理的顺利进行，为学生的健康成长创造良好的环境。同时，我们也需要时刻保持警惕，及时发现并处理偶发事件，确保班级的稳定与和谐。

五、偶发事件的处理原则

偶发事件往往具有突发性、紧急性、不可预测性等特点，因此，处理偶发事件时需要遵循一定的原则，以确保事件得到妥善处理，维护班级的稳定和秩序。下面是处理班级管理偶发事件时应遵循的原则：

（一）教育性原则

教育性原则是处理班级管理偶发事件的核心原则。在处理过程中，教师应注重对学生进行思想教育、道德教育和心理教育，引导学生认识错误、纠正行为，培养学生的自我约束和自我管理能力。例如，当发生学生打架斗殴事件时，教师不仅要制止学生的暴力行为，还要深入了解事件的根源，通过耐心细致的教育，使学生认识到自己的错误，并学会以和平、理智的方式解决问题。

（二）公正性原则

在处理偶发事件时，教师应遵循公正性原则，公平对待每一个学生，不偏袒、不歧视。教师应全面了解事件的真相，客观公正地分析问题，确保处理结果的公正性。同时，教师还应尊重学生的个性和差异，根据每个学生的特点采取适当的处理方式。例如，在处理学生作弊事件时，教师应先了解事件的经过和证据，然后公正地判断学生的行为是否构成作弊，并根据学生的具体情况给予相应的教育和处罚。

（三）及时性原则

偶发事件往往需要及时处理，以避免事态扩大或对学生造成不良影响。因此，教师应遵循及时性原则，迅速做出反应，及时采取措施，确保事件得到及时解决。在处理过程中，教师应保持冷静、果断，根据实际情况采取合适的处理方式。例如，当发生学生突发疾病事件时，教师应立即采取措施，联系医务人员，确保学生得到及时救治。

（四）灵活性原则

由于偶发事件的不可预测性，处理过程中需要根据具体情况灵活应对。教师应根据事件的性质、学生的特点等因素，采取恰当的处理方式，确保处理效果的最优化。同时，教师还应善于总结经验教训，不断完善处理偶发事件的方法和策略。

（五）安全性原则

在处理偶发事件时，教师应确保学生的安全。教师应密切关注学生的身心状况，及时采取措施保护学生的安全，避免发生意外事件。同时，教师还应加强班级的安全管理，预防偶发事件的发生。例如，在发生校园欺凌事件时，教师应立即制止欺凌行为，保护受害学生的安全，并及时与家长、学校相关部门沟通协作，共同防范和杜绝欺凌事件的发生。

（六）保密性原则

对于一些涉及学生隐私的偶发事件，教师应遵循保密性原则。在处理过程中，教师应尊重学生的隐私权，避免泄露学生的个人信息或敏感信息。同时，教师还应加强学生的隐私保护教育，提高学生的隐私保护意识。例如，在处理学生早恋事件时，教师应尊重学生的隐私权和个人情感，避免在公共场合透露学生的私人信息。教师可以通过与学生私下沟通、提供心理辅导等方式，帮助学生正确处理情感问题，维护学生的心理健康。

总之，在处理班级偶发事件时，教师应遵循教育性、公正性、及时性、灵活性、安全性和保密性原则。这些原则相互关联、相互促进，共同构成了班级管理偶发事件处理的基本框架。通过遵循这些原则，教师可以更加有效地应对偶发事件，维护班级的稳定和秩序，促进学生的健康成长。同时，教师还应不断总结经验教训，反思处理过程中的不足和失误，不断提高自己的应对能力和管理水平。只有这样，教师才能更好地应对班级管理中的各种挑战和问题，为学生的全面发展创造良好的环境。

启智引航

今天天气格外好，中午我去校门外的商店买办公用品。回到办公室，一眼就瞅见了我班的小标同学。只见他满脸通红，两只小拳头紧紧地握着，怒目圆睁，看起来很愤怒。直觉告诉我：教室里肯定发生什么事了。还没等我开口，实习老师小杨马上向我汇报：你们班的学生在打架，我怎么也劝不了，这不，实在没办法，才把这个蛮不讲理的小家

伙叫进了办公室，他还特别理直气壮呢！我还被踢了几脚……

思考：如果你是这名班主任，面对学生打架这一偶发事件，你将会如何处理？

六、偶发事件的处理步骤

班主任作为班级的管理者和引导者，如何处理这些偶发事件，既考验班主任的教育智慧，也关系到班级的稳定和学生的健康成长。具体来说，处理偶发事件一般有这样几个步骤，如图2-9-1所示。

01	02	03	04	05	06	07
快速了解情况，明确事件性质	保持冷静，避免情绪化处理	与学生沟通，倾听双方意见	公正处理，维护学生权益	及时跟进，确保问题得到解决	总结经验教训，完善处理流程	加强预防工作，减少偶发事件发生概率

图 2-9-1 偶发事件的处理步骤

（一）快速了解情况，明确事件性质

当偶发事件发生时，班主任应迅速赶到现场，了解事件的来龙去脉。通过与当事人、目击者或其他知情者交流，获取事件的详细信息。同时，班主任还需要明确事件的性质，判断其是否属于偶发事件，以及事件的严重程度和影响范围。这有助于班主任制定针对性的处理方案。

（二）保持冷静，避免情绪化处理

面对偶发事件，班主任首先要做的是保持冷静。情绪化处理可能会导致事态进一步恶化，甚至对学生造成不良影响。班主任应稳定自己的情绪，用理智和客观的态度来处理事件。在与学生沟通时，也要引导他们保持冷静，避免情绪化行为。

（三）与学生沟通，倾听双方意见

在处理偶发事件时，班主任应与学生进行深入的沟通。听取学生的解释和看法，了解他们的想法和需求。同时，班主任也要耐心倾听双方的意见，确保自己能够全面了解事件的经过和双方的立场。在沟通过程中，班主任应注重引导学生以积极的态度解决问题，培养他们的自我约束和自我管理能力。

（四）公正处理，维护学生权益

在处理偶发事件时，班主任应遵循公正性原则，公平对待每一个学生。不应偏袒任何一

方，确保处理结果的公正性。同时，班主任还应维护学生的权益，尊重他们的人格尊严和隐私。在处理过程中，要注重保护学生的心理健康，避免对他们造成不必要的伤害。

（五）及时跟进，确保问题得到解决

处理完偶发事件后，班主任还应进行及时的跟进。观察学生的反应和表现，确保问题得到妥善解决。对于未能及时解决的问题或存在的后续问题，班主任应继续跟进并采取相应的措施加以解决。这有助于维护班级的稳定和秩序，促进学生的健康成长。

（六）总结经验教训，完善处理流程

每次处理完偶发事件后，班主任都应进行反思和总结。分析自己在处理过程中的得失和不足，以便在未来的工作中更加熟练地应对类似事件。同时，班主任还应与其他班主任或教育专家进行交流和学习，借鉴他们的经验和做法，不断完善自己的处理流程和方法。

（七）加强预防工作，减少偶发事件发生概率

除了及时处理偶发事件，班主任还应注重预防工作。通过加强班级管理、提高学生的自律意识、加强心理健康教育等方式，减少偶发事件发生概率。预防工作的重要性不言而喻，它能够为班级创造一个和谐、稳定的学习环境，促进学生的全面发展。

总之，处理班级管理中的偶发事件需要班主任具备冷静、公正、果断的品质和能力。同时，还要注重与学生沟通、维护学生权益、及时跟进和总结经验教训等。只有这样，才能更好地应对班级管理中的各种挑战和问题，为学生的健康成长提供有力保障。

七、偶发事件处理的注意事项

偶发事件处理时稍有不慎，就可能使问题复杂化，甚至造成严重后果。班主任处理偶发事件时，应注意以下几个方面：

（一）沉着冷静，控制局面

偶发事件因其突发和难以预料，常常令班主任措手不及。这就要求班主任不管在什么情况下，都要具有高度的自制力，能够沉着冷静，机智果断地应对，控制局势的发展，化解矛盾，使偶发事件向良好的方向发展转化。

（二）掌握分寸，谨慎行事

偶发事件发生后，班主任要及时了解事件发生的起因和经过。在处理时，一方面要以事实为依据，分清是非曲直，对错误的一方进行批评教育；另一方面要以《学生守则》和《学生日常行为规范》为准绳，注意教育的分寸，处理过程要有理、有礼、有节。既要让学生认识到自己的错误，又要保护学生的自尊心，切忌感情用事，简单粗暴，把本来并不复杂的问题搞得复杂化，甚至伤害学生的自尊心，导致事态扩大或恶化。

（三）注重教育，因势利导

偶发事件的出现，常常是由学生缺乏自律引起的。因此，在处理偶发事件时，班主任要抓住教育的契机，注重对学生的教育，用诚恳的态度和真挚的情感去感化学生，使学生真正认识到自己的错误，并自觉改正。切忌只图一时之快，简单粗暴地训斥学生，甚至挖苦、讽刺、体罚或变相体罚学生，这样不但不能解决问题，反而会使问题复杂化，给学生造成心灵上的伤害。

（四）认真总结，吸取教训

偶发事件虽然只是个别、孤立的事件，但班主任也应对其进行认真的总结、反思，从中吸取经验教训，以便更好地做好班级管理工作。一方面，班主任要通过总结，找出自己在班级管理工作中存在的漏洞和薄弱环节，及时进行弥补和强化，避免类似事件的再次发生；另一方面，班主任还要通过总结，找出自己在处理偶发事件中值得借鉴和发扬的良好做法，以便在今后的工作中继续运用和推广。

（五）深入调查，以理服人

学生中发生的偶发事件，情况往往十分复杂，班主任切忌在情况不明、是非不清的情况下妄下结论，草率处理。处理偶发事件的前提条件是深入调查，了解事件发生的真相，并以此为依据，分清是非曲直，对事件做出恰当的处理。深入调查，就是要全面了解偶发事件的来龙去脉，掌握事件发生的前因后果，把握事件的性质，在此基础上明确处理的原则和方法。只有对事件有全面深入的了解，才能避免处理时的片面性，使处理结果更趋合理。以理服人，就是班主任在深入调查的基础上，以事实为依据，以国家的法律、学校的规章制度为准则，对偶发事件进行公正合理的处理。在处理过程中，班主任要摆事实，讲道理，以理服人，使双方当事人都能心服口服，从而收到良好的教育效果。

（六）注重预防，防微杜渐

偶发事件虽然具有突发性、偶然性等特点，但并非无迹可寻，总有一些苗头或迹象。因此，班主任要增强工作的预见性和主动性，善于捕捉这些苗头或迹象，及时采取措施，将偶发事件消灭在萌芽状态。这就要求班主任要深入学生实际，了解学生的思想动态，及时发现和化解学生之间的矛盾和冲突；要善于观察和了解班级的动态变化，及时掌握各种偶发事件的苗头，以便发现问题，及时处理；要加强与家长的沟通，了解学生在家庭和社会中的表现，及时发现和纠正学生的不良行为。同时，班主任还要加强对学生进行法制教育和心理健康教育，增强学生的法制观念和自我调节能力，从而减少偶发事件的发生。

总之，处理偶发事件是一门艺术，它要求班主任既要有冷静沉着的头脑，又要有灵活应变的能力；既要有严父般的威严，又要有慈母般的爱心；既要有渊博的知识，又要有丰富的经验。只有这样，才能妥善处理偶发事件，把不利因素转化为有利因素，把坏事变成好事，从而推动班级管理工作的顺利开展。

📝 学以致用

针对材料十二，尽管教师和学校在事故发生后及时进行了处理，但最终还是发生了不愿意看到的情况，原因可能如下：

首先，小乐家长对于伤口处理的判断存在主观性和不确定性，没有采纳校医的建议去医院进行专业处理，这将影响伤口的愈合情况。

其次，双方在后续的沟通中，未充分理解彼此的立场和关切，导致赔偿金额和解决方案的分歧逐渐加大。

最后，当协商陷入僵局时，双方未能通过有效的方式解决分歧，最终导致法律诉讼。

对于这类事件，班主任应该采取以下处理措施：

（1）及时、公正处理。确保事故发生后，能迅速、公正地处理现场，及时救治受伤学生，并通知相关家长和领导。

（2）深入沟通。积极与家长、学生进行深入沟通，了解他们的需求和关切，确保信息畅通，减少误解。

（3）协调资源。在事故处理过程中，积极协调学校、家长和相关部门的资源，为受伤学生提供必要的帮助和支持。

（4）明确责任。在事故处理过程中，明确各方责任，避免责任推诿和纠纷升级。

（5）预防再发生。事故处理完毕后，班主任应总结经验教训，加强安全教育和管理，预防类似事故再次发生。

此外，班主任还可以寻求专业法律人士的帮助，确保在处理事故过程中，能够遵循相关法律法规，维护各方权益。同时，也要注重人文关怀，关心受伤学生的身心健康，帮助他们尽快恢复。

📋 任务检测

一、材料分析

1.阅读下面的案例，请结合偶发事件的处理原则、方法等制定一个应对方案，要求方法得当、有创意。

开学第四周的周一，我刚兴冲冲地到学校，年级组长就告知校长找我有事。听他的口气，事情好像还比较严重。我心里一沉，开学才几周，能有什么事情如此惊扰校长呢？拖着沉重的步伐走出校长室时，我仍然无法相信，这件事竟然会出自我班两位女生之手——偷其他班级同学的学习用品，严重程度几乎可以用"洗劫一空"来形容。原来，上一周的周五，六年级学生外出看电影时教室门开着，而学生的书包等学习用品全都放在教室。放学后，我们班两位女生恬恬、芳芳趁隔壁六年级（6）班的学生还没有回来之际进入他班教室，几乎将全班学生的笔、修正液、橡皮甚至钱都占为己有。做完这一切回到教室时，适逢同班两位女同学在做作业还没有走，于是她们便拿出一些送给这两位女生。虽然恬恬、芳芳什么也没说，但那两位女生却感到此举不符合她们一贯的行事风格。周末时，听说六年级同学丢东西的事情，再联想到恬恬、芳芳的举动，两位女生感觉这两件事之间可能会有一定的关联。到了周一，她俩早早来到学校，将这一线索告诉了正在值班的校长……

2.近年来，全国各地中小学生出走事件时有发生，且年龄呈下降趋势。学生出走给家长、班主任和学校都造成了很大的困扰，带来了诸多负面影响，成为社会各界关注的焦点。学生出走之后班主任该如何应对呢？

2023年2月8日傍晚，高新区公安分局湘江大道派出所陆续接到4名家长焦急的求助——自己的孩子走失，家里、学校都没有踪影。民警了解到，4个孩子均为9岁，且是同班同学。根据信息民警初步判断，4个孩子可能是由于某些原因和家长闹别扭而相约离家出走的。

2022年8月22日22时，城东派出所接到群众报警称，三年级小学生阿福（化名）因为沉迷游戏被父母责骂，于当日晚间8时离家出走。父母动用所有社会关系，并在社交平台发布多条信息寻人，均无所获。眼看夜色已深，孩子安危不详，父母焦急万分。

民警接到报警后，立即展开走访，并运用侦查技术不断缩小查找范围，于8月23日3时21分在某酒店找到了阿福。民警耐心劝说阿福好好读书，警惕与社会人员交往的风险，并把他安全送回父母身边。

怎样找回出走的学生	学生回来了，老师怎么办	学生出走的应对措施及预防措施

二、实践应用

回顾自己的求学生涯，想一想你的班主任是怎么处理偶发事件的？将其过程整理成教育故事，进行简单评析并与同学分享。

任务十　开展班队活动

名人语录

在活动中学习，是儿童发展的真正途径。

——陶行知

学校作为高尚的道德和文明的策源地，如果没有集体丰富而多方面的精神生活，那是不可思议的。

——苏霍姆林斯基

情境导入

【材料十三】 崔老师是一位优秀的小学班主任，在他所带的班级中，六年共开展了下列有代表性的、丰富多彩的班队活动：班干部竞选、班级布置、批评与自我批评会、课外阅读、文艺联欢、游园活动、文艺比赛、养蝌蚪、科技制作、跳绳比赛、足球比赛、象棋联赛、制作书签、乡俗调查、社区服务、讲座、报告、观影、参观访问等。这些活动不仅丰富了学生的生活，而且成为他们成长过程中宝贵的基石和不能磨灭的记忆。

思考：案例中的崔老师开展的班队活动都有什么类型？在开展这些班队活动过程中应该遵循哪些原则？

学习目标

1. 了解班队活动的类型，理解班队活动在学生成长过程中的作用，能够设计与实施不同类型的班队活动。

2. 在分析典型案例和班队活动方案的过程中，理解组织班队活动的原则，提升驾驭班级活动的综合能力。

3. 在师生互动、生生互动过程中，加深对班主任工作的理解和认同，树立职业责任感、使命感。

知识储备

班队活动，是小学教育中的一种常见的教育途径，也是儿童教育生活的重要组成部分。

我们在进行班队活动的设计和组织时,要追求教育结果,关注班队活动的趣味性,关注班队活动能否促进学生的发展,可从学生的现实生活中寻找班队主题。

一、班队活动的概念

班队活动指的是在班主任的指导下,由班级干部领导、组织、开展的班级性活动。这种活动通常以学生为中心,旨在促进学生的全面发展,包括学业、道德、体育、艺术和社会技能等方面。

二、班队活动的意义

班队活动的意义是多方面的,不仅对学生的个人成长有积极的影响,也对班级集体的发展起着重要的作用。

（一）班队活动有助于提高学生的认知能力

通过参与各种活动,学生可以接触到更多的知识和信息,拓宽视野,增强对世界的认知和理解。班队活动可以涵盖各种主题,如环保、文化、历史等。通过这些主题活动,学生可以学到课本以外的知识,拓宽自己的知识面和视野。而这种多元化的学习体验有助于他们更好地理解世界,提高自己的认知能力。在班队活动开展的过程中,通过组织各种团队活动,如小组项目、角色扮演游戏或团队竞赛,学生可以学会与他人合作,提高沟通技巧,理解团队中每个成员的角色和重要性。这种团队协作和沟通能力对于日常生活中的问题解决和决策制定都非常重要。此外,科学合理的班队活动还可以培养学生良好的情绪管理和应对压力的能力：在班队活动中,学生可能会面临各种情绪和挑战,如失败、失望、压力等。通过参与这些活动,他们可以学会如何管理自己的情绪,如何应对压力和挑战。这种情绪管理和应对压力的能力对于他们的心理健康和未来生活都非常重要。

（二）班队活动能够提高学生的实践能力

许多班队活动需要学生亲自动手,如制作手工艺品、组织小型展览、进行科学实验等。这些活动不仅要求学生有创新思维,还需要他们亲自动手实践,从而培养了他们的动手能力。

此外,一些班队活动有时会涉及一些社会实践活动,如社区服务、环保活动等。通过这些活动,学生可以更好地了解社会,增强自己的社会适应能力。当遇到一些挑战或者挫折时,学生可以锻炼解决问题的能力,学会如何应对挑战。

与理论学习相比,班队活动为学生提供了更多的实践机会。这些实践经验可以帮助学生更好地理解和应用所学知识,为未来的学习和工作积累宝贵的经验。

（三）班队活动有助于培养学生的良好个性

通过参与班队活动,学生有机会展示自己的才能和技能,从而增强自信心。无论是成功还是失败,这些经历都能帮助学生建立自信,相信自己有能力面对各种挑战,培养自信心,塑造积极心态,形成乐观、向上的心态,对未来充满希望和期待。同时,在班队活动中,学生通常需要承担一定的责任和任务，通过完成这些任务，学生可以学会为自己的行为负责，增强责任感。这种责任感不仅在学校生活中很重要，也对未来的职业生涯有着深远的影响。此外，班队活动经常涉及团队合作和互动，这要求学生学会关心和理解他人。在这样的环境中，学生更容易培养出同理心，学会站在他人的角度思考问题，关心他人的感受。

总的来说，班队活动是学校教育中不可或缺的一部分，它不仅可以促进学生的个人成长，也可以推动班集体的发展。因此，班主任应该充分重视班队活动的组织和实施，为学生提供更多的发展机会和空间。

三、班队活动设计的原则

各种班队活动的目标、内容、方法、形式虽然不尽相同，但要保证活动质量和效果，就要遵循一些共性的要求，以保证班队活动达到预期效果。在设计班队活动时，应该遵循以下几点原则：

（一）目的性原则

班队活动设计的目的性原则指的是在设计班队活动时，要有一个明确的目的或目标，确保活动能够有针对性地促进学生的全面发展。这个原则强调了活动的目的性和针对性，要求活动的设计和实施都要紧密围绕目标展开，以实现预期的效果。在实际操作中，目的性原则的应用可以通过四个方面来体现，具体如表2-10-1所示。

表2-10-1 目的性原则的应用内容

序号	具体内容	解释说明
1	明确活动目标	设计班队活动时，首先要明确活动的目标是什么，希望通过活动达到什么样的效果。这些目标可以是针对学生德育、智育、体育、美育等方面的培养，也可以是针对班级管理和集体建设的需要
2	围绕目标设计活动	明确了活动目标后，就需要根据目标来设计活动的具体内容和形式。活动的设计要紧密围绕目标展开，确保每一项活动都能够有效地促进目标的实现
3	活动过程中的引导	活动实施过程中，班主任或组织者要时刻关注活动的进展情况，确保活动能够按照预设的目标进行。同时，还要根据学生的实际情况和反应，及时调整活动策略，确保活动能够达到预期效果
4	活动结束后的总结评估	活动结束后，要对活动进行总结评估，看看活动是否达到了预期的目标，取得了什么样的效果。同时，还要反思活动的不足之处，为今后的活动设计提供经验和教训

总之，班队活动设计的目的性原则要求我们在设计活动时要有明确的目标和针对性，确保活动能够有效地促进学生的全面发展。同时，还需要在活动实施过程中进行有效的引导和总结评估，以确保活动目标的实现。

（二）针对性原则

班队活动设计的针对性原则强调活动应针对学生的实际情况和需求，以及班级的具体问题和目标进行设计和实施。这意味着在设计班队活动时，需要充分考虑学生的年龄、兴趣、能力等因素,以及班级当前的问题和挑战,确保活动能够切实解决学生的实际问题,满足他们的成长需求。

在实际操作中,班队活动设计的针对性原则可以通过以下几个方面来体现:

(1)针对学生的特点和需求设计活动。在设计班队活动时,要充分考虑学生的年龄、兴趣、能力等因素。例如,对于低年级的学生,可以设计一些游戏化的活动,以激发他们的参与热情;对于高年级的学生,则可以设计一些更具挑战性、更有深度的活动,以促进他们的思维发展。

(2)针对班级的问题和挑战设计活动。班级在活动中可能会面临各种各样的问题和挑战,如学习氛围不佳、学生纪律问题等。在设计班队活动时,可以针对这些问题和挑战设计相应的活动,以帮助学生改善学习环境、提高纪律意识等。

(3)个性化辅导和关注。在活动过程中,针对学生的个体差异和需求,提供个性化的辅导和关注。例如,对于某些在学习或情感上遇到困难的学生,可以设计一些专门的辅导活动或提供心理支持,帮助他们克服困难,实现全面发展。

总之,班队活动设计的针对性原则要求我们在设计活动时充分考虑学生的实际情况和需求,以及班级的具体问题和目标。通过针对性的活动设计,我们可以更好地满足学生的成长需求,帮助他们解决实际问题,促进班级的和谐与发展。

(三)多样性原则

班队活动设计的多样性原则强调的是活动的形式和内容要丰富多样,以满足不同学生的兴趣和需求,激发他们的参与热情,促进他们的全面发展。这一原则体现了教育的多元化和个性化要求,有助于培养学生的创新精神和实践能力。在实际操作中,班队活动设计的多样性原则可以通过如图2-10-1所示的几个方面来体现。

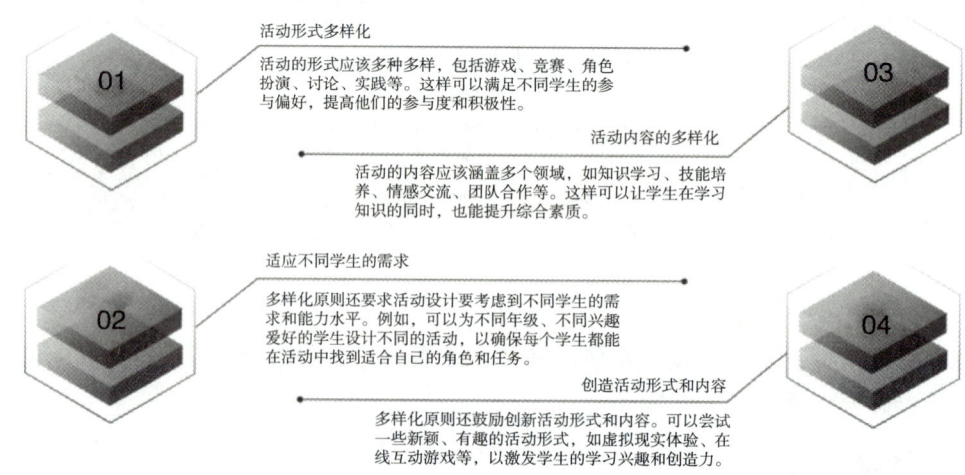

图 2-10-1　班队活动的多样性体现

总之,班队活动设计的多样化原则要求我们在设计活动时充分考虑学生的兴趣和需求,创新活动形式和内容,以提供丰富多样的活动选择。这样可以更好地激发学生的参与热情,促进他们的全面发展。同时,多样化原则也有助于培养学生的创新精神和实践能力,为他们的未来发展打下坚实的基础。

(四)易操作性原则

班队活动设计的易操作性原则强调活动的实施过程要简单明了,易于理解和操作,以便学生能够快速参与并享受活动的乐趣,这一原则对于确保活动的顺利进行和提高学生的参与度至关重要。在实际操作中,班队活动设计的易操作性原则可以通过以下几个方面来体现:

(1)活动规则简洁明了。活动的规则应该简单易懂,避免过于复杂或烦琐。班主任或组织者应该在活动前清晰地解释规则,确保每个学生都能理解并快速参与。

(2)活动材料易于准备。活动所需的材料应该易于准备和获取,避免给学生或组织者带来不必要的麻烦。同时,材料的种类和数量也要适度,以免增加活动的复杂度。

(3)活动时间安排合理。活动的时间安排应该合理,避免过长或过短。活动时间过长可能导致学生疲劳或失去兴趣,而时间过短则可能无法充分展示活动的效果。

(4)适应不同学生的能力水平。易操作性原则还要求活动能适应不同学生的能力水平。对于一些难度较大的活动,可以设计不同的层次或难度级别,以满足不同学生的挑战需求。

总之,班队活动设计的易操作性原则要求我们在设计活动时注重规则的简洁明了、步骤的清晰有序、材料的易于准备、时间安排的合理以及适应不同学生的能力水平。通过遵循这个原则,可以确保活动的顺利进行和提高学生的参与度,从而让每个学生都能从中受益。

(五)创造性原则

班队活动设计的创造性原则强调活动应具有创新性和独特性,能够激发学生的创造力和想象力,促进他们的个性发展。这一原则体现了教育对于培养学生创新精神和实践能力的高度重视。在实际操作中,班队活动设计的创造性原则可以通过以下几个方面来体现:

(1)鼓励创新思维。班队活动应鼓励学生发挥想象力,提出新颖的点子和创意。组织者可以设立创意奖项,表彰在活动中表现出色的创意作品或想法,以激发学生的创造欲望。

(2)提供创造空间。班队活动应为学生提供足够的创造空间,允许他们自由发挥、尝试和探索。组织者可以设置开放性的任务或问题,让学生在解决问题的过程中展现自己的创造力。

(3)整合跨学科知识。班队活动可以整合不同学科的知识和技能,让学生在跨学科的学习中发掘新的创意和灵感。例如,可以结合科学、艺术、文学等多个领域的知识,设计综合性的活动项目。

(4)引入现代科技。利用现代科技手段,如虚拟现实、人工智能等,为班队活动注入新的活力。这些技术手段可以为学生提供更丰富的创造工具和平台,促进他们的创新实践。

总之,班队活动设计的创造性原则要求我们在设计活动时注重培养学生的创新思维和想象力,提供创造空间,整合跨学科知识,引入现代科技手段,并培养批判性思维。通过遵循这个原则,可以激发学生的创造力,促进他们的个性发展,为培养具有创新精神和实践能力的人才奠定基础。

小学班主任工作

（六）时代性原则

班队活动应与时俱进，反映时代特点和要求。在活动设计中可以引入一些与时代发展紧密相关的元素，如科技应用、环保理念、社会责任等，让学生更好地了解和适应时代的发展。

班队活动设计的时代性原则强调活动应与时俱进，紧密结合当代社会的发展趋势和时代特征，使活动内容具有时代感和前瞻性。这样的设计有助于学生更好地了解社会、适应未来，并培养他们的创新精神和实践能力。

在实际操作中，班队活动设计的时代性原则可以通过以下几个方面来体现：

（1）关注时事热点。班队活动可以围绕当前的时事热点展开，引导学生关注国家大事和社会问题。例如，可以组织讨论会或辩论赛，让学生就热门话题发表自己的观点和看法，培养他们的思辨能力和社会责任感。

（2）引入科技元素。随着科技的快速发展，班队活动可以引入各种科技元素，如人工智能、虚拟现实等，为学生提供更加丰富多样的学习体验。这不仅可以激发学生的学习兴趣，还能培养他们的科技素养和创新能力。

（3）培养职业素养。结合当代社会对人才的需求，班队活动可以设计一些具有职业素养培养元素的任务或项目。例如，可以模拟职场环境，组织学生进行职业规划、团队合作等实践活动，帮助他们提前了解职场文化，提升职业素养。

（4）强调环保与可持续发展。面对日益严重的环境问题，班队活动可以强调环保和可持续发展的重要性。例如，可以组织环保主题的活动，如垃圾分类、节能减排等，引导学生关注环境问题，培养他们的环保意识和责任感。

总之，班队活动设计的时代性原则要求我们在设计活动时紧密结合当今社会的发展趋势和时代特征。通过关注时事热点、引入科技元素、培养职业素养、强调环保与可持续发展以及促进跨文化交流等方式，可以使班队活动具有时代感和前瞻性，帮助学生更好地适应未来社会的发展需求。

以上这些原则在班队活动的设计中应相互补充、相互支持，以确保活动的有效性和吸引力。同时，也要根据具体情况灵活调整和应用这些原则，以满足不同班级和学生的需求。

四、班队活动实施步骤

凡事预则立不预则废，班主任了解组织和开展班队活动的步骤能使班队活动的效果事半功倍。

（一）确定主题和目标

首先，班主任或组织者需要思考本次班队活动想要达到的目的和效果。这可以基于班级当前的状况、学生的需求或即将到来的特殊日子（如节日、考试周等）来确定。例如，如果班级最近学习氛围不够浓厚，可以选择"提升学习氛围"作为主题；如果学生之间缺乏交流，可以选择"增进同学之间的友谊"作为目标。

在确定主题和目标时，建议与班级其他老师或学生代表进行沟通，以确保活动能够满足大多数人的期望。

（二）策划活动内容

根据确定的主题和目标，策划一系列与之相关的活动。例如，如果目标是提升学习氛围，可以设计一些学习竞赛、经验分享会或学习技巧讲座等；如果目标是增进友谊，可以组织一些团队合作游戏、才艺展示或生日庆祝会等。同时，要注意活动的多样性和趣味性，以吸引不同兴趣和性格的学生参与。此外，还要确保活动的顺序和流程合理，使整个班会活动紧凑而有序。

（三）确定时间和地点

选择一个适合大多数学生参加的时间和地点。时间最好避开上课时间和重要考试，以免影响学生的正常学习。地点则要根据活动的内容和规模来确定，确保场地足够容纳所有参与者，并符合活动需求（如音响设备、舞台等）。

（四）准备所需物资

根据策划的活动内容，提前准备好所需的物资。例如，如果需要音响设备来播放背景音乐或进行演讲，就要提前检查设备是否正常运行；如果需要道具来进行游戏或展示，就要提前准备好足够的道具；如果需要奖品来激励学生的参与，就要提前准备好奖品并妥善保管。

（五）通知参与者

通过班级群、公告栏或口头通知等方式，提前告知学生关于班会活动的相关信息。通知内容应包括时间、地点、主题、活动内容和参与方式等。为了确保所有学生都能收到通知，建议采用多种方式进行发布。

（六）活动实施

在活动当天，按照事先策划好的流程进行活动。首先，进行简短的开场白，介绍活动的主题和目的；其次，按照顺序进行各项活动；最后，进行简短的总结和评价。在活动过程中，要注意维持秩序和安全，确保所有学生都能积极参与并享受其中。

（七）总结与反馈

活动结束后，及时对本次班队活动进行总结和反思。回顾活动的亮点和不足，分析原因并提出改进措施。同时，收集学生的反馈意见，了解他们对活动的看法和建议。这些信息可以作为未来班队活动改进的参考依据。

五、不同类型的班队活动

班队活动是班集体形成和发展的生命线，班主任在实际工作过程中，要充分研究不同类型的班队活动的组织与开展，使班队活动不流于形式，能真正促进学生成长。下面简单介绍几种常见班队活动的设计与实施。

（一）班级活动

1. 班级例会

班级例会是一种固定班级会议制度，通常规定多长时间召开一次，是学校中各个班级定期召开的会议。在班级例会上，通常会讨论班级的日常事务、学习进度、活动安排等相关问题，以加强班级的组织管理和团队合作，提高班级凝聚力和学生参与度。班级例会旨在促进班级内的信息传达与交流，协调班内外事务，同时也是学生增加对班级事务的了解、发表意见或者提出建议的重要机会。

通过班级例会的开展，可以有效提高班级的组织、协调、合作等综合能力，推动班级的整体发展。班级例会为学生们提供了一个平台，使他们能够参与到班级事务的讨论和决策中，增强他们的责任感和归属感。同时，班级例会也有助于培养学生的沟通能力、团队协作能力和解决问题的能力，为他们的未来发展打下坚实的基础。

班级例会，作为学校教育体系中的一项重要制度，具有其独特的特点，它不仅是一个简单的会议形式，更是班级管理、学生教育和集体成长的重要平台。具体来说，班级例会具有周期性、综合性、互动性和计划性的特点，如表2-10-2所示。

表 2-10-2　班级例会的特点

序号	特点	解释说明
1	周期性	班级例会通常按照一定的周期和规律进行，如每周、每两周或每月一次。这种周期性和规律性的特点使班级例会成为班级生活的重要组成部分，为班级事务的处理和班级文化的塑造提供了稳定的框架。周期性的班会有助于学生养成定期参与、关注和关心班级事务的习惯，培养他们的责任感和集体荣誉感。同时，定期的班级例会也有助于班主任及时了解和掌握班级的动态，从而更好地进行班级管理和指导
2	综合性	班级例会的议题和内容通常涉及班级管理的各个方面，包括学习、纪律、活动、卫生等。这种综合性的特点使班级例会成为一个综合性的管理平台，为班级的整体发展和学生的全面成长提供了有力的支持。通过班级例会，学生可以全面了解班级的各项事务和安排，从而更好地规划自己的学习和生活。同时，班级例会也为班主任提供了一个全面了解学生需求和意见的机会，有助于他们更好地制定班级管理策略和指导方案
3	互动性	班级例会鼓励学生的积极参与和互动，允许他们分享经验、提出问题、讨论解决方案。这种互动性和参与性的特点使班级例会成为一个充满活力和创造力的交流平台，为班级内部的合作和成长提供了有力的支持。通过班级例会的互动和参与，学生可以锻炼自己的沟通能力、团队协作能力和解决问题的能力，为未来的学习和生活打下坚实的基础。同时，班级例会的互动性和参与性也有助于增强班级的凝聚力和向心力，促进班级内部的和谐与稳定
4	计划性	班级例会不仅是对过去一段时间班级工作的总结和反思，更是对未来工作的规划和展望。这种计划性的特点使班级例会成为一个有明确方向和目标的行动指南，为班级的整体发展和学生的个人成长提供了清晰的路径。通过班级例会的计划与目标制定，学生可以明确自己的学习任务和方向，更好地规划自己的学习和生活。同时，班级例会的计划性和目标性也有助于班主任更好地掌握班级的发展动态和方向，从而更有针对性地进行班级管理和指导

2. 主题班会

主题班会是指在班主任的指导下，由班委会组织领导开展的一种自我教育、自我管理和自我服务的班级活动。它围绕一个特定的主题，通过演讲、讨论、表演、游戏等多种形式，让学生在参与中体验、感悟、学习和成长。主题班会具有明确的目的性和计划性，旨在解决班级内部存在的问题，提升学生的综合素质，对于班级管理和学生教育具有重要的意义。

（1）主题班会的特点。

主题班会是一种主题鲜明、实践性强的教育活动，其特点如图2-10-2所示。

1 针对性强
主题班会围绕一个特定的主题展开，针对班级内部存在的问题或学生的实际需求，进行有针对性的教育和引导。这种针对性的特点使主题班会能够更加贴近学生的实际生活和学习需求，提高教育的实效性。

2 形式多样
主题班会可以采用演讲、讨论、表演、游戏等多种形式，让学生在轻松愉快的氛围中参与活动，体验学习的乐趣。这种多样化的形式有助于激发学生的学习兴趣和积极性，提高他们的参与度和获得感。

3 互动性强
主题班会鼓励学生的积极参与和互动，允许他们分享经验、提出问题、讨论解决方案。这种互动性的特点有助于培养学生的沟通能力、团队协作能力和解决问题的能力，促进班级内部的合作和成长。

4 教育意义深远
主题班会不仅是一次班级活动，更是一种有效的教育手段。通过主题班会，学生可以深入了解社会热点、时事政治、历史文化等方面的知识，拓宽视野，增强社会责任感。同时，主题班会也有助于培养学生的道德情感、审美情趣和人文素养，促进他们的全面发展。

图 2-10-2　主题班会的特点

（2）确定班会的主题。

主题班会是学校教育中的一项重要活动，它不仅是学生们交流思想、增进友谊的平台，更是班主任进行德育教育的有效手段。一个成功的主题班会，其主题的选择至关重要。那么，如何确定一个有效、有意义且能够吸引学生的主题呢？可以参考以下几个因素：

①深入了解班级需求。确定主题班会的主题，首先要深入了解班级的整体情况。这包括学生的年龄、性格、兴趣爱好、学习状况、社交技能、道德观念、价值观等方面。班主任可以通过与学生交流、观察他们的日常行为、收集他们的意见和建议等方式，全面了解班级的需求和期望。这样，才能确保所选择的主题能够真正满足学生的需求，激发他们的参与热情。

②结合时事热点和社会现象。主题班会也可以结合当前的时事热点或社会现象来确定主题。这种方式不仅可以吸引学生的注意力，还可以帮助他们了解并思考现实世界中的问题，提高他们的社会责任感和公民意识。例如，可以选择关于环保、社会公正、科技发展、网络安全等话题，引导学生进行深入讨论和思考。

③反映教育目标和德育要求。主题班会应该与班主任的教育目标和德育要求一致。班主任可以根据学校的教育目标和自己的德育理念，选择适合的主题。例如，如果教育目标是提高学生的批判性思维，那么可以选择一些需要学生进行深入分析和讨论的主题；如果德育要求是培养学生的团队合作精神，那么可以选择一些需要学生们共同合作完成任务的主题。

综上所述，确定班会主题是一个需要综合考虑多方面因素的过程。班主任需要深入了解班级需求、结合时事热点和社会现象、反映教育目标和德育要求，只有这样，才能确定一个有效、有意义且能够吸引学生的主题，为班级的教育和发展提供有力支持。

（3）撰写主题班会方案。

确定班会主题后，就可以着手撰写主题班会方案了，一般包括这样几个内容，分别是设计背景、活动目标、活动形式、内容规划、物资准备、活动实施、活动反思等（图2-10-3）。

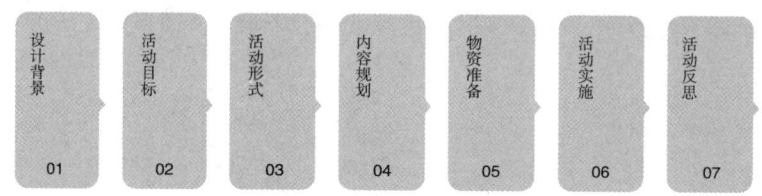

图2-10-3　主题班会方案的内容

①设计背景。

这个部分是由班主任介绍主题班会设计实施的背景。换句话说，回答的是为什么要开展这次班会活动的问题。活动背景的介绍包括对主题班会所要干预的问题的陈述，选择本次活动的理论依据，以及对学生年龄特征的分析。介绍活动背景很像学科教师在观摩课中的学情分析。

②活动目标。

该部分内容是主题班会目的的具体化，是主题班会实施后要达到的具体效果。活动目标可分为主题班会的总体目标和主题班会的具体目标。总体目标是主题班会要达到的宏观教育效果，而具体目标则是主题班会所形成的更为清晰的、可以量化的学生态度和行为改变。例如，常见的"感恩父母"主题班会，总体目标可表述为"通过主题班会让学生体会和感悟父母的养育之恩，滋养学生的感恩情怀和关爱品质"；具体目标可表述为"让学生形成回报父母的观念，树立回报父母从小事开始、从身边细节开始的意识"。

③活动形式。

小学主题班会的形式丰富多样，教师可以依据学生的实际情况和预期达到的目标，选择合适的活动形式。例如，主题班会活动形式多种多样，可以根据班会主题和学生的实际情况进行选择和设计。下面是一些常见的主题班会活动形式：A.专题讨论会。针对某一主题或问题，组织学生进行深入讨论，发表个人见解，培养学生的思辨能力和表达能力；B.演讲会。提前确定主题，让学生准备演讲稿，进行演讲展示，以此提高学生的口头表达能力，增强学生的自信心；C.知识竞赛。组织各种知识竞赛，如答题比赛、知识问答等，旨在拓宽学生的知识面，增强学生的学习兴趣；D.才艺展示。鼓励学生展示自己的才艺，如唱歌、跳舞、绘画、乐器演奏等，培养学生的艺术兴趣和创造力；E.角色扮演。根据班会主题，设定场景和角色，让学生扮演不同的角色进行表演，旨在培养学生的合作能力和表演技巧；F.主题分享。邀请学生或老师分享自己的经历、故事或心得体会，激发学生的共鸣，促进情感交流；G.辩论会。设定辩论主题，让学生分成正反两方进行辩论，培养学生的思辨能力和逻辑思维能力；H.影视观赏。选择一部与班会主题相关的影片或纪录片进行观赏，并组织讨论，让学生从影视作品中获得启示等。这些活动形式可以根据班会主题和学生的特点进行选择和组合，以开展一个既有趣又有教育意义的主题班会。

④内容规划。

根据主题，制定详细的内容规划，包括活动时间和地点、开场白、主题介绍、主要活动、讨论环节、总结等。每个环节都要有明确的目标和内容，确保班会内容的连贯性和完整性，保证班会的紧凑性和高效性。

⑤物资准备。

提前准备所需的道具、设备、场地等资源。确保班会的顺利进行和活动的有效实施。同时，要注重资源的节约和环保，培养学生的节约意识和环保意识。

⑥活动实施。

在进行了完善设计的基础上，就可以召开主题班会了，在实施过程中，班主任要全程参与，适时放手，负责倾听、观察、指导、鼓励以及应对突发事件。

⑦活动反思。

反思是在主题班会的结尾由班主任和学生共同总结对班会的体悟。组织学生一起对活动的方案设计、实施过程、取得效果进行评价，总结班会的成功之处和不足之处，分析原因并提出改进措施，对主题进行深化和提升。

撰写一份深入全面的主题班会方案是一项重要而富有挑战性的任务。通过明确班会目的与主题、设计精彩纷呈的内容与流程、充分准备资源与分工合作、科学评估效果与总结反思等步骤，我们可以打造一份既具有教育意义又充满趣味性的班会方案。这样的方案不仅能够激发学生的参与热情和提高他们的综合素质，还能够为学校的德育教育工作注入新的活力和动力。

3. 文体活动

班级文体活动是指以班级为单位，通过各种文艺形式来组织或举办的课外文化活动，是班集体教育的经常性形式。这些活动通常以培养学生兴趣爱好、锻炼学生综合能力、促进学生身心健康为目的，同时也是加强班级团结与交流的有效方式。班级文体活动分为文艺活动和体育活动。

（1）文艺活动。

常见的班级文艺活动包括但不限于：文艺比赛、才艺展示、文艺晚会、朗诵比赛、戏剧表演等。这些活动通常由班级自行组织或由学校统一安排，通过学生自愿参与或班级选拔的形式进行。通过班级文艺活动，学生可以展示自己的才艺和个性，增强自信心和表达能力；同时，可以培养团队合作和组织协调能力，增强班级凝聚力和归属感。此外，这些活动还可

以丰富学生的校园生活，提供更多元化的成长空间，有助于学生的全面发展。在开展班级文艺活动的过程中，教师要鼓励学生自己创作、自己排练，提升学生的综合能力，促进学生之间的交往与合作。在开展班级活动时应该注意考虑以下几方面内容：

①注意活动的主题性。

开展文艺活动的目的是什么？是随便玩玩，还是为了丰富学生生活、为了培养学生能力？这是开展活动首先必须明确的问题。

一次文艺活动，如果既有知识性、思想性、趣味性，又能锻炼学生的意志，对学生的身心健康有良好影响，那么，这样的文艺活动就是比较成功的。学生在活动中得到乐趣，思想受到熏陶，在愉悦中接受教育，在欢乐中健康成长。例如，在举行"庆元旦"文艺联欢时，先布置好教室，在黑板上写好"元旦快乐"四个大字，把教室装饰得漂漂亮亮，充满节日气氛。活动时先由班干部致新年贺词，然后由学生们自己表演节目：说相声、讲笑话、唱歌、跳舞、猜谜语、讲故事等。这些活动既贴近学生生活，富有时代特点，同时展示了学生的风采，增强了他们的自豪感。

②注意活动的艺术性。

首先，要注意思想性与艺术性的统一。文艺活动要达到教育人、培养人的目的，就必须努力增强内容的艺术性。通过形象的、具体的内容和形式来表现主题，把思想性寓于艺术性之中，使观众在轻松愉快的气氛中受到教育。

其次，要注意情感性与艺术性的统一。文艺活动的艺术性还在于通过抒发感情，以情感人。例如，在庆"六一"活动中唱《娃哈哈》《没有共产党就没有新中国》，使人们感到中国共产党好。唱《祖国，我为你自豪》使人们感到祖国建设日新月异，蒸蒸日上。在教师节时唱《每当我轻轻走过你窗前》《长大后我就成了你》，会使人感受到教师辛勤耕耘、无私奉献的精神。这种情感性的内容使活动具有强烈的感染力。

最后，要注意知识性与艺术性的统一。文艺活动可以给人以知识。例如，歌曲《我的祖国》"一条大河波浪宽，风吹稻花香两岸……"唱出了祖国的美丽富饶，又使人知道了新中国成立前我国是一个半殖民地半封建的贫穷落后的国家，是中国共产党领导全国人民经过多年奋斗才赢得胜利，建立了新中国，使祖国面貌发生了翻天覆地的变化。"谁敢发动战争，谁就是千古罪人"，这是人人都懂得的道理。"愿亲人早日养好伤，再消灭敌人走上战场"，志愿军抗美援朝为的是谁呢？中国人民志愿军司令员彭德怀说过："抗美援朝就是保家卫国。"这些歌曲不仅唱出了雄壮的气势和高亢的热情，而且使学生懂得了许多道理。所以文艺活动的知识性也是其艺术性的表现之一。

③注重活动的群众性。

首先，活动的形式要具有群众性。我们常见的文艺活动形式有表演类、游戏类、竞赛类等。这些形式活泼，趣味性、形象性强，符合学生的年龄特点和心理特征，是深受学生喜欢的群众性活动形式。在文艺活动中，教师就要从内容和形式等方面努力增强群众性色彩。让广大学生积极参与设计、准备、组织活动过程。这样既能满足学生的兴趣和爱好，又能锻炼他们的能力、增强班级的凝聚力。

其次，活动的内容要具有群众性。由于大部分学生喜欢文艺活动，但并不是所有的文艺活动都适合每个学生参加。因此，要开展那些具有时代特点、对学生健康成长有影响，学生又力所能及的活动。例如，手抄报评比、朗诵比赛等既具有群众性又具有教育性的活动就非常适合学生开展。

④注重活动的开放性。

首先，要面向全体学生开展丰富多样的活动。通过丰富多样的文艺活动使每个学生都有展现自己才华的机会。例如，书法比赛可以让学生充分展示自己书法方面的才能；歌咏比赛可以使学生一展歌喉；舞蹈表演可以使学生在舞台上大显身手；故事大王比赛可以使学生提高自己的口头表达能力；棋类比赛可以锻炼学生的意志和毅力；板报比赛可以锻炼学生的绘画能力，提高学生的审美情趣；手抄报比赛可以开阔学生的知识视野……另外，也可以开展以小组或班级为单位的活动，如朗诵比赛、小品比赛、相声表演赛、话剧表演赛等。让每个学生都能从自己的兴趣爱好出发参与各项活动，从而得到锻炼和成长。学校或班级为了增强学生的集体主义观念，也可以举行一些集体活动，如广播操比赛、接力比赛等。

（2）体育活动。

班级体育活动是指以班级为单位，在体育教师的指导下，按照一定的计划和程序进行的体育活动。开展体育活动具有非常重要的意义，第一，通过各种体育活动的锻炼，可以提高学生的心肺功能、肌肉力量和身体柔韧性等，从而增强学生的身体素质。第二，通过系统的训练和比赛，学生可以掌握各种运动技能，提高运动水平，为未来的体育发展打下基础。第三，可以培养学生的团队协作精神：班级体育活动通常需要学生之间相互配合、协作完成，这可以培养学生的团队协作精神，增强班级的凝聚力。第四，可以促进学生的心理健康，适当的体育活动可以缓解学生的学习压力，提高学生的自信心和自我调节能力，促进学生的心理健康。

在开展班级体育活动的过程中，教师应依据学生的年龄特点、兴趣爱好，选择合适的体育项目，如足球、篮球、乒乓球等传统的体育项目，也可以开展趣味性的体育活动，如拔河、接力赛、跳绳等，但是在开展体育活动时，一定要确保安全，提前做好安全措施，如检查场地、器材的安全性，对学生进行安全教育，准备必要的救急药品等，以确保活动的顺利进行，防止发生安全事故。

4. 心理健康活动

班级心理健康活动是指针对班级学生开展的一系列旨在促进学生心理健康、提高心理素质和增强心理适应能力的活动，旨在让学生在轻松愉快的氛围中了解心理健康知识，提升自我认知，增强情绪管理能力，建立积极的人际关系，得到全面发展。

班级心理健康活动的主要目的是帮助学生更好地认识自己，理解自己的情绪和行为，学

会应对压力和挫折,培养积极向上的心态和生活态度。同时,通过活动,还可以增强学生的团队协作能力和沟通能力,促进班级内部的和谐与融洽。

在组织班级心理健康活动时,可以结合学生的年龄特点和心理需求,设计富有创意和趣味性的活动环节,以激发学生的学习兴趣和参与度。同时,还要注重活动的科学性和实效性,确保活动能够达到预期的目标和效果。

心理健康活动的形式多种多样,旨在通过不同的方式促进学生的心理健康和个人发展。下面是一些常见的心理健康活动形式:

(1)讲座和研讨会。

邀请心理健康专家、心理咨询师等为学生讲解心理健康知识,提供实用的建议和方法。讲座可以包括各种主题,如压力管理、情绪调节、人际关系处理等。

(2)心理游戏和团队建设活动。

通过心理游戏和团队建设活动,学生可以在轻松愉快的氛围中学习心理健康知识;同时,可以增强团队协作能力和沟通技巧。例如,大风吹、传递微笑、信任坠落等活动都可以帮助学生更好地理解和应对各种情绪和挑战。

(3)角色扮演和模拟情景。

通过角色扮演和模拟情景,学生可以模拟实际生活中可能遇到的情境,并学习如何应对这些情境。这种形式的活动可以帮助学生更好地理解自己的情绪和行为,提高自我认知和情绪管理能力。

(4)心理测试和自我评估。

通过心理测试和自我评估,学生可以了解自己的性格特点、情绪状态、压力水平等,从而更好地认识自己,找到适合自己的应对方法。这些测试可以包括性格测试、情绪测试、压力测试等。

这些活动可以根据学生的年龄特点和需求进行选择和调整,以确保活动的有效性和吸引力。同时,这些活动也可以与学校的课程体系相结合,作为心理健康教育的重要组成部分。

(二)少先队活动

少先队活动是在辅导员指导下,由少先队组织发起和组织领导,以少先队员为主体,快乐实践、快乐体验、快乐发展的群体性自我教育过程。活动是少先队的生命,少先队要以丰富多彩的活动吸引少先队员,将少先队员团结在少先队组织周围,使其接受教育和锻炼,健康成长。

1. 少先队活动的内容

少先队活动的内容主要有以下几方面:

(1)基础的共产主义教育:加强思想政治教育,帮助少年儿童树立革命理想,继承革命传统,培养共产主义道德品质。

（2）劳动教育：培养少先队员的劳动技能和劳动习惯，树立热爱劳动和为人民服务的思想。

（3）科学教育：引导少年儿童爱科学、学科学、用科学，为从事社会主义现代化建设和新技术革命做好准备。

（4）体育和美育活动：组织丰富多彩的体育、游戏和文化娱乐活动，活跃课外生活，以增强他们的体质，振奋他们的精神。

2. 少先队活动的形式

少先队活动的基本形式丰富多样（图2-10-4），具体介绍以下几种。

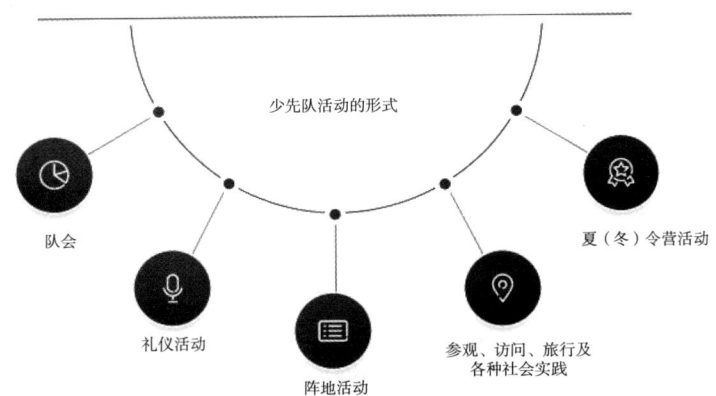

图 2-10-4　少先队活动的形式

（1）队会。队会是少先队组织的重要活动形式之一。大队会通常由全校少先队员参加，规模较大，主题鲜明，如"庆祝六一儿童节大队会"等。中队会则是由一个中队的少先队员参加，更加灵活多样，可以围绕学校生活、社会热点等开展讨论和交流。小队会则更加贴近少先队员的日常生活，可以在课余时间举行，讨论小队内部事务，交流学习心得等。此外，还有主题队会和即兴式队会，主题队会通常会围绕一个特定的主题展开，如"学习雷锋精神"等；即兴式队会则更加灵活自由，可以根据实际情况随时调整内容和形式。

（2）礼仪活动。少先队的礼仪活动主要包括升旗仪式、入队仪式、颁奖仪式等。升旗仪式是每个少先队员必须参加的，它不仅是对国旗的尊重，更是对祖国热爱和敬仰的体现。入队仪式则是新队员加入少先队的重要时刻，标志着他们正式成为少先队的一员。颁奖仪式则是对优秀少先队员进行表彰和鼓励的重要方式。

（3）阵地活动。阵地活动也是少先队活动的重要形式之一。少先队大队或中队会利用自己建设的专门阵地，如红领巾广播站、队报队刊、宣传栏等，开展各种形式的活动。例如，红领巾广播站可以定期播放少先队新闻、优秀队员事迹等内容，宣传队组织的理念和活动；队报队刊则可以发表少先队员的文章、绘画、摄影等作品，展示他们的才华和风采。

（4）参观、访问、旅行及各种社会实践也是少先队活动的重要组成部分。例如，组织

少先队员参观纪念馆、博物馆、科技馆等场所，让他们亲身感受祖国的历史和文化；访问社区、企业等地方，了解社会发展和职业特点；参加义务劳动、环保科普、慰问老人等社会实践活动，培养他们的社会责任感和公民意识。

（5）夏（冬）令营活动，也是少先队活动的一种重要形式。夏（冬）令营通常会在假期举行，组织少先队员到户外进行集体生活和参加各种有趣的活动，如野外生存训练、文化体验、团队建设等。这些活动不仅能够锻炼少先队员的身体素质，还能够增强他们的团队合作精神和提高独立生活的能力。

总之，通过这些丰富多彩的少先队活动不仅能够丰富少先队员的课余生活，还能够促进他们的全面发展和健康成长。

3. 少先队活动的实施

少先队活动作为学校教育中一项富有特色和创意的实践活动，对于培养少先队员的综合素质、促进其全面发展具有不可替代的重要作用。在开展少先队活动的过程中，可以从以下方面实施。

（1）预备部分：整理队伍，报告人数。

少先队活动的开始，总是伴随着整齐划一的队伍和清脆响亮的报告声。在这一阶段，中队长会首先向辅导员报告本中队的出席人数，确保所有队员都已到位。随后，各小队也会依次报告各自的人数，让整个活动在有序和规范的氛围中拉开序幕。

（2）正式部分：出旗、唱队歌、中队长讲话。

当队伍整理完毕，活动便正式进入主要环节。首先，伴随着激昂的鼓号声，全体队员肃立敬礼，目送队旗缓缓升起。这一过程不仅是对少先队员身份的认同和尊重，更是对爱国主义精神的弘扬和传承。

随后，指挥领唱队歌，队员们齐声高唱，歌声嘹亮，充满朝气和活力。队歌是少先队员的共同记忆，也是他们团结一心、共同奋斗的象征。

接着，中队长会走上台前，宣布本次活动的目的和意义，为接下来的活动做好铺垫。中队长的讲话通常言简意赅，富有感染力，能够激发队员们的参与热情。

（3）进行活动。

活动的具体内容和形式多种多样，可以根据不同的主题和目标进行设计和安排。例如，可以组织队员们进行知识竞赛、才艺展示、社会实践等活动，让他们在轻松愉快的氛围中学习知识、锻炼能力、提升素质。

在活动过程中，队员们需要充分发挥自己的主动性和创造性，积极参与其中，互相学习、互相帮助、共同进步。辅导员和老师们也会全程关注队员们的表现，及时给予指导和帮助，确保活动能够取得良好的效果。

（4）辅导员讲话。

活动结束后，辅导员会根据活动主题进行小结和点评。他们会对队员们的表现给予肯定和鼓励，同时也会指出存在的问题和不足，提出改进意见和建议。这一环节不仅是对活动成果的检验和总结，更是对队员们的一次深刻的教育和启发。

（5）呼号、退旗。

在辅导员的领呼下，全体队员共同呼号："准备着，为共产主义事业而奋斗！"队员们齐声回答："时刻准备着！"这一呼号声表达了少先队员们坚定的信念和决心，也标志着本次少先队活动的圆满结束；随后，鼓号齐奏，全体队员再次敬礼，目送队旗缓缓降下。这一环节不仅是对活动的结束仪式，更是对少先队员身份的再次确认和尊重。

总之，少先队活动的步骤虽然看似简单，但其中蕴含着丰富的教育内涵和深刻的意义。通过这一系列的步骤和环节，少先队员们不仅能够在实践中学习知识、锻炼能力，更能够培养集体荣誉感、爱国主义情感和社会主义信念。因此，我们应该高度重视少先队活动的开展和实施，为培养新时代的优秀少先队员而努力奋斗。

学以致用

材料十三中崔老师开展的班级活动丰富多彩，活动属于不同的类型。班干部竞选、班级布置属于班务活动；批评与自我批评会属于民主生活会；课外阅读属于学习活动；文艺联欢、游园活动、文艺比赛等属于文体活动；养蝌蚪、科技制作属于科技活动；跳绳比赛、足球比赛、象棋联赛属于体育活动；制作书签属于劳动技术活动；乡俗调查、社区服务属于社会实践；讲座、报告、观影、参观访问属于主题教育活动。

班主任在组织班队活动过程中，要注意体现班队活动的目的性、针对性、多样性、易操作性、时代性和创造性原则，使班队活动的效果落到实处，为学生的全面发展提供有力支持，促进班集体的和谐统一发展，确保每个学生都能从中受益。

任务检测

一、材料分析

小华是一名四年级学生，今年10岁。春节期间，他收到了来自亲戚长辈们的压岁钱，总计两千元。小华的家庭条件相对较好，他的父母平时也会给他一些零花钱，但他对这笔钱仍然感到非常兴奋，因为这是他第一次收到如此多的压岁钱。压岁钱一到手，小华就迫不及待地开始计划如何使用这笔钱。他先是看中了一款价值五百元的最新款平板电脑游戏，并且把剩下的钱全部给游戏充值了。班主任知道此事后，想以此为契机召开一次财商班会课。请你结合案例，撰写一份主题班会活动方案。

二、实践应用

参加一次当地小学的班级活动,并依据班级活动的原则,写一份活动总结。

任务十一　班级管理评价

> 纯粹之美育,所以陶养吾人之感情,使有高尚纯洁之习惯。
>
> ——蔡元培

📅 情境导入

【材料十四】班主任李老师主教数学学科,她特别注意学生的数学成绩,认为数学是衡量学生智力与学习能力的重要标尺。于是,在她的班级中数学成绩优异的学生总能得到她更多的关注和赞赏。

小明就是这样一个学生。他的数学成绩总是名列前茅,逻辑思维能力强,解决问题迅速而准确。每次数学课,小明都能迅速理解并掌握新知识,这让李老师对他寄予了很高的期望。然而,在其他方面,小明却表现得并不突出。他的语文成绩平平,作文常常缺乏深度和创意;在体育课上,他总是显得力不从心。但这些在李老师的眼中并不重要,她依然认为小明是一个优秀的学生。

一次班级活动,小明被选为小组长,负责策划一个小型展览,与社区工作人员一起保护环境,进行垃圾分类。小明为此也付出了很多努力,从选题到筹备,再到最后的展示,每一个环节都尽心尽力。展览举办得非常成功,赢得了老师、同学和社区工作人员的一致好评。然而,李老师对此并没有给予太多的关注,她依然更看重小明的数学成绩。直到有一天,李老师偶然看到小明在课后为一位数学基础较差的同学耐心讲解题目。他细致入微地分析题目,循循善诱地引导同学思考,让原本困惑的同学豁然开朗。这一幕让李老师颇受触动,她开始反思自己对小明的评价方式是否过于单一。

思考:教师的评价方式直接影响学生的成长和发展,那么作为班主任应该从哪些角度评价学生呢?

⭕ 学习目标

1. 深入认识班级管理评价的重要性,明确其对个体成长和班级整体氛围的积极影响。

2. 对班级管理评价方法进行系统学习，掌握有效的评价技巧。

3. 树立关注小学生个体差异的意识、大评价观。

一、班级管理评价的内涵

（一）概念

所谓班级管理评价，是专指班主任在班级管理过程中对学生的评价。它是指班主任为促进学生全面、健康地发展，在系统、全面、准确地搜集、整理、分析学生发展过程与发展状况信息的基础上，对学生的品德、智能、体能等各方面素质做出综合判断的过程。

这一过程起始于班主任对学生信息的系统搜集。这包括学生的学习成绩、课堂互动、作业完成情况等学业方面的信息，也涵盖了学生在课外活动、社交关系、行为习惯等非学业方面的表现。班主任会通过与学生、家长以及其他任课教师的沟通，结合日常观察，全面地搜集和整理这些信息。随后，班主任会对搜集到的信息进行深入分析。他们不仅关注学生的表面成绩和行为，更重视学生的内在品质、能力和潜力。通过对信息的分析，班主任能够发现每个学生的优点、特长以及潜在的不足之处，为后续的评价工作提供有力的依据。

在评价过程中，班主任应该结合学生的实际情况，对学生的品德、德能、体能等各方面素质进行综合判断。不仅关注学生的学业成绩，更重视学生的道德品质、人际交往能力、组织协调能力以及身体素质等方面的表现。通过这样的评价，班主任能够更全面地了解学生的发展状况，为他们提供更加精准的指导和帮助。

（二）作用

班级管理评价的作用不容忽视。它不仅能够激励学生积极向上、努力进取，还能够为他们提供明确的发展方向和目标。同时，评价过程中的反馈和调节机制，能够帮助班主任及时发现并解决学生在发展过程中遇到的问题和困难。此外，班级管理评价还能够促进师生之间的沟通和互信，增强班级的凝聚力和向心力，具体作用如图2-11-1所示。

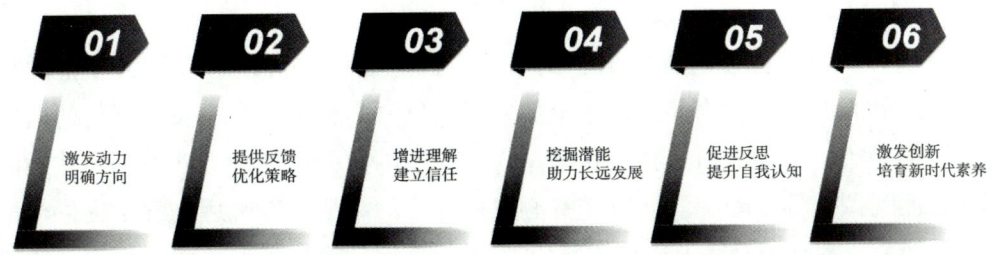

图2-11-1　班级评价管理的作用

综上所述，班级管理评价在班级管理中具有多方面的积极作用。它不仅能够激发学生的内在动力、明确发展方向，还能够提供宝贵的反馈信息、优化教学策略；不仅能够增进师生之间的理解和信任、挖掘学生的潜能，还能够促进学生的反思和自我认知、激发学生的创新精神和培育学生的新时代素养。在未来的班级管理工作中，我们应更加重视班级评价的作用和价值，不断探索和完善评价的方法和机制，为学生的全面发展和健康成长创造更加良好的环境。

二、班级管理评价的内容

2002年12月教育部颁布的《关于积极推进中小学评价与考试制度改革的通知》中具体规定的学生"基础性发展目标"为班主任明确评价内容及标准提供了依据，具体表现在七个方面。但是在进行小学生班级评价时，我们主要应考量品德发展、学业发展和身心发展这三个核心方面。

（一）品德发展

品德是学生个体成长和社会化过程中的重要组成部分。通过品德发展评价，可以引导学生树立正确的价值观、道德观和人生观，培养良好的行为习惯和道德品质。品德评价的内容应包括学生的诚信、尊重、责任、合作、自律等方面。评价标准应依据小学生的年龄特点和认知水平，注重可操作性和可观察性。品德评价可采用日常观察、行为记录、情景模拟、角色扮演等多种方法。同时，通过家校合作、社区参与等途径，形成多元化、全方位的品德评价体系。

（二）学业发展

学业发展评价旨在了解学生的学习状况，发现学生的优势和不足，为教学提供反馈和指导。学业发展评价应遵循公平、公正、客观、全面的原则。学业发展评价的内容应包括学生的知识掌握、技能运用、思维能力、情感态度等方面。评价形式可采用课堂测验、作业检查、作品展示、口头报告等多种方式。学业发展评价应注重过程性评价与终结性评价相结合，关注学生的个体差异和进步空间。同时，通过数据分析、反馈机制等方式，不断优化学业发展评价体系，提高评价的有效性和针对性。

（三）身心发展

身心发展评价是关注学生健康成长的重要方面。通过评价，可以了解学生的身体状况、心理素质和兴趣爱好，为促进学生全面发展提供科学依据。身心发展评价的内容应包括学生的身体健康、运动能力、情绪管理、人际交往等方面。评价方法可采用体质测试、心理测评、问卷调查等多种手段。根据身心发展评价的结果，教师应为学生提供个性化的指导和干预措施。对于身体素质较差的学生，可制订运动锻炼计划；对于心理素质较弱的学生，可进行心理疏导和情绪调节训练。同时，加强与家长的沟通与合作，共同关注学生的身心健康发展。

通过品德发展、学业发展和身心发展三个方面的综合评价，我们可以更全面地了解学生的成长状况，为他们提供更加精准的教育指导。在未来的教育实践中，我们应不断探索和完善班级评价体系，为学生的全面发展奠定坚实基础。

三、班级管理评价的类型

班级管理评价是一个多维度、复杂且精细的过程，它涉及多种划分标准和评价类型。这些划分标准和评价类型在构建学生评价体系时起着至关重要的作用，它们共同确保评价体系的多元化、全面性和公正性。

（一）根据评价主体分为自我评价和他人评价

学生自我评价是学生自我反思和自我认知的重要过程，它有助于培养学生独立思考和自我提升的能力。通过自我评价，学生可以对自己的学习状态、学习方法和学习成果进行客观的分析和评估，从而找到自身的不足和进步空间。这种评价方式有助于提高学生的自我意识和责任感，促进他们更加积极地参与学习过程。他人评价则包括教师评价、家长评价以及同伴评价等。教师评价是教师对学生学习情况的直接反馈，它基于教师的专业知识和经验，对学生的知识技能、学习态度和学习成果进行全面的评估。家长评价则是家长对孩子学习情况的观察和反馈，它有助于增进家校之间的沟通和合作，共同促进孩子的成长。同伴评价则是同学之间互相评价的一种方式，它可以促进同学之间的交流与合作，培养学生的团队合作能力和社交技能。

（二）根据评价基准分为相对评价和绝对评价

相对评价侧重于学生之间的比较，它根据学生在某一群体中的相对位置或水平来进行评价。这种评价方式有助于激发学生的竞争意识，促进他们努力提高自己的学习成绩和排名。然而，相对评价也可能导致过分强调竞争和排名，忽视学生的个体差异和全面发展。

绝对评价则更注重学生是否达到了预设的标准或目标，它基于一定的客观标准或目标来评价学生的学习成果。这种评价方式有助于确保评价的客观性和公正性，使学生明确自己的学习目标和方向。然而，绝对评价也可能因为标准的设定和目标的确定存在一定的主观性和难度，需要在实际操作中加以注意和调整。

（三）根据评价内容分为单项评价和综合评价

单项评价主要针对学生的某一特定方面进行评价，如知识技能、行为习惯等。这种评价方式有助于深入了解学生在某一方面的具体表现和发展情况，为针对性地教学提供依据。然而，单项评价也可能忽视学生的整体发展和综合素质，导致评价结果的片面性。

综合评价则是对学生多个方面进行综合考量，以得出一个更全面的评价结果。这种评价方式有助于全面了解学生的综合素质和发展潜力，为他们的全面发展提供指导。在综合评价中，我们可以采用多种评价方法和工具，如观察记录、作品展示、口头报告等，以更全面地了解学生的表现和能力。

（四）根据评价方法分为定量评价和定性评价

定量评价通过数据、分数等量化指标来评估学生的表现，它具有客观性和可比较性强的特点。通过量化指标，我们可以直观地了解学生的学习成绩和进步情况，为决策提供科学依据。然而，定量评价也可能因为过分强调数字和分数而忽视学生的个体差异和全面发展。

定性评价则更注重描述和解释，通过文字、观察等方式来评价学生的非量化方面。这种评价方式有助于深入了解学生的学习过程、学习态度和学习体验，为教学提供更为丰富的反馈信息。定性评价可以揭示学生的内心世界和个性特点，有助于培养他们的创新精神和实践能力。然而，定性评价也可能因为主观性和模糊性较高而难以进行客观的比较和判断。

（五）根据评价的目的和作用分为诊断性评价、过程性评价、总结性评价

诊断性评价主要用于发现学生的问题和不足，为后续的教学提供依据。通过诊断性评价，教师可以了解学生的学习起点和现有水平，为制订个性化的教学计划提供依据。同时，诊断性评价也有助于学生认识自己的不足和制订学习计划。

过程性评价则关注学生在学习过程中的表现和进步，及时给予反馈和指导。通过过程性评价，教师可以及时了解学生的学习情况和学习进度，发现他们在学习过程中遇到的问题和困难，并及时给予帮助和指导。这种评价方式有助于激发学生的学习兴趣和积极性，促进他们主动学习和发展。

总结性评价则是对学生学习成果的综合评估，为下一阶段的学习提供参考。通过总结性评价，教师可以全面了解学生的学习成果和收获，为下一阶段的教学制订更为合适的教学计划和策略。同时，总结性评价也有助于学生反思自己的学习过程和成果，为今后的学习和发展提供借鉴和参考。

在构建学生评价体系时，我们需要综合考虑上述各种划分标准和评价类型，并根据实际情况进行选择和运用。通过合理地运用这些评价类型和划分标准，我们可以构建一个更加科学、公正、全面的学生评价体系，有助于促进学生的全面发展。同时，我们也需要不断反思和调整评价体系，以适应学生发展的需要和社会的进步。

此外，随着教育理念的不断更新和技术的不断进步，学生评价体系也需要不断进行创新和完善。例如，我们可以利用大数据及人工智能技术收集和分析学生的学习数据，从而可以更准确地评估学生的学习情况和发展趋势。同时，我们也可以通过开展多元化的评价活动和实践来拓展评价的内容和形式，使评价体系更加贴近学生的实际需求和兴趣爱好。

总之，构建一个科学、公正、全面的学生评价体系是一个复杂而精细的过程，需要我们不断探索和实践。通过不断地完善和创新评价体系，我们可以更好地促进学生的全面发展，为他们的未来奠定坚实的基础。

在教育领域中，它们分别在教学之前、教学过程中和教学之后实施，各自承载着不同的评价目的和作用，如表2-11-1所示。

表 2-11-1　诊断性评价、过程性评价和总结性评价的比较

要点类型	诊断性评价	过程性评价	总结性评价
实施时间	教学之前	教学过程中	教学之后
评价目的	摸清学生底细，以便安排学习	了解学习过程，调整教学方案	检验学习结果，评定学习成绩
评价方法	观察、调查、作业分析、测验	经常性测验、作业分析、日常观察	考试或考查
作用	查明学习准备情况和不利因素	确定学习效果	评定学业成绩

四、班级管理评价的原则

班级评价管理是指对班级管理工作及其效果进行定期、综合、客观的评价和管理的过程。这一过程旨在根据班级管理目标，采用一定的测量技术和方法，对班级的组织、协调、指导、监督和评价等各个环节进行测定和判断，以了解班级管理的现状、发现问题、改进工作，并最终提升教育质量。

班级评价管理的主要原则包括发展性、全面性、针对性、及时性等。它强调评价应着眼于学生的长远发展，关注学生的全面进步，同时针对学生的个体差异进行个性化的评价。此外，评价还应及时、迅速，以便及时发现问题并进行调整。通过班级评价管理，教师可以更好地了解班级的运行状况，掌握学生的学习和生活情况，从而为班级的优化管理提供科学依据。同时，班级评价管理也有助于激发学生的学习动力，促进他们的全面发展。

（一）发展性原则

发展性原则应着眼于学生的长远发展，而非短期的成绩波动。在教育实践中，我们应如何更好地贯彻这一原则呢？首先，要树立正确的发展观。学生的发展是一个持续不断的过程，充满了无限可能。因此，我们在评价学生时，要用发展的眼光看待他们，相信每一个学生都有发展的潜力和空间。其次，要注重过程性评价。过程性评价能够反映学生在学习过程中的努力和进步，有助于我们发现学生的潜力和特长。因此，我们在评价时，要关注学生的学习过程，及时给予肯定和鼓励，激发他们的学习热情。最后，要关注学生的全面发展。除了学习成绩外，我们还要关注学生的学习态度、习惯和方法，以及他们的创新精神和实践能力。只有这样，我们才能真正促进学生的全面发展。

（二）全面性原则

全面性原则要求我们在评价学生时，要从多方面综合考虑。首先，要制定全面的评价标准。评价标准应该包括学生的知识掌握情况、技能发展水平、情感态度和价值观等多个方面。这样，我们才能更加全面地了解学生的学习状况和发展情况。其次，要采用多样化的评价方式。评价方式可以包括笔试、口试、实践操作等多种方式。通过多样化的评价方式，我们可以更加全面地了解学生的学习能力和实际水平。最后，要注重评价结果的反馈和应用。

评价结果不仅是对学生学习情况的反映，更是我们改进教学和指导学生的重要依据。因此，我们要认真分析和利用评价结果，为学生提供针对性的指导和帮助。

（三）针对性原则

针对性原则强调评价要针对学生的个体差异和实际情况进行，要了解学生的个体差异。每个学生都有自己的学习基础、兴趣爱好和发展潜力。因此，我们在评价学生时，要深入了解他们的个体差异，以便制定个性化的评价标准和方法。还要制定个性化的评价方案。根据学生的实际情况和个体差异，我们可以制定不同的评价方案。例如，对于学习基础较差的学生，我们可以更注重其基础知识的掌握；对于具有创新潜力的学生，我们可以更注重对其实践能力和创新精神的评价。通过案例分析来总结经验。在实践中，我们可以收集一些成功的评价案例进行分析和总结，以便更好地推广和应用针对性评价的原则和方法。

（四）综合性原则

综合性原则强调班级管理评价应采用多种方式和方法进行。这包括自评、互评、教师评价和家长评价等多种方式，以及定量评价和定性评价等多种方法。通过综合运用这些方式和方法，我们可以更加全面地了解学生的学习状况和发展情况，提高评价的准确性和客观性。在实践中，教师可以根据评价内容和目标选择合适的方式和方法进行组合使用。例如，在评价学生的学习态度时，可以采用自评和互评相结合的方式，让学生自己和同学之间进行相互评价和反馈；在评价学生的知识技能时，可以采用定量评价和定性评价相结合的方法，通过考试、作业、作品等多种方式收集数据和信息，对学生进行全面而客观的评价。同时，教师还应注重评价的透明度和公正性。在评价过程中，教师应公开评价标准和方法，确保学生和家长能够了解评价的依据和过程；同时，教师还应保持公正的态度，避免主观偏见和歧视对学生的评价产生影响。通过综合性原则的运用，可以帮助学生更加全面地认识自己，发现自己的优点和不足，并激发他们不断进步的动力和信心。同时，这种多元化的评价方式也有助于培养学生的自我评价和他人评价能力，促进他们自我反思和自我提升。

（五）及时性原则

及时性原则强调班级管理评价要及时、准确、有效地进行。这一原则体现了评价的时效性和针对性，对于促进学生的发展和改进班级管理具有重要意义。首先，及时性评价有助于教师及时发现问题并进行调整。在教育实践中，学生的表现和进步情况是不断变化的，教师需要密切关注并及时进行评价。通过及时地评价，教师可以发现学生在学习过程中存在的问题和困难，及时给予指导和帮助；同时，教师也可以发现班级管理中存在的问题和不足，及时调整教学策略和管理方法，提高教学效果和管理水平。其次，及时性评价有助于激发学生的学习积极性和自信心。当学生取得进步或成绩时，及时给予肯定和鼓励可以激发他们的学习热情和自信心；当学生遇到困难或问题时，及时给予指导和帮助可以让他们感受到教师的关心和支持，增强他们的学习动力和信心。此外，及时性原则还要求教师在评价过程中保持高效和精准的态度。教师需要在有限的时间内完成评价任务，确保评价的及时性和有效性；同时，教师还需要对评价结果进行准确的分析和解读，为学生提供针对性的建议和指导。最后，要关注评价结果的应用。评价结果不仅是对学生学习情况的反映，更是我们改进教学和指导学生的重要依据。因此，我们要认真分析和利用评价结果，及时调整教学策略和方法，为学生提供更好的学习体验和发展机会。

综上所述，班级管理评价的原则是一个相互关联、相互补充的有机整体。在实际工作中，教师要根据这些原则来指导自己的评价行为，确保评价的科学性、客观性和有效性。同时，也要不断学习和探索新的评价理念和方法，以适应不断变化的教育环境和学生需求。

五、操行评定概念及操行评定的一般步骤

（一）操行评定的概念

操行评定是以教育目的为指导思想，以《小学生守则》为基本依据，对学生一个学期内在学习、劳动、生活、品行等方面的小结与评价，它主要由班主任负责。

（二）操行评定的一般步骤

操行评定可以划分为学生自评、小组评议、班主任评价和信息反馈四个步骤，如图2-11-2所示。

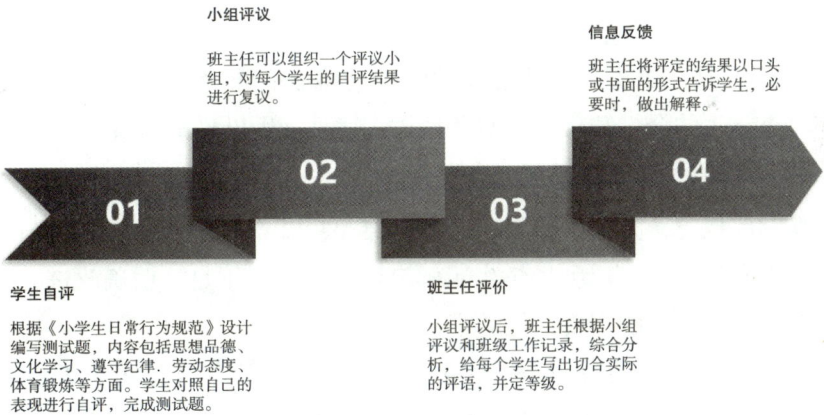

图 2-11-2　操行评定的一般步骤

（三）操行评定的撰写要求

班主任操行评定的撰写是一项重要任务，旨在全面、客观、公正地评价学生的品行和学习表现，为学生提供针对性的指导和建议。下面是班主任操行评定撰写的要求：

1. 全面客观、突出重点

班主任在撰写操行评定时，应全面考虑学生在德、智、体、美、劳等方面的表现，避免片面强调某一方面的表现。同时，评定内容应基于学生的实际表现，避免主观臆断或情绪化评价。在全面客观评价的基础上，班主任还需要突出重点内容。一方面要突出学生的核心优

点和特长，这些是学生个性化的体现，也是其未来发展的潜力所在。另一方面具体描述学生的行为表现、态度和进步，避免使用笼统和模糊的词句。

2. 语言简洁清晰

操行评定的语言应简洁明了，易于理解。避免使用过于复杂或晦涩难懂的词语和句子。同时，要保持客观中立的立场，不带个人情感色彩，确保评定的公正性和客观性。

3. 注重鼓励和肯定

在撰写操行评定时，班主任应注重对学生的鼓励和肯定，激发学生的自信和动力。要肯定学生的优点和长处，指出其进步和成长，同时提出建设性的建议和指导，帮助学生改进不足之处。

4. 个性化评价

每个学生都是独特的个体，班主任在撰写操行评定时应充分考虑学生的个性特点和发展需求。要避免使用千篇一律的套话和模板，而是根据每个学生的实际情况有针对性地进行评价。

5. 公平公正对待

班主任在撰写操行评定时应坚持公平、公正的原则，对待每个学生都应一视同仁。要避免对个别学生的倾斜或偏见，确保每个学生都能获得公正、客观的评价。

6. 保护学生隐私

在撰写操行评定时，班主任应注意保护学生的隐私，避免涉及过于个人化或敏感的内容。同时，要尊重学生的个性和尊严，避免使用侮辱性或贬低性的言辞。

7. 及时反馈与沟通

班主任在撰写完操行评定后，应及时将评定结果反馈给学生和家长，并与他们进行积极的沟通。通过反馈和沟通，可以帮助学生了解自己的优点和不足，明确改进方向。同时，也可以让家长了解孩子在学校的表现，促进家校合作。

总之，班主任操行评定的撰写是一项需要认真对待的工作。通过全面、客观、公正的评价和积极鼓励的态度，班主任可以帮助学生更好地认识自己，发挥优势，改进不足，实现全面发展。

学以致用

针对材料十四中李老师所遇到的问题，我们知道了多维度评价学生不仅符合教育发展的内在要求，更是促进学生全面发展的关键所在。传统的单一评价方式往往只关注学生的学业成绩，忽视了学生在其他方面的潜能和优势。而多维度评价则能够更全面地反映学生的综合素质，包括他们的学习能力、创新思维、情感态度、团队协作等多个方面。这样的评价方式不仅能够更准确地评估学生的真实水平，还能为学生提供更为个性化的教育指导。

因此，作为教育者，我们应当积极拥抱多维度评价学生的理念，不断探索和实践更科学、更全面的评价方式。通过深入了解学生，选择恰当的评价途径和方法，从而更好地促进学生的成长和发展，为他们的未来奠定坚实的基础。

李老师可以从多个方面对小明进行多元评价，具体如表2-11-2所示。

表 2-11-2　对小明的多元评价

评价方向	评价内容	评价者	评价的具体表现形式
道德品质	诚实守信，尊重师长，关心同学，乐于助人，积极参与班级和学校的各项活动，展现出良好的道德品质	教师	在课堂上遵守纪律，不随意打扰他人；在课外活动中，主动帮助需要帮助的同学，积极参与志愿服务活动；在家中，尊敬父母，孝顺长辈，积极参与家务劳动
		同学	
		家长	
公共素养	在公共场合表现得体，遵守公共秩序	教师	在校园中不乱扔垃圾，积极参与校园环境的维护
	爱护公共财物，环保意识强	学校管理人员	在公共场所，能够排队等候，不大声喧哗
	具备良好的公共素养	社区工作人员	在社区活动中，积极参与环保宣传和实践
学习能力	学习态度端正，方法得当，成绩优异，尤其在数学方面表现出色，同时具备较强的自主学习和解决问题的能力	教师	在课堂上认真听讲，积极发言；课后能够独立完成作业，遇到难题会主动寻求帮助或自主思考解决；在考试中，成绩稳定，名列前茅
		同学	
		自我	
交流与合作能力	善于与他人合作，沟通能力强，能够积极参与团队活动，为团队的成功做出贡献	教师	在小组活动中，能够主动承担任务，与小组成员积极沟通，共同解决问题；在团队项目中，能够发挥自己的特长，为团队的成功出谋划策
		同学	
		团队成员	
运动与健康	虽然在体育课上表现一般，但他注重身体锻炼，积极参加体育活动，保持良好的身体素质和健康状态	体育教师	在课余时间会参加篮球、羽毛球等体育活动，积极锻炼身体；在体育课上，能够按照老师的要求进行锻炼，虽然成绩不是最出色的，但态度端正
		同学	
		自我	
审美与表现	在审美方面有自己的见解，能够欣赏美、创造美，在文艺活动中表现出一定的才华和创造力	艺术教师	在美术课上能够创作出具有个性的作品，展现出对美的独特理解；在文艺演出中，能够积极参与，展示自己的才艺
		同学	
		自我	
学科学习评价	在数学学科上表现突出，成绩优异，同时在其他学科上也能够保持一定的学习水平，实现全面发展	各科任教师	在数学课上，能够迅速掌握新知识，解题能力强；在其他学科上，能够按照老师的要求进行学习，完成作业和考试任务；在自我评价中，能够客观分析自己的学习情况和进步空间
		自我	

任务检测

一、材料分析

1. 学生档案：李晶，小学二年级。胆小，不愿与人交往。学习成绩中等，能自主完成老师给的各项任务。卫生习惯好，无论是个人卫生还是在值日中，都表现突出。

问题：

（1）作为班主任，请你为李晶同学写一份学期末的评语。

（2）根据"问题（1）"，你认为在给学生写操行评语过程中应注意哪些问题？

（3）作为班主任，在班级管理的过程中，除了评价学生，还会在哪些方面应用到科学合理的评价？

2. 完成以下教学情境：

情境一：一学期结束了，请你为一年级的学生们设计一份学期评价表。

情境二：撰写学生评语的注意事项有哪些？

3. 在老师的眼里，王浩是一个聪明的学生，因为他地理、历史学得很好，是班级有名的"地理通""历史通"；但他又是个学习上有惰性的学生，只要提起语文、英语科目，就像打蔫的茄子，从来不花时间学习，学习成绩很糟糕，每次都要补考。

针对这种状况，我认为提高王浩同学对语文、英语学习兴趣的关键是要善于发现和及时捕捉他身上的优点和长处。即使是微小的优点和长处，也可能调动他蕴含的巨大发展潜力。因此，我在班级里成立"导游员"小组，让王浩担任组长，在开展活动时，让他明白要想向游客介绍祖国的名川大山、历史典故，必须具有较强的语言表达力，同时必须把中华文化宣传到国外，以此做到兴趣的拓展，进而增强其对语文、英语学习的自信心。在我这样的引导下，王浩的语文、英语成绩大幅提高。

问题：

（1）"我"采取的是一种什么教育方式？

（2）当前在评价学生时我们还存在哪些问题？提高评价的策略有哪些？

二、实践应用

为自己设计一份班主任工作评价单。

模块三 提高业务水平

通过模块二的学习，我们更加深刻地认识到班主任工作的内容既是多方面的，也是繁重且多样的。班主任要开展好班级工作，就必须不断提升自身的业务水平，具备高度的自律意识和自我管理能力，做到终身学习和不断提高。

本模块将帮助学习者充分认识到自我管理和自我提升的重要性，掌握自我管理与自我提升的内容及方法，达到自我管理、自我提升的目的，以实现自我价值的最大化。

学习目标

1. 理解并掌握班主任自我管理的核心理念、内容、途径，提升自我素质的内涵、策略。
2. 能够在具体的实际工作中找到适合的自我管理和提升方法。
3. 在提升自我管理过程中树立终身学习的意识。

任务一　加强自我管理

名人语录

> 正像你不能把你没有的东西给别人一样，如果你自己没有发展、教育和培养好，你就不可能发展、教育和培养别人。
>
> ——第斯多惠

情境导入

【材料十五】李老师在远离城市喧嚣的一所乡村小学工作，她是一位有着十五年教龄的小学教师。每天清晨，当第一缕阳光洒进教室，李老师已经站在讲台前，检查着每一位学生的出勤情况。她目光犀利，不放过任何一个微小的违纪行为。在她的班级里，每一项规章制度都被严格执行，学生们必须按照她的要求行事。课堂上，李老师总是板着脸，严肃地向学生传授知识。她相信，只有通过严格的教学和惩罚，才能让学生真正学到东西。对于那些不遵守纪律、不完成作业的学生，她会毫不留情地进行批评和惩罚。

然而，随着时间的推移，李老师渐渐发现，她的班级并不像她想象得那样井然有序。尽管她付出了大量的时间，但学生们对她的管理方式并不买账。他们中的一些人开始逃避学习，甚至故意违反纪律，以表达对李老师管理方式的不满。有一天，李老师发现一位平时表现乖巧的女生在偷偷看小说。她生气地走过去，没收了小说，并在全班同学面前严厉地批评了这位女生。然而，这位女生却抬起头，倔强地说："老师，您总是用老办法管我们，我们觉得太压抑了。我们需要更多的自由和尊重。"

这番话让李老师陷入了沉思。她开始反思自己的管理方式，是否真的如她所想的那样有效，她是否忽略了学生们的真实感受和需求……

思考：

1. 造成这个现象的原因是什么呢？
2. 如何提高教师自身能力水平和业务水平？

学习目标

1. 认识班主任自我管理的含义、管理的内容和方法。
2. 通过实践和分析，不断提高自己在班主任工作中的自我管理能力，包括情绪调控、工作规划、问题解决等能力。

3. 通过班主任自我管理内容的学习，树立全面的管理观。

一、班主任自我管理的内涵

在当下这个日新月异的时代，教育的重要性愈发突出，它如同国家的根基，承载着培养未来栋梁的重任。班主任，作为教育领域的核心角色，其地位与责任更是举足轻重。在这样的背景下，班主任的自我管理显得尤为关键。自我管理，不仅是对个人行为的规范，更是对自我价值和教育理念的深度挖掘与践行。一个善于自我管理的班主任，能够在忙碌的工作中保持清醒的头脑，冷静地分析问题，果断地做出决策；他们能够在与学生、家长和同事的交往中，保持平和的心态，用智慧和爱心去化解矛盾，促进和谐；他们更能够在不断地学习和实践中，提升自己的专业素养，为学生的成长和学校的发展贡献自己的力量。那么什么是班主任自我管理呢？它有何特点呢？

（一）自我管理及班主任自我管理

1. 自我管理

自我管理就是指自己对自己的管理，自己既是管理者，又是被管理者。自我管理可以视为与自我的关系管理，即个体对自己本身，对自己的目标、思想、心理、行为等表现进行的管理，自己把自己组织起来，自己管理、约束、激励自己的事务，最终实现自我奋斗目标的一个过程。

班主任除了具有教师所具备的所有素养外，在管理素养方面还有特殊要求。自我管理在现代社会中显得尤为关键，它代表了个体如何有效规划、监控和调整自身行为，进而实现个人目标，促进个人成长与发展。这不仅是对个人的管理活动，更是实现个人与组织共赢的关键所在。

2. 班主任自我管理

班主任自我管理，指的是班主任对个人的身体、心理、情感和意识等方面进行的全面而系统的管理与调控。这一过程涉及班主任在深刻自我认知的基础上，通过科学的自我规划、持续的自我学习、有效的自我协调与灵活的自我控制，旨在推动自身专业素养的不断提升，并最终实现班主任工作绩效的显著提高。

作为小学生班主任，自我认知是提升工作技能的关键。深入了解自己的优势、行为方式、价值、归属、贡献意愿及关系维护，有助于我们更有效地管理班级，引导学生健康成长。

3. 班主任自我管理的特点

班主任自我管理的特点如表3-1-1所示。

表 3-1-1 班主任自我管理的特点

序号	特点	说明
1	自我驱动性	班主任能够主动设定目标，并驱动自己朝着这些目标努力。他们不需要外界过多的监督和激励，就能保持对工作的热情和专注
2	自我约束性	在日常工作中，班主任能够自觉遵守各种规章制度，严格要求自己，做到言行一致。他们对待学生既有爱心又有耐心，对待工作既认真又负责
3	自我反思性	班主任经常反思自己的工作方法和效果，不断总结经验教训，以便更好地调整和优化自己的管理策略。他们善于从学生和同事的反馈中汲取营养，不断提升自己的管理能力
4	自我提升性	班主任注重自我学习和提升，通过参加培训、阅读相关书籍、交流分享等方式，不断更新教育观念和管理理念，提高自己的专业素养和综合能力
5	情感管理性	班主任善于运用情感管理技巧，与学生建立深厚的情感联系。他们关心学生的成长和发展，关注学生的情感需求，努力营造一个温馨、和谐、积极向上的班级氛围

（二）班主任的专业自我认识

自我是一个多维度、多层次的复杂体系，它并非一成不变，而是随着时间和环境的变化而不断演变。这种演变是人与环境之间长期互动、相互影响的结果。对于班主任而言，形成正确的自我认识不仅关乎个人的成长与发展，更直接影响到班级管理和学生教育的质量。因此，班主任不仅要深入了解自己的生理、心理和社会性特点，还需要对专业自我有一个清晰而准确的认识。

专业自我是班主任对自我所从事教育工作的深刻感受、积极接纳和坚定肯定的心理倾向。它涵盖了班主任对自我角色的定位、自我价值观的树立以及自我专业发展状况的评估等多个方面。在角色认识方面，班主任的角色具有多重性。他们既是知识的传播者，又是学生品德的塑造者；既是班级的管理者，又是学生心灵的呵护者。班主任需要明确自己在这些角色中的定位与职责，并深入理解这些角色所蕴含的意义。这种深入的角色认识将直接影响班主任的专业自我状态，进而影响其工作感受、工作接纳与工作动机。

（三）班主任自我管理的意义及必要性

1. 班主任自我管理的意义

班主任作为学校教育和班级管理的重要角色，其自我管理能力不仅关乎个人成长，更对学生的成长和学校的整体教育质量产生了深远影响。班主任自我管理意义如图3-1-1所示。

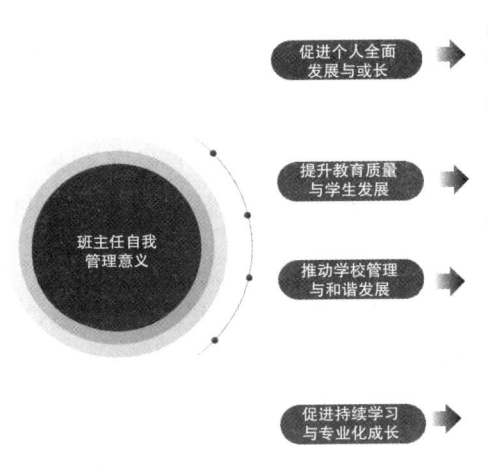

图 3-1-1 自我管理的意义

综上所述，班主任自我管理在促进个人全面发展、提升教育质量、推动学校管理与和谐发展以及促进持续学习与专业成长等方面都具有重要意义。因此，班主任应该重视自我管理能力的培养和提升，将其作为一种重要的职业素养加以锤炼和提升。

2. 班主任自我管理的必要性

在社会层面，班主任作为教育行业的代表，其自我管理能力直接影响到社会对教育行业的看法。一个具备高度自我管理能力的班主任，能够以专业的素养和严谨的态度，赢得社会的认可和尊重，从而提升整个教育行业的形象。此外，班主任的自我管理能力也是社会文明进步的体现。班主任通过自我约束、自我管理，能够以身作则，传播正能量，引导学生树立正确的价值观和行为规范，为社会培养更多具有社会责任感和道德品质的公民。

对于班主任自身而言，自我管理是专业成长和职业发展的重要基石。通过有效的自我管理，班主任能够合理安排工作和生活，提高工作效率，减少工作压力。同时，自我管理也有助于班主任保持积极向上的心态，不断学习和进步，提升个人专业素养和教育能力。此外，班主任的自我管理能力还直接关系到其教育工作的质量和效果。一个善于自我管理的班主任，能够更好地处理班级事务，协调师生关系，营造和谐的教育环境，为学生的健康成长提供有力保障。

从学生的角度来看，班主任的自我管理能力对学生的成长和发展具有深远的影响。一个具备高度自我管理能力的班主任，能够为学生树立良好的榜样，引导学生形成良好的学习习惯和行为规范。同时，班主任通过自我管理，能够创造积极、健康的班级氛围，激发学生的学习兴趣和积极性。这种氛围有助于学生形成积极向上的心态，提升自信心和自尊心，从而更好地应对学习和生活中的挑战。

此外，班主任的自我管理能力也有助于增强家校之间的沟通与合作。班主任通过有效的自我管理和情绪调控，能够与家长建立良好的关系，共同关注学生的成长和发展，形成教育合力。

二、班主任自我管理的内容

在班主任工作中，自我管理能力是至关重要的。一个能够有效管理自己的班主任，不仅能够更好地应对工作中的挑战，还能够为学生树立一个良好的榜样，促进他们健康成长。

（一）自我认识

对班主任而言，自我认识犹如一面镜子，映照出其内心深处的世界。班主任不仅审视自己的性格与能力，更深入挖掘自己的价值观、兴趣爱好以及职业发展路径。这是一场与自我的深度对话，每一次反思都是对自己教育教学生涯的重新定位。在这面镜子前，有的班主任发现自己对教育怀有无尽的热爱，仿佛内心燃烧着一团火，愿意为学生的成长付出一切。同时，他们也看到了自己的不足——在与学生的沟通中，往往显得生硬、不够细腻。于是，他们决定走出舒适区，主动报名参加沟通技巧培训，努力提升自己的沟通能力。培训课上，他们学习如何倾听学生的心声，如何以更加温暖的语言表达关爱，如何通过眼神和肢体语言传递信任。每一次练习，都是一次自我挑战与突破。渐渐地，他们发现与学生的关系变得更加融洽，班级氛围也变得更加和谐。这种变化不仅让他们感到欣喜，更让他们深刻体会到自我认识的重要性。

作为班主任在进行自我认识时，可以从几个方面进行深入思考，具体如图3-1-2所示。

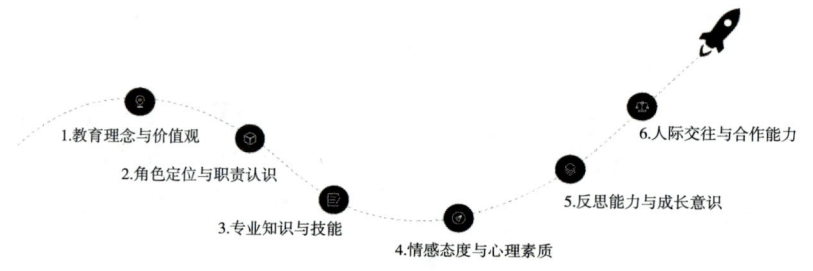

图 3-1-2 自我认识的角度

通过进行自我认识，班主任可以更全面地了解自己的优势和不足，进而制订针对性的提升计划，不断提升自己的专业素养和综合能力，为学生的成长和发展提供更好的支持和帮助。

（二）自我目标设定

班主任设定的目标不仅要具体、可操作，更要与学校的整体目标和教育理念相契合。因此，在制定目标时，班主任需要深思熟虑，充分考虑学生的成长需求和发展特点。班主任设定自我成长的目标不仅能够明确自己的发展方向，促进自我反思和提升专业素养，还能够激发创新潜能，增强职业认同感，并建立持续学习机制以适应教育变革。因此，班主任应该根据自己的职业特点和成长需求，设定合理的自我目标，并不断努力实现这些目标，以促进自身的职业成长和发展。

（三）自我资源管理

作为班主任应该保持良好的作息习惯，合理安排工作和生活时间。此外，班主任还应积极寻求外部资源的支持，与同事交流教学经验、参加教育培训等，不断提升自己的专业素养和管理能力。在面对工作压力时，有的班主任选择寻求心理咨询师的帮助，学习如何调节自己的情绪和压力。学会以更加平和的心态面对工作中的挑战，以更加饱满的热情投入到教育教学工作中。同时，还积极与同事分享教学经验，互相学习、共同进步，为班级管理工作提供有力的支持。

（四）自我激励与自我监控

自我激励是班主任持续前行的动力源泉，是他们在教育道路上不断攀登高峰的内在驱动力。作为一班之主，班主任承担着引导学生成长、塑造学生品质的重要责任。班主任不仅要关注学生的学习成绩，还要关心学生的身心健康和全面发展。因此，班主任必须具备强烈的自我激励意识，不断提升自己的专业素养和教育能力，以更好地履行自己的职责和使命。

自我监控在实施时包括以下具体步骤：

1. 自我观察，调整管理策略的前提

在班级管理中，班主任时常面临各种突发情况和挑战。这时，自我观察就显得尤为重要。例如，当班级纪律出现问题时，班主任首先应冷静下来，观察自己的情绪反应。如果感到愤怒或焦虑，那么就需要及时调整情绪，避免情绪化的处理方式。通过观察自己的情绪和行为，班主任可以更加客观地分析问题，从而制定出更加合理有效的管理策略。

2. 自我目标设定，明确自我管理方向

班主任自我管理目标的设定是确保教育工作有序、高效进行的关键步骤。一个明确且切实可行的自我管理目标，能够帮助班主任更好地规划自己的工作，提升工作效率，同时也能够促进学生的全面发展。首先，班主任需要深入了解学校的教育理念和目标，确保自己的管理目标与学校整体发展方向一致。其次，班主任应该根据自身的实际情况，结合班级特点和学生的个性化需求，设定具体的自我管理目标。

3. 线索化策略，构建班级规则与秩序

线索化策略是班主任在班级管理中常用的一种手段。通过制定明确的班级规则和信号，班主任可以引导学生形成良好的行为习惯。例如，班主任可以规定特定的铃声或手势来表示上课、下课或集合等指令。这些线索化策略能够帮助学生快速理解并遵守班级规则，从而维护班级的秩序和稳定。

4. 自我强化，激发班级管理动力

自我强化是班主任在自我控制中提升班级管理动力的重要方法。当班主任成功解决了一

个班级管理难题或取得了显著的进步时，可以给自己一些积极的反馈和奖励。这种自我肯定能够激发班主任的工作热情，让他们更加积极地投入到班级管理中。

同时，班主任也可以运用自我强化的方法来激励学生。例如，当学生在学习和行为上取得进步时，班主任可以通过给予他们表扬、奖励或展示他们的作品等方式来肯定他们的努力。这种正向激励能够帮助学生增强自信心和学习动力。

5. 自我惩罚，正视班级管理不足

在班级管理中，班主任难免会出现失误或不足。当遇到这种情况时，班主任需要勇于面对并进行自我惩罚。这并不意味着过度苛责自己，而是要通过反思和总结经验教训来改进自己的管理方式。例如，当班主任发现自己在处理学生问题时过于严厉或不够公正时，可以主动向学生道歉并承诺改进。同时，班主任也可以向其他有经验的班主任请教或参加相关培训来提升自己的班级管理技能。

6. 多加练习，提升班级管理能力的关键途径

练习是提升班主任自我控制能力和班级管理能力的关键途径。班主任可以通过不断尝试新的管理方法和技巧来提升自己的管理水平。例如，班主任可以尝试运用不同的沟通技巧来与学生和家长进行交流；或者尝试运用不同的教学策略来激发学生的学习兴趣。通过持续地练习和反思，班主任能够不断提升自己的班级管理能力，为班级创造一个更加和谐、有序的学习环境。

班主任的自我管理是一个多维度、系统性的过程，涉及自我认识、自我目标设定、自我资源管理和自我激励与自我监控等多个方面。只有通过不断提升自我管理能力，班主任才可以更好地履行职责，为学生的成长和发展提供有力支持。同时，这也有助于推动学校整体管理水平的提升和教育教学质量的改进。在实际工作中，班主任可以借鉴上述学者的研究成果，结合个人实际情况，不断完善自己的自我管理体系，实现个人和班级的共同发展。

三、班主任自我管理的途径

无论是享有盛誉的名师，还是深受学生爱戴的优秀班主任，他们的卓越成就都深深地根植于对自我的深刻认识与精确定位中。在这个日新月异、知识爆炸的时代背景下，他们的成长之路更显得珍贵和独特。随着科技的飞速发展，教育教学的理念和方法也在不断更新迭代。面对这样的时代背景，名师和优秀班主任能够保持敏锐的洞察力和开放的心态，积极拥抱变革，不断学习和掌握新的教育教学理念和技术。他们不仅关注知识的传授，更注重培养学生的创新思维和实践能力，努力为学生创造一个充满挑战和机遇的学习环境。同时，他们也深知在这个信息爆炸的时代，资源和信息的获取变得异常便捷。因此，他们善于利用互联网、社交媒体等现代技术手段，与同行、专家、学生和家长进行广泛的交流和合作。他们通过分享经验、交流心得，不断拓宽自己的教育视野和知识储备，为自己的成长和发展注入新的活力。

当今，社会竞争越发激烈，对教师的专业素养和综合能力提出了更高的要求。因此，名师和优秀班主任更加注重自身的专业成长和全面发展。他们通过参加教育培训、阅读教育专著、参与课题研究等多种方式，不断提升自己的教育教学水平和综合能力。他们勇于挑战自我，敢于尝试新的教学方法和手段，为教育教学事业注入了新的活力，并不断创新。班主任以自我认识为基础，以自我管理为手段，积极拥抱变革、拓展资源、提升能力，不断追求教育教学的新高度。他们的成长经历不仅是对个人能力的展现，更是对这个时代教育精神的最好诠释。

（一）自我认识深剖析

自我认识，对于班主任而言，无疑是自我管理的基石，它犹如一面精细打磨的镜子，映照出班主任内心深处的世界，清晰地呈现出他们的性格特质、能力所长以及潜在的短板。在这面镜子前，班主任不仅审视自己的外在表现，更深入地挖掘自己的价值观、兴趣爱好和职业发展路径，与自我展开一场深刻而真挚的对话。每一次对镜自省，都是对班主任教育教学生涯的重新定位。他们在这面镜子前，发现自己的内心对教育怀有无尽的热爱与执着，仿佛内心燃烧着一团炽热的火焰，愿意为学生的成长付出一切。这份热爱不仅激励着他们不断探索新的教育方法和理念，更驱使他们不断追求卓越，为学生的未来奠定坚实的基础。

班主任进行自我认识，可以遵循以下步骤：

1. 练习

练习是提升任何技能的基础，班主任工作也不例外。例如，班主任王老师为了提高自己的课堂管理能力，每天都会花一定的时间进行课堂模拟练习。她模拟不同的课堂场景，尝试使用不同的管理策略，通过不断地实践，她的课堂管理能力得到了显著提升。

2. 自我目标设定

自我目标设定是班主任自我管理的关键步骤。班主任李老师在新学期开始时，为自己设定了明确的班级管理目标：提高学生的课堂参与度、减少学生的违纪行为等。为了实现这些目标，她制订了详细的行动计划，并在日常工作中严格执行。通过不断地向目标迈进，李老师不仅提升了自己的管理水平，也激发了学生的学习积极性。

3. 自我批评

自我批评是班主任自我实践中的重要环节。班主任张老师在一次班级活动后发现，自己在活动组织方面存在不足，导致活动效果不尽如人意。她对自己的工作进行了深入的反思和批评，找出了问题的根源，并提出了改进措施。通过自我批评，张老师不仅解决了当前的问题，也提升了自己的工作能力。

4. 自我激励

自我激励是班主任在自我实践中保持工作热情的关键。班主任赵老师在面对工作中的困难和挑战时，能够积极调整心态，通过自我激励来保持前进的动力。她会给自己设定一些小

小学班主任工作

目标,每当达到目标时,就会给自己一些奖励,以此来激励自己继续前进。这种自我激励的方式让赵老师在工作中始终保持高昂的热情,不断取得新的进步。

5. 自我期望

自我期望是班主任自我实践的动力源泉。班主任刘老师对自己的工作有着很高的期望,她希望自己的班级能够成为学校的模范班级,学生的综合素质能够得到全面提升。为了实现这一期望,她不断努力提升自己的专业素养和管理能力,积极寻求新的教育方法和手段。在她的带领下,班级的整体水平得到了显著提升,学生的综合素质也得到了全面发展。

6. 自我评价

自我观察与评价是班主任自我实践中的重要环节。班主任陈老师在日常工作中,始终保持对自己的行为和态度进行客观的观察和评价。她会定期回顾自己的工作表现,分析自己的优点和不足,并制定相应的改进措施。通过自我观察与评价,陈老师能够及时发现自己的问题并进行改进,不断提升自己的工作效率和质量。

(二)明确目标巧规划

设定目标,无疑是班主任自我管理的核心环节。这一环节不仅关乎班主任个人的成长与发展,更直接影响到班级管理的效果以及学生的成长。明确的目标,就像一盏明灯,指引着班主任在繁杂的教育工作中找到方向,坚定前行。

1. 设定明确目标的重要性

(1)指引方向。明确的目标为班主任提供了清晰的工作方向,有助于避免在工作中迷失方向或偏离重点。

(2)提高效率。有了明确的目标,班主任可以更加高效地安排时间和资源,确保班级管理工作的顺利进行。

(3)激发动力。明确的目标能够激发班主任的工作热情和动力,使其更加专注地投入到班级管理工作中。

2. 设定目标的要求

设定目标的要求如表3-1-2所示。

表3-1-2　设定目标的要求

序号	要求	内容
1	具体化	目标应该具体、明确,避免过于笼统或模糊。例如,班主任可以设定"提高班级整体成绩"的目标,并具体化为"本学期末班级平均分提高5分"
2	可衡量	目标应该具有可衡量性,以便班主任能够评估工作的进展和成果。例如,可以设定"减少学生迟到现象"的目标,并规定"每月迟到次数不超过3次"
3	可实现	目标应该具有可实现性,既要符合班级的实际情况,又要考虑到班主任的能力和资源限制。避免设定过高或过低的目标,以免打击班主任的积极性或导致工作无效

170

续表

序号	要求	内容
4	时限性	目标应该具有时限性，即设定一个明确的时间范围来完成目标。例如，可以设定"本学期内完成班级文化建设"的目标

3. 自我管理目标的设定

班主任自我管理目标的设定是提升教育质量、优化班级管理以及实现个人职业发展的重要环节。具体来说，可以包含以下几个方面：

（1）具体目标的制定。

短期目标：如在一个学期内，实现班级纪律明显好转，学生成绩稳步提升等。

中期目标：如在一年内，完成某项教育课题研究，或获得一定的教育教学成果等。

长期目标：如在三年内，成为学校骨干教师或优秀班主任，或在教育教学领域取得显著成就等。

（2）明确班级管理目标。

确立班级纪律规范，确保学生遵守校规校纪，营造良好的学习氛围。关注学生个体差异，因材施教，促进每个学生的全面发展。加强与家长的沟通与合作，共同关注学生的成长与进步。

（3）目标实施与评估。

制订详细的实施计划，明确每个目标的具体步骤和时间节点。定期对目标实施情况进行自我评估，发现问题及时调整策略。寻求同事、家长和学生的反馈意见，以便更好地完善自我管理工作。

（三）持续学习积能量

这一环节不仅关乎班主任个人的成长与发展，更直接关系到班级管理的成效以及学生的全面进步。一个明确而具体的目标，能够为班主任的工作指明方向，使其能够在纷繁复杂的教育环境中保持清晰的思路和高效的行动。班主任可以从以下几个方面持续学习：

1. 在教育教学能力提升方面

班主任需要设定具体、可操作的目标。例如，通过参加专业培训、与同行交流、自我反思等方式，班主任可以不断提升自己的教学理念、教学方法和课堂管理能力。同时，班主任还应关注教育改革的新动态，了解最新的教育理念和教学策略，以便将其融入自己的教学实践中，推动班级教学的创新与发展。

2. 在班级管理策略优化方面

班主任同样需要设定明确的目标。通过制定科学、合理的班级规章制度，建立积极、健康的班级文化，班主任可以为学生创造一个良好的学习环境。此外，班主任还应关注学生的个性差异和需求，制定个性化的教育方案，以更好地促进学生的全面发展。

3. 在自身专业素养提升方面

除了教育教学和班级管理方面的目标外,班主任还应关注自身的专业素养提升。在这个信息爆炸的时代,持续学习成为班主任提升专业素养的关键途径。班主任需要树立终身学习的理念,不断汲取新的知识和理念。通过参加教育培训、阅读教育类书籍和文章、参与课题研究等多种方式,班主任可以不断更新自己的知识体系,提升教育教学能力。同时,班主任还应关注学科前沿动态,了解最新的教育技术和应用,以便将其融入自己的教学实践中,提高教学效果。

在设定目标的过程中,班主任需要充分考虑实际情况和可行性。目标不宜过高或过低,应该具有挑战性和可实现性。同时,班主任还需要制订具体的行动计划,明确实现目标的具体步骤和时间节点。这样,班主任才能更加有针对性地开展工作,确保目标的实现。此外,班主任在设定目标时还应注重与团队的协作和沟通。班级管理是一个系统工程,需要班主任、任课教师、学生以及家长等多方面的共同参与和协作。因此,班主任在设定目标时应充分考虑各方面的意见和建议,形成共识和合力。通过团队协作和沟通,班主任可以更好地实现自我管理,推动班级管理的创新与发展。

(四)沟通交流促和谐

加强沟通交流,是班主任建立良好人际关系的重要途径。班主任作为学生、家长和同事之间的桥梁,其沟通能力直接影响到班级管理的效果和人际关系的和谐。因此,班主任需要积极与学生、家长和同事等多方进行有效的沟通与交流,以便更好地了解他们的需求和期望,为班级管理和学生发展提供有力支持。

在与学生的沟通中,班主任应关注学生的情感变化和心理需求,用心倾听他们的声音,理解他们的想法和感受。通过开展班会、个别谈话、家访等多种形式的沟通,班主任可以深入了解学生的学习状况、生活情况和成长困惑,帮助他们解决问题,提供必要的支持和指导。这种深入而细致的沟通,不仅能够增强师生之间的信任和理解,还能促进学生的全面发展。

与家长的沟通同样重要。班主任应主动与家长保持密切联系,及时反馈学生的学习情况和进步,让家长了解孩子在学校的表现。在与家长的沟通过程中,班主任需要注重沟通的艺术和技巧,以真诚和耐心的态度与家长交流,避免产生误解和冲突。通过有效的沟通,班主任可以争取到家长的理解和支持,形成家校共育的良好氛围。

此外,与同事之间的沟通也是班主任工作中不可或缺的一部分。班主任需要与任课教师、其他班主任以及学校管理者等进行积极有效的沟通。通过分享经验、交流心得、共同探讨教育教学问题,班主任可以不断提升自己的教育教学水平,同时也能促进团队的合作与发展。这种和谐的团队氛围,能够为班级管理和学生发展提供有力的支持。

(五)身心健康筑基石

班主任作为班级管理的核心人物,其身心健康状况直接影响到工作效率和教育质量。

因此，班主任应高度重视自己的身心健康，合理安排工作和生活时间，以保持最佳的工作状态。班主任应确保充足的睡眠。睡眠是身体恢复和能量补充的重要过程，只有保证充足的睡眠，才能拥有充沛的精力应对日常工作。班主任应养成良好的作息习惯，避免熬夜和睡眠时间不足，确保每天都有高质量的睡眠。适度的运动也是保持身心健康的关键。运动不仅可以增强身体素质，提高抵抗力，还有助于缓解压力，调节情绪。班主任可以选择适合自己的运动方式，如散步、跑步、瑜伽等，坚持每天进行适量的运动，以保持身体健康和心理平衡。面对工作中的困难和挑战，班主任应学会调节自己的情绪和压力。工作中难免会遇到各种问题和挫折，班主任需要保持冷静和乐观的心态，积极应对挑战和压力。可以通过与他人交流、寻求帮助、参加心理辅导等方式来缓解压力和负面情绪，保持心理健康。

通过积极应对挑战和压力，班主任不仅可以提升自己的抗压能力和适应能力，还能为班级管理工作提供稳定的心理支持。一个身心健康、心态稳定的班主任，能够更好地应对各种复杂情况，为班级创造一个和谐、积极向上的学习氛围。

（六）定期反思明得失

通过反思和总结，班主任得以站在更高的角度审视自己的工作，发现其中存在的问题和不足，从而不断优化教育教学方法，提升班级管理水平。每一次深入的反思，都是对过往工作的全面回顾，有助于我们清晰地认识到自己的长处和短处，进而制定出更有针对性的改进措施。在反思的过程中，班主任可以细致地回顾自己在教育教学方面的实践。思考教学方法是否得当，课堂氛围是否活跃，学生的参与度如何。同时，也要关注学生的反馈，了解他们对教学内容的掌握情况，以便调整教学策略，提高教学效果。通过反思，班主任可以逐步提炼出适合自己的教育教学理念和方法，为今后的教学提供宝贵的经验。

班主任可以通过上述途径进行自我管理，需要明确的是自我管理的途径不仅局限于上述方面，实际上应该是一个多方面、全方位的过程。通过深化自我认知、设定明确目标、持续学习、加强沟通交流、注重身心健康以及定期反思总结等方式，班主任可以不断提升自我管理能力，为学生的成长和发展贡献自己的力量。同时，这些途径也是班主任实现专业成长和职业幸福的重要途径，有助于班主任在教育事业的道路上越走越宽。

学以致用

针对材料十五中李老师所遇到的问题其原因主要有以下几方面：

第一，李老师过于坚守传统的班级管理方式，没有随着时代的进步和教育理念的发展而更新自己的教育观念和方法。她过于强调纪律和惩罚，忽视了学生的个性发展和内心需求，导致学生对她的管理方式产生抵触情绪。

第二，李老师缺乏与学生有效沟通的能力。她可能没有充分理解和尊重学生的想法和感受，只是单方面地要求学生服从自己的管理。这种沟通方式缺乏情感交流和理解，难以建立起良好的师生关系。

第三，李老师也缺乏持续学习和自我提升的动力。教育是一个不断发展的领域，教师需要不断更新自己的知识和技能，以适应新时代的教育需求。然而，李老师由于工作繁忙或其他原因，没有积极学习新的教育理念和教学方法，导致自己的教育水平停滞不前。

要提高自身能力水平和业务水平，李老师可以采取以下措施：

第一，加强自我反思和学习。李老师需要深入反思自己的管理方式，找出存在的问题和不足，并主动学习新的教育理念和教学方法。她可以通过参加教育培训、阅读教育类书籍、与同行交流等方式，不断提升自己的专业素养。

第二，注重与学生的情感交流和理解。李老师应该尝试更多的沟通方式，关注学生的内心需求和感受，尊重学生的个性发展。她可以通过开展班会、个别谈话等方式，增进与学生的情感联系，建立起良好的师生关系。

第三，李老师还可以积极参与学校组织的各类活动，与其他教师共同交流教学经验，分享成功案例。通过互相学习和借鉴，她可以不断提升自己的教育水平，为学生提供更加优质的教育服务。

第四，还需要注重自己的身心健康。李老师应该合理安排工作和生活时间，避免过度劳累和压力过大。通过保持良好的身心状态，她可以更加积极地投入到教育工作中，实现自我成长和发展。

任务检测

一、材料分析

1. 徐老师是某中学的班主任，近期她发现自己在班级管理中遇到了一些挑战。她发现自己常常因为琐事而心情烦躁，情绪不稳定，有时甚至会将这些负面情绪带入课堂，影响到学生的学习氛围。同时，徐老师也发现自己在与学生和家长沟通时，常常因为沟通方式不当而引起误解和冲突。此外，徐老师还感到自己在时间管理和工作规划方面存在一些不足，导致工作效率低下，常常加班处理班级事务。

问题：

（1）根据案例描述，徐老师目前在自我管理中存在哪些问题？

（2）针对徐老师的问题，请提出具体的自我管理改进策略。

2. 柯老师是一位有多年经验的班主任，近期她发现自己在班级管理中遇到了一些新的挑战。尽管她对待工作非常认真负责，但总是感觉时间不够用，无法有效地平衡班级管理与个人生活。她经常加班到深夜处理学生的问题，导致自己疲惫不堪，情绪也时常受到影响。同时，柯老师也发现自己在与学生交流时，往往只是简单地传达信息和要求，缺乏对学生个性和需求的深入了解。

问题：

（1）根据案例描述，柯老师目前在自我管理方面面临的主要挑战是什么？

（2）针对柯老师面临的挑战，提出至少两项具体的自我管理改进建议。

二、实践应用

作为班主任，你需要在日常工作中应用自我管理技能来提升班级管理的效果。请结合你自身的经验和理解，描述你成功应用自我管理策略来解决班级管理中具体问题的一次实践经历。

任务二　提升自我素质

"仰之弥高，钻之弥坚。"

——《论语·子罕》

情境导入

张思明的成长之路

【材料十六】张思明，中国当代教育家，国家特级教师，北京大学附属中学副校长、资深数学教师，是教育界赫赫有名的人物。

张思明18岁那年，高中毕业后被留校当老师，至今整整30年。张思明酷爱学习。然而，30年前他高中毕业时，上大学只是他一个可望而不可即的梦。

张思明是靠自学成才的。1981年，国家恢复高等教育自学考试后，他第一批报了名，然而却没有通过公共课考试。第二年再考，结果还是一样。两次失败，他并不甘心，第三年，他又报了名。这一次，他终于如愿以偿。1985年，他自学修完了北京大学数学系的本科课程，取得了理学学士学位。1993年，他又以全优成绩提前半年学完了首都师范大学数学系的研究生课程，获得硕士学位。为此，他曾作为全国自学成才的先进典型，受到中央领导的接见。

张思明是一个勤奋的人。他说："自己的智商并不高，之所以有一点成绩，靠的就是克服惰性。"30年来，为了备课、学习，他坚持每天清晨四点半起床。作为数学教师，他每周

要上十几节课，批改300多份作业。作为班主任，他送走过九个毕业班。在近乎满负荷的工作状态下，他累计写出150万字的专著，发表高质量论文40多篇，获得"苏步清数学教育一等奖""胡楚南优秀教学成果奖"等多个奖项。

张思明是一个有思想的人。他认为："教育的最高境界应该是不留痕迹的教育。"在他看来，只有倾注真实情感的教育，才会收到良好的效果。他说："教师传授的知识可能很快被遗忘，但教师做人、做事的态度，教师的人格却常常对学生产生深远持久的影响。"他很少用语言告诉学生应该怎样做、不应该怎样做，而是力求用自己的行动，让学生悟出做人和治学的道理。

他说，作为一名教师，永葆"职业青春"的秘诀只有一条，那就是"终身学习，不断进取"！人们常说："要给学生一杯水，教师要有一桶水。"但是，张思明认为，在当今信息时代，"一桶水"是远远不够的，应该开凿一眼清泉，有了源头活水，才能真正做一名让学生满意的教师！

思考：作为班主任应该如何提升自我素质呢？

学习目标

1. 了解并掌握班主任自我提升的内涵和途径。
2. 能够根据自我提升的实施步骤，初步制订自身发展计划。
3 树立终身学习的理念。

知识储备

班主任是学校教育中不可或缺的重要角色，他们既是学生学习生活的指导者，又是学生心灵成长的引路人。在日新月异的教育环境中，班主任的自我素质提升显得尤为重要。本任务将探讨班主任如何通过不断学习、实践反思、交流合作等方式，全面提升自我素质，以更好地履行教育职责，促进学生全面发展。

一、提升自我素质的内涵

提升自我素质是指个体在知识、能力、品德、心态等各个方面进行自我完善和提升的过程。对于班主任而言，提升自我素质意味着不仅要具备扎实的专业知识，还要不断提升教育教学能力、班级管理能力以及人际交往能力等，同时还要注重个人品德修养和心态调整，从而更好地履行教育职责，促进学生全面发展。

具体来说，班主任提升自我素质包括以下几个方面：

（一）树立终身学习理念，不断提升专业素养

1. 深化教育理论学习

班主任应不断学习教育学、心理学等相关理论，掌握教育规律，了解学生身心发展特

点。通过阅读专业书籍、参加学术讲座、参与课题研究等方式，不断更新教育观念，提升教育智慧。

2. 关注教育改革动态

班主任要密切关注国家教育政策、教育改革动态以及学校发展方向，及时调整教育策略，确保班级管理与学校整体教育目标保持一致。

3. 提高学科教学水平

班主任应不断提高自己的学科教学能力，通过参加教研活动、观摩优秀课堂、反思教学实践等方式，提升教学水平，为学生提供优质的教学服务。

（二）加强师德修养，塑造良好教师形象

1. 坚定教育信念

班主任应坚定教育信念，热爱教育事业，关爱每一个学生，以高尚的师德影响学生，引导学生树立正确的世界观、人生观和价值观。

2. 践行师德规范

班主任要严格遵守教师职业道德规范，做到言行一致，以身作则。在日常工作中，要尊重学生、理解学生、信任学生，关注学生的全面发展。

3. 提升人格魅力

班主任要注重提升个人修养，培养良好的性格品质，塑造独特的人格魅力。通过真诚、善良、宽容等品质，赢得学生的尊重和信任，成为学生的良师益友。

（三）提升班级管理能力，构建和谐班级文化

1. 制定科学的管理制度

班主任应根据班级实际情况，制定科学、合理的班级管理制度，明确学生行为规范，确保班级秩序井然有序。

2. 营造积极向上的班级氛围

班主任要营造积极向上的班级氛围，通过组织丰富多彩的活动、搭建展示平台等方式，激发学生的参与热情，培养学生的集体荣誉感和团队精神。

3. 关注学生个体差异

班主任要关注每个学生的个体差异，因材施教，关注每个学生的成长需求。通过个性化教育、心理辅导等方式，帮助学生解决问题，促进学生的全面发展。

（四）增强沟通协调能力，构建良好师生关系

1. 提高沟通技巧

班主任应学习并掌握有效的沟通技巧，包括倾听、表达、反馈等，以便更好地与学生、

家长和同事进行沟通交流。

2. 建立信任关系

班主任要通过真诚的态度和积极的行动，与学生和家长建立信任关系。通过定期沟通、及时反馈等方式，增强彼此之间的理解和信任。

3. 协调各方资源

班主任要协调学校、家庭和社会各方资源，形成教育合力。通过家长会、家访等方式，与家长保持密切联系，共同关注学生的成长。同时，班主任还要积极争取社会支持，为学生提供更广阔的学习和发展空间。

（五）注重自我反思与成长，不断提升自我认知

1. 定期自我反思

班主任要定期对自己的工作进行反思和总结，分析成功经验和不足之处，制定改进措施。通过反思，不断提升自己的教育智慧和管理能力。

2. 积极参与培训学习

班主任要积极参加学校组织的各种培训学习活动，不断提升自己的专业素养和实践能力。同时，还要关注行业发展趋势，学习新的教育理念和方法。

3. 勇于尝试创新

班主任要勇于尝试新的教育方法和手段，不断探索适合班级学生的教育途径。通过创新实践，提升自己的教育水平和班级管理能力。班主任的自我素质提升是一个持续不断的过程，需要不断学习、实践、反思和创新。

在提升自我素质的道路上，班主任应始终保持谦虚、好学的态度，不断追求卓越。通过自身的努力和学校的支持，相信每一位班主任都能成为一名优秀的教育工作者，为学生的成长和社会的进步贡献自己的力量。

二、提升自我素质的现实困境

班主任在自我素质提升的过程中，难免会遇到一些问题，这些问题可能来自教育理念的转变、教育方法的更新、班级管理的复杂性以及个人成长的局限性等方面。下面是一些常见的问题：

（一）教育理念转变困难

在实施新的教育理念时，班主任可能会因为固有的思维模式和经验习惯而遇到转变困难的问题。解决这一问题，班主任需要深入学习新的教育理念，理解其内涵和价值，增强认同感；并且与同事进行交流和讨论，分享彼此的理解和实践经验，相互启发。在实践中逐步尝试新的教育理念，通过反思和总结不断调整和完善自己的教育实践。

（二）教育方法更新滞后

随着教育改革的深入，新的教育方法层出不穷，但班主任在实际操作中可能会因为种种原因而更新滞后。针对这一问题，班主任应关注教育改革动态，了解新的教育方法和手段。参加教育培训和研讨会，学习并掌握新的教育技能。在班级中积极尝试新的教育方法，通过实践检验其效果，并不断优化。

（三）班级管理复杂性挑战

班级管理是一项复杂而烦琐的工作，班主任在面对学生个体差异、家长需求多样化等问题时可能会感到力不从心。要应对这些挑战，班主任需要制定科学、合理的班级管理制度，明确管理目标和要求。加强与学生的沟通交流，了解学生的需求和困惑，提供个性化的指导。与家长建立良好的合作关系，共同关注学生的成长和发展。

（四）个人成长局限性制约

班主任在自我素质提升的过程中，可能会受到个人成长局限性的制约，如知识储备不足、创新能力不强等。为突破这些局限，班主任应树立终身学习的理念，不断更新自己的知识体系和技能结构。积极参加各种学习交流活动，拓宽视野，增强创新能力。勇于尝试新的教育方法和手段，挑战自我，不断突破个人成长的局限性。

三、提升自我素质的策略

（一）突破教育理念转变的困境

在应对教育理念转变的困难时，班主任需保持敏锐的洞察力和开放的思维。持续学习与研究，深入探究新的教育理念的内涵和价值，不仅限于理论层面的理解，更要结合实践进行深入思考。与同事开展教学研讨，分享彼此的理解和实践经验，形成教育理念的共鸣，从而更好地将新的理念融入日常教学中，为学生带来更为先进、科学的教育体验。

（二）加快教育方法更新的步伐

面对教育方法更新滞后的问题，班主任应主动拥抱变革，积极关注教育改革动态，及时获取最新的教育方法和手段。通过参加教育培训和研讨会，与专家面对面交流，学习并掌握新的教育技能，为教学注入新的活力。在班级中积极尝试新的教育方法，敢于创新，勇于实践，通过实际教学效果检验其优劣，并根据学生反馈不断优化教学方法，提升教学质量。

（三）积极应对班级管理复杂性的挑战

班级管理是一项极具挑战性的任务，要求班主任具备高度的责任心和耐心。为应对这一挑战，班主任应制定科学、合理的班级管理制度，明确管理目标和要求，确保班级秩序井然，学习氛围浓厚。同时，加强与学生的沟通交流，深入了解学生的需求和困惑，提供个性化的指导和帮助，让学生感受到班主任的关爱和支持。此外，与家长建立良好的合作关系，共同关注学生的成长和发展，形成教育合力，共同为学生的未来奠定坚实基础。

（四）突破个人成长的局限性

在自我素质提升的过程中，班主任往往会受到个人成长局限性的制约。为突破这些局限，班主任应树立终身学习的理念，不断更新自己的知识体系和技能结构，保持与时俱进的教育观念。积极参加各种学习交流活动，拓宽视野，增强创新能力，汲取他人的智慧和经验，实现自我超越和提升。通过不懈的努力和持续的进步，班主任可以逐步成为教育领域的佼佼者，为学生的成长和发展贡献更多力量。

班主任在自我管理的道路上需要不断学习、实践、反思和调整，以应对各种挑战。通过设定明确的目标并付诸实践，班主任可以逐步提升自己的专业素养和管理水平，为学生的全面发展提供有力保障。

学以致用

针对材料十六中张思明的成长经历，我们可以得到以下几点深刻的启示：

（1）自学不辍，追求卓越：在条件受限的情况下，张思明没有放弃学习的机会，而是选择自学，并通过自己的努力取得了学士和硕士学位。这启示我们，无论在何种环境下，都要保持对知识的渴望和追求，不断提升自己。

（2）勤奋努力，持之以恒：张思明坚持每天早起学习，承担繁重的教学任务，却仍然能够在学术上有所建树。这告诉我们，要想在事业上有所成就，必须付出辛勤的努力，并持之以恒。

（3）注重情感，以身作则：张思明认为教育的最高境界是不留痕迹的教育，他注重用自己的行动去影响学生。这启示我们，作为教师，不仅要传授知识，更要注重情感投入，以身作则，成为学生的榜样。

（4）终身学习，不断更新：张思明强调"终身学习，不断进取"，认为在信息时代，教师需要有源源不断的活水才能满足学生的需求。这告诉我们，作为教育工作者，必须不断更新自己的知识和技能，以适应时代的变化。

借鉴张思明的成长经验，我们可以从以下几个方面进行自我素质的提升：

1. 自我认识

深入阐述自己的教育理念、教学方法和班级管理能力，明确自己的优势和不足。定期反思自己的工作表现，总结经验教训，及时调整工作策略。

2. 自我规划

制订明确的班级管理目标和计划，包括学生纪律、学风建设、家校沟通等方面。根据学生特点和班级实际情况，制定个性化的教育方案，促进学生的全面发展。

3. 自我调控

学会管理情绪，保持平和的心态，避免因个人情绪影响工作。合理安排工作时间和节奏，确保工作的高效进行。及时调整工作方法和策略，以适应不同学生的需求和变化。

4. 自我总结

定期对班级管理工作进行总结和反思，提炼出成功的经验和不足之处。将总结结果与同事分享交流，互相学习借鉴，共同提高班级管理水平。根据总结结果调整自我规划和调控策略，实现班级管理工作的持续优化。

总之，通过借鉴名师的成长经验并加强自我管理，我们可以不断提升自己的专业素养和综合能力，为班级管理和学生成长提供更加优质的服务。同时，也要保持开放的心态和持续学习的精神，不断适应时代的变化和教育的发展。并且依据自我认识、自我规划、自我调控、自我总结四大方面进行自我素质提升的方案设计，如表3-2-1所示。

表 3-2-1 自我素质提升方案

管理方向	管理内容	方案修订
自我认识	1. 深入分析自身在教学、管理、沟通等方面的能力和特长。 2. 反思自己在工作中的成功经验和失败教训，总结原因。 3. 了解学生对自己的评价和期望，作为自我改进的方向	1. 定期进行自我评估，调整自我认识，确保与实际情况相符。 2. 根据学生和同事的反馈，及时调整自己的教学方法和管理策略
自我规划	1. 根据自我认识的结果，制订明确的职业发展目标和计划。 2. 设计具体的工作计划，包括学期目标、每周任务等。 3. 规划个人成长路径，包括参加培训、阅读教育类书籍等	1. 根据工作进展和实际情况，适时调整规划内容和目标。 2. 根据新的教育理念和教育政策，更新自己的规划内容
自我调控	1. 学会管理情绪，不将个人情绪带入工作中。 2. 合理安排时间，确保工作的高效进行。 3. 监控自己的工作进度，及时调整工作计划	1. 学习情绪调节技巧，提高自我控制能力。 2. 根据时间管理原则，优化工作流程，提高工作效率。 3. 定期对工作计划进行审查和修订，确保与实际情况相符
自我总结	1. 对一段时间的工作进行全面回顾，总结成绩和不足。 2. 分析工作中的成功经验和失败教训，提炼出可借鉴的经验。 3. 根据经验总结，制订下一步的工作计划和改进策略经验	1. 定期对自我总结进行更新和完善，确保与实际工作情况相符。 2. 将总结结果与他人分享和交流，吸取他人的意见和建议。 3. 根据总结结果，调整自我规划和调控策略，不断优化自我管理水平

任务检测

一、材料分析

1. 小媛是一名刚刚步入教育行业的新教师,充满了对教育事业的热情和憧憬。然而,由于她对教师应该如何进行自我管理缺乏足够的认识,因此在日常教学中频频出错。在课堂上,小媛常常因为缺乏充分的课前准备而显得手忙脚乱。有时,她会忘记带上必要的教具,导致课堂无法顺利进行;有时,她又会因为对教材理解不够深入,无法给学生解释清楚复杂的知识点。这不仅影响了教学质量,也让学生对她的教学能力产生了怀疑。此外,小媛在情绪管理上也存在不足。当遇到学生调皮捣蛋或者课堂纪律不佳时,她往往会情绪失控,大声斥责学生,这不仅没有达到维护课堂秩序的效果,反而让学生感到害怕和反感。在课后,小媛也没有养成良好的反思和总结习惯。她很少对自己的教学行为进行深入思考,也没有及时记录教学中的得失和经验。这导致她在教学中不断重复错误,无法取得明显的进步。

面对这些问题,小媛开始意识到自我管理对于一名教师的重要性。她开始思考,如果自己是一名新入职教师,应该如何进行有效的自我管理呢?应该从哪些方面入手来提升自己的教学水平和专业素养呢?

问题1:如果你是一名新入职教师,应该如何进行自我管理?

问题2:新入职教师应该从哪些方面进行自我管理?

2. 李老师是一名有多年教学经验的教师,她深知作为一名教师,不断提升自我素质是教育工作的关键。因此,她始终保持着对学习的热情和追求,不断提升自己的专业素养和教育水平。

李老师积极参加各类教育培训和学术研讨活动。无论是学校组织的培训课程,还是业内的学术研讨会,她都踊跃参加,认真听讲,积极交流。通过不断学习,她不仅更新了教育观念,也掌握了许多新的教学方法和技巧。

除了参加培训,李老师还注重自我阅读和反思。她经常利用业余时间阅读教育类书籍和期刊,了解最新的教育动态和研究成果。同时,她也会对自己的教学行为进行反思和总结,找出存在的问题和不足,制定改进措施。

在日常教学中,李老师也注重提升自己的教学实践能力。她善于观察学生的反应和需求,灵活调整教学策略,确保教学效果最佳。同时,她还积极与其他教师合作,共同开展教学研究和改革,不断提升教学质量。

通过多年的努力和实践,李老师的自我素质得到了显著提升。她的教学水平得到了学生和家长的认可,也获得了学校和同行的赞誉。

面对不断变化的教育环境和学生需求,李老师深知自我提升是一个永无止境的过程。她将继续保持学习的热情和追求,不断提升自己的专业素养和教育水平,为学生的成长和发展贡献更多的力量。

问题1：作为一名教师，应该如何不断提升自我素质？

问题2：提升自我素质的过程中，教师应该注重哪些方面？

二、实践应用

在全面自我分析的基础上，设计一份班主任专业发展规划，并完成表3-2-2。

表3-2-2　班主任专业发展规划

管理方向	管理内容	方案修订
自我认识		
自我规划		
自我调控		
自我总结		

模块四
强化实践导向

班主任工作，既是理论知识的应用场，又是实践智慧的试金石。

模块四将目光聚焦于"强化实践导向"这一核心理念，在前期对小学班主任工作具体内容、方法等学习掌握的基础上，紧密围绕教师职业能力综合训练和教师面试考核展开。一方面，通过引入系列化的案例，提升分析问题和解决问题的能力，熟悉并掌握班级管理的各种技巧和方法；另一方面，借助教师面试考核的相关内容，模拟考试情境，切实提升应试能力和专业素养。

学习目标

1.理解实践训练与理论学习的关系，明确实践在班主任工作中的重要地位，熟悉各种技能在班级管理中的应用场景。

2.熟练掌握并运用班级管理实践技能，包括学生行为管理、组建班集体、组织班队活动、家校沟通等。

3.强化学习者的实践意识和创新精神，增强班主任的责任感和使命感，使其能够全身心投入到小学班主任工作中，为学生的成长和发展创造良好的环境。

任务一 恪守职业岗位初心——职业认知类

（1）乡村教师王老师，毕业于一所知名的师范大学，原本有机会在城市里找到一份待遇优厚的工作。但他却选择回到家乡，成为一名乡村教师。他深知，乡村的孩子们同样渴望知识，同样需要有人去引领他们走向未来。乡村小学的条件艰苦，设施简陋，王老师的收入也远不及城市里的同行。他的生活十分清贫，常常是一碗白米饭配上简单的蔬菜，就解决了一餐。

有人说，教师职业很清贫，你怎么看？

【参考答案】

教师职业是清贫的，虽说教师工资不够高，但也属于正常工资范畴内。再者由于教师的职业性质和特点，教师职业与其他职业稍有不同。

首先，作为一名教师，我们必须沉下心来做教育，不以物质追求为最终目标，热爱自己的岗位。

其次，作为教师，我们要关心爱护学生。学生具有向师性，在教授知识的同时，我们应以自身的道德行为和魅力，言传身教，正确引导学生。

最后，教师清贫是物质上的，但教师的精神是富有的，当看到学生学会知识、成长成才，成为对社会有用的人，我们的成就感和幸福感就会油然而生。

陶行知先生说："捧着一颗心来，不带半根草去。"教师应该从思想上清醒地认识到自己职业的意义和价值，向优秀骨干教师学习，坚守职业底线和行为规范要求，做一个好老师。

（2）课堂上，李老师总是能够用生动的语言和丰富的实例，将枯燥的语文知识变得生动有趣，让学生在轻松愉快的氛围中掌握知识。同时，李老师还积极组织各种形式的学习活动，如知识竞赛、舞台剧表演、故事会等。这些活动不仅让学生更加深入地了解了语文的魅力，也让他们感受到了学习语文的乐趣和意义。更令人感动的是，李老师还经常利用周末的时间，为学生解答学习上的难题，鼓励他们坚持学习，追求梦想。

有人说教师只在三尺讲台上教授学生，也有人说不止在三尺讲台，你怎么看？

【参考答案】

首先，三尺讲台无疑是教师传授知识的重要场所。在这里，教师运用自己的专业知识和教学经验，将复杂的知识变得简单易懂，引导学生们逐步掌握学科知识和技能。这

是教师的基本职责，也是他们最为人熟知的角色。

其次，教师的职责并不仅限于此。正如李老师的故事所展示的，教师的工作远远超出了三尺讲台的范围。他们不仅要关注学生的学习成绩，更要关心学生的成长和发展。教师需要用心去了解每一个学生，因材施教，帮助他们找到自己的兴趣点和潜力所在。

最后，教师还需要通过课堂外的各种活动，引导学生们形成正确的价值观和道德观念，培养他们的综合素质和能力。

因此，教师的角色是多元化的，他们既是知识的传授者，又是学生成长的引路人。他们的工作不仅发生在三尺讲台上，更延伸到学生的日常生活中，甚至影响到他们的一生。

综上所述，"教师只在三尺讲台上教授学生"的说法过于片面，而"教师不止在三尺讲台"则更为准确地描述了教师的角色和职责。作为社会的一员，我们应该更加全面地理解和尊重教师的工作，为他们提供更好的工作环境和待遇，让他们能够更好地发挥自己的作用，为社会的繁荣和发展做出贡献。

（3）一群小学生围坐在教室的角落里，热烈地讨论着什么是好老师，他们天真无邪的脸庞上充满了对知识的渴望和对好老师的向往。

首先发言的是小明，他眨着明亮的眼睛说："我觉得好老师就是能教我们学很多知识的老师。每次上课，老师都会用有趣的故事和例子来讲解，让我们很容易就记住了。"

小红也迫不及待地插话："对，对！我觉得好老师还要很温柔，不会对我们发脾气。上次我作业没写完，老师没有责怪我，而是耐心地帮助我补完，还鼓励我以后要按时完成作业。"

这时，小刚举手发言："我觉得好老师还要会和我们玩。上次体育课，老师和我们一起玩跳绳，大家都玩得很开心。这样的老师不仅教我们知识，还让我们感受到快乐。"

小丽也补充道："我同意小刚的看法，我觉得好老师还会关心我们的生活。有时候我生病了，老师会打电话问候我，还会叮嘱我要好好休息。这样的老师真的很温暖。"

讨论越来越热烈，孩子们纷纷发表自己的看法。有的认为好老师应该严格要求学生，有的觉得好老师应该经常表扬学生，还有的认为好老师应该经常和学生交流，了解他们的想法和需求。

谈谈你对好老师的看法。

【参考答案】

首先，好老师应该具备扎实的专业知识和丰富的教学经验。他们应该能够用生动有趣的方式将知识传授给学生，让学生能够轻松理解并掌握知识。同时，他们还应该关注学生的学习进度和个体差异，为每个学生提供个性化的指导和帮助。

其次，好老师应该具备温暖和关爱的心态。他们应该关心学生的生活，关注学生的情感变化，及时给予帮助和支持。当学生遇到困难时，他们应该耐心倾听，给予积极的建议和鼓励，让学生感受到温暖和关爱。

再次，好老师还应该具备与学生建立良好关系的能力。他们应该尊重学生的个性，理解学生的需求，与学生建立起平等、互信的关系。通过与学生交流互动，了解他们的想法和意见，不断改进自己的教学方法和策略，提高教学效果。

最后，好老师还应该具备不断学习和进步的精神。教育是一个不断发展和变化的领域，好老师应该时刻保持对新知识和新教学方法的关注和探索。他们应该不断更新自己的知识储备和教学理念，以便更好地适应教育发展的需求。

综上所述，好老师是一个多面的角色，他们应该具备扎实的专业知识、温暖和关爱的心态、与学生建立良好关系的能力以及不断学习和进步的精神。他们不仅仅是传授知识的人，更是引导学生成长和发展的重要力量。

（4）随着网络科技的发展，人工智能技术的不断普及，很多职业都面临着新的发展困境，但是有调查显示，教师这个职业能够经得起时代的考验，不会被淘汰。
你认为教师这个职业有发展前途吗？

【参考答案】

教师这个职业具有非常广阔的发展前途。

首先，教师职业的社会地位逐渐提升。随着教育改革的不断深入和社会对教育的重视，教师的角色和地位越来越重要。他们不仅是知识的传播者，更是学生成长的引导者和塑造者。因此，教师职业受到了越来越多的尊重和认可。

其次，教师职业的发展路径多样化。教师可以通过不断提升自己的学历和教学能力，获得更高的职称和更广阔的职业发展空间。同时，他们还可以选择进入学校管理、教育研究等领域，或者开设自己的教育咨询公司、培训机构等，实现职业的多元化发展。

再次，教师职业与新兴技术的结合为职业发展带来了新的机遇。随着数字化、信息化等技术的快速发展，教育领域也在不断探索与新兴技术的结合。教师需要掌握数字化教学工具和技术，将其融入教学过程中，提高教学效果。这不仅为教师提供了更多的教学手段和方法，也为其职业发展带来了新的挑战和机遇。

最后，随着社会对教育质量和教育公平的关注度不断提高，教师的专业素养和教育能力也面临着更高的要求。因此，教师需要不断更新自己的知识和技能，以适应教育发展的需要，这也为教师的职业发展提供了更多的动力。

综上所述，教师职业具有非常广阔的发展前途。但是，教师也需要不断提升自己的专业素养和教育能力，积极应对教育改革和社会发展的挑战，以实现更好的职业发展。

（5）李浩是一名即将毕业的大学生，当身边的同学都在为考研、找工作或者进入企事业单位而忙碌时，李浩却只想做一名小学老师，因为他觉得小学老师轻松，没升学压力，工作相对简单，对此你怎么看？

【参考答案】

教育工作不能拈轻怕重，在任何一个岗位上都要竭尽全力地去付出，尽职尽责地去完成工作任务。

小学由于处于义务教育阶段，确实不存在繁重的学习和考试压力。但小学作为儿童身心发展的关键时期，需要做的工作非常多。特别是新老师刚进入一所小学，需要学习的地方也非常多。如果这名毕业生刚进入学校就从事班主任工作，需要面对的是整个班级的建设和班级内每一位学生的发展。

同时，老师还要做好自身的学习工作。除日常教育教学以外，还担负班级管理和塑造与培养学生良好学习生活习惯的责任。老师的工作没有严格的时间上和地点上的界限，具有时间上的连续性和空间上的广延性。

综上所述，这名大学毕业生认为小学教师轻松是一种片面的看法。不要抱着贪图享受和轻松的心态到小学来做老师，在任何一个教育岗位上都要兢兢业业地完成自己的工作。

（6）师德师风是评价教师队伍素质的第一标准，国家关于师德师风的要求是全方位的，旨在确保教师能够以高尚的职业道德和良好的行为标准来履行教育职责。这些要求不仅关注教师的专业素养，还注重其人格魅力和道德情操。

谈谈你对新时代师德师风内涵的理解。

【参考答案】

师德师风是教师应有的道德和行为规范，是全社会道德体系的组成部分。

第一，教师要有较高的思想政治素养。教师是国家和民族对下一代教育和培养的引领者，是学生成长道路上的引路人。教师要紧紧围绕教育方针，使教育更好地为社会服务，为人类精神文明和物质文明服务。

第二，教师要有高尚的道德情操，为人师表，以身作则。学生都具有向师性，教师要用模范的言行举止为学生树立榜样，用高尚的人格魅力去引领学生的心灵。

第三，教师要时刻谨记并遵守教师职业道德规范，爱岗敬业，作风正派，廉洁奉献，自觉抵制物质上的诱惑，不牟取私利。

总之，作为教师，要加强师德师风建设，以十项准则要求自己，做新时代的四有好老师。

（7）张先生非常重视教育问题，可是他的女儿小华在小学阶段一直表现平平，成绩中等，没有什么特别突出的地方。对此他感到有些失望，于是他开始四处寻找提高小华学习成绩的方法，他阅读了大量教育方面的书籍，参加了各种家长讲座。在这个过程中，他逐渐形成了一个观点：没有教不好的学生，只有教不好的老师。

于是，张先生开始对学校老师的教学方法和态度产生了质疑。他认为，小华之所以成绩平平，是因为老师没有用心教，没有找到适合小华的教学方法。他多次与学校老师沟通，要求老师改变教学方式，甚至考虑给小华换班或换校。

然而，老师们对张先生的要求感到无奈和困惑。他们表示，每个学生都有自己的特点和优势，教学需要根据学生的实际情况来进行。而且，他们已经尽力了，但每个学生的进步速度和程度都是不同的。

谈谈你对"没有教不好的学生，只有教不好的老师"这个观点的看法？

【参考答案】

这句话的本意是老师不能轻易对任何学生丧失信心，从老师自身来说，可以用这句话时刻鞭策自己在教育教学的道路上兢兢业业、努力前行。但是，学生的学习受到多方因素影响，教育质量的好坏不能归咎于某一相关主体。从外界而言，要理性看待教育结果。

习近平总书记说过："一个人遇到好老师，是一生的幸运。"一方面，老师承担着教书育人的重任，老师的知识是否渊博，师德是否高尚，教学方式是否多样等，直接影响着学生的学习效果。所以，老师必须严格要求自己，认识到自己对学生健康成长的重要意义。同时，老师不能只是将把学生培养成才作为"好"的标准，更不能用同一把尺子衡量所有的学生，要意识到每个学生都是独特的，要看到他们身上的闪光点，注重因材施教，促进每个学生健康发展，把学生培养成符合社会要求的人。

另一方面，从教学规律来看，教学属于互动性活动，学生要努力投入到学习活动中，才能取得好的学习效果。如果学生不配合学习，即使老师再"会教"，仍然会有"教不好的学生"。此外，遗传、家庭教育等因素也会影响教学质量的好坏。

因此，老师要以"没有教不好的学生，只有不会教的老师"来要求自己，不断提高自身的职业素养，认真对待每一个学生，努力发现每个学生的发展潜质，把学生培养成才。同时，老师还要争取家长和社会的支持，为学生营造良好的成长环境，取得事半功倍的教育效果。

（8）李老师毕业后，怀揣着对教育事业的热情，成为一名初中语文老师。初入职场，她满怀激情，每天都全身心地投入到教学中。然而，随着时间的推移，李老师渐渐感到自己的工作陷入了瓶颈，仿佛停滞不前。

她意识到，自己虽然一直在努力教学，但没有明确的职业规划，没有为自己设定清晰的

目标和路径。这让她感到迷茫和无助,不知道自己该如何进一步提升自己的教育水平,实现自我价值。

于是,李老师开始反思自己的职业生涯,她决定制定一份详细的职业规划。她首先分析了自己的优势和不足,明确了自己的职业目标和定位。然后,她制订了具体的实施计划,包括参加专业培训、阅读教育书籍、参与教学研究等。

在职业规划的指引下,李老师开始积极行动起来。她利用业余时间参加各种教育研讨会和培训课程,不断提升自己的教育理念和教学方法。她还积极与同事交流教学经验,参与学校的教学改革项目。

经过一段时间的努力,李老师的教学水平得到了显著提高,她的课堂变得更加生动有趣,深受学生喜爱。同时,她也获得了更多的职业发展机会,被学校评为优秀教师,并有机会参加更高层次的教育培训和学术交流活动。

如果你当上了老师,你会如何规划自己的职业生涯?

【参考答案】

凡事预则立,不预则废。尤其是对一名年轻新教师来说,未来的工作可能充满挑战,但我不会因此而退缩。为了能让自己更快、更好地成长和发展,成为领导放心、家长认可、学生喜欢的教师,我会认真规划未来,从短期、中期和长期三个方面给自己提出要求。

首先,我的近期规划是尽快融入新的工作环境,熟悉同事并营造和谐的工作氛围,掌握自己工作所需的基本知识和方法技能,通过仔细研读课程大纲,认真备课,广泛吸取同事和领导的意见和经验,不断完善课程内容,提升教学技能,迈好教师生涯第一步。

其次,我的中期规划是不断学习,夯实理论基础并提高自己的业务水平和工作能力,认真开展教研工作,积累教学经验,积极参与科研任务,实现质的提升。

最后,我的长期规划是关注学生的点滴变化,理解学生,欣赏学生,并针对他们的个性特征因材施教,成为学生信赖的朋友与导师。同时,我也会积极推进班级或者学校建设,实现组织目标,为教师事业做出积极贡献。

(9)张老师大学毕业后,满怀对教育事业的热爱,踏上了教师的岗位。然而,当她真正开始任教时,却发现自己所教的学科与自己的专业并不符合,这让她感到十分苦恼。

在大学期间,张老师主修的是文学专业,她对文学有着深厚的兴趣和扎实的功底。然而,由于学校的教学安排,她被分配到教授数学学科。面对这个与自己专业毫不相关的学科,张老师感到无所适从,甚至有些迷茫。

她努力适应新的教学环境,尝试去理解那些复杂的数学公式和定理。但是,由于缺乏专业背景,她在教学过程中遇到了很多困难。她发现自己很难将数学知识讲解得深入浅出,让学生能够真正理解和掌握。

同时，张老师也感受到了学生们的困惑和不满。他们发现老师对于数学的理解并不深刻，讲解也不够透彻，这使他们的学习效果大打折扣。学生们开始在课堂上表现出消极的态度，甚至有些学生开始质疑老师的教学能力。

面对这些困难，张老师感到非常苦恼和无助。她不知道该如何提高自己的数学水平，也不知道该如何改变学生们对数学的看法和态度。她甚至开始怀疑自己的选择，不知道自己是否适合从事教育工作。

如果你入职之后，所教的学科与自己的专业不符，你会怎么办？

【参考答案】

我在学校学的是文科专业，三年的大学生活，让我具备了很好的学习能力，也具备了很好的沟通和交际能力；虽然所教的学科与自己所学的专业不符，在工作中有可能有点困难，但是岗位不分高低贵贱，我会本着从大局出发的原则，不会怀疑，更不会抱怨，以勤勤恳恳的作风和踏踏实实的态度认真投入到工作中，重新审视自己的教学方法和态度，利用业余时间学习专业知识，参加教育培训和学术交流活动，不断提高自己的专业素养和教学能力。同时，我也会关注学生的需求和心理，用心去倾听他们的想法和困惑，积极引导他们找到学习的乐趣和动力，多管齐下，一定能够攻克难关，实现自我价值和职业成就。

（10）乡村教师王老师已经在讲台上站了数十年。尽管那里的条件艰苦，教育资源有限，但王老师从未放弃过任何一个孩子。她深知，教育对于改变孩子们的命运，乃至整个乡村的未来，都有着不可估量的重要性。王老师不仅教授孩子们课本上的知识，还注重培养他们的品德修养和综合能力。她常常利用课余时间，与孩子们交流谈心，了解他们的生活和梦想，鼓励他们努力学习，走出大山，去见识更广阔的世界。在她的努力下，许多孩子走出了大山，走进了大学，甚至有的还出国深造，成为国家的栋梁之材。这些孩子们在各自的领域里发光发热，为国家的发展贡献着自己的力量。王老师用自己的知识和热情，为国家的未来播撒了希望的种子，也用自己的行动诠释了教师的责任和担当。

结合案例中王老师的做法，谈谈你对三尺讲台系国运的看法。

【参考答案】

王老师在偏远乡村小学默默奉献的故事，可以让我们深切地感受到三尺讲台确实系国运。这不仅是对教师职业的崇高赞誉，也是对教师所承担的重要责任的深刻揭示。

王老师的故事展现了一个教师如何在艰苦的环境中，坚守教育初心，用自己的知识和热情去影响、改变孩子们的命运。她深知，每一个站在她面前的孩子，都是国家未来的希望，都是国家发展的潜在力量。因此，她不仅传授知识，更注重培养孩子们的品德修养和综合能力，为他们未来的成长打下坚实的基础。

三尺讲台虽小，但它承载的却是国家的未来和民族的希望。每一位站在讲台上的教师，都肩负着培养下一代、传承人类文明的重要使命。他们的每一次讲解、每一次辅导，都可能点燃孩子们心中的梦想，激发他们的潜能，为国家的未来发展注入新的活力。

同时，三尺讲台也是教师实现自我价值的舞台。通过教育工作，教师不仅能够传授知识、培养人才，还能够实现自我价值、收获成就感。这种成就感不仅来自学生的成长和进步，更来自对国家、对民族的贡献和担当。

因此，三尺讲台系国运是一种高度概括和深刻揭示。它提醒教育工作者，要时刻牢记自己的使命和责任，用自己的知识和爱心去影响、改变每一个孩子，为国家的未来发展贡献自己的力量。同时，也应该珍惜这个舞台，不断提升自己的专业素养和教育能力，为培养更多优秀人才、推动社会文明进步贡献自己的力量。

任务二　提高理论运用水平——教育教学类

（1）三年级一班王佳同学颇令班主任张老师感到头疼，因为她经常不交作业，今天数学老师说王佳没写应用题，明天手工老师说她没交作品。对此张老师曾多次劝说甚至批评她，但都没有效果。张老师要求她交作业，她也依旧不理不睬。张老师应该怎么处理？

【参考答案】

首先，张老师应该找学生了解情况。如果是因为学生的基础薄弱，感觉作业难度大不会做，我们可以因材施教，为她布置难度适宜的作业；如果是因为学习态度不端正，意识不到作业的重要性，我们可以对她进行疏导教育，指出不写作业的害处，告诉她按时、按要求做作业可以促进自己的学习进步。

其次，建立学习小组，加强学生之间相互交流、分享，促进良好学习习惯的养成。

最后，联系该生的家长，了解学生在家的表现及学习状态，希望家长平时能多注意对孩子的教育，家校合力共同督促学生完成作业。

总之，遇到学生出现的问题，教师要具体情况具体分析，关注每一名学生，促进学生全面健康的发展。

（2）新学期，李老师任教的班级来了一名学生小小，她不善于与人交往，喜欢重复做同样的事情。在个人认知和情感管理方面比较薄弱，对于自己的情绪和行为表现往往出现不适当的反应，有自闭症的倾向。李老师很担心自己专业知识不足，可能会做得不好。李老师下一步应该怎么做？

【参考答案】

对于李老师来说，班级有一位自闭症儿童确实具有挑战性。对此，李老师可以这样做：

首先，学校领导将自闭症学生放在李老师班级，说明是对他工作能力的充分信任，所以李老师要勇于承担这项工作任务。作为教师，不应该对特殊儿童戴有色眼镜，反而应该给予其更多的关注和教育。

其次，李老师突然遇到这种情况有所担心是可以理解的，李老师承担起这项任务的同时也需要进行自我提升，平时多学习心理学相关的知识，了解自闭症儿童的症状和教育措施。

总之，相信在李老师、家长还有校方多方努力配合下，一定会使小小尽快地适应小学生活，健康快乐地成长。

（3）丁老师是三年级一班的班主任，她说话温柔，对学生总是抱有包容之心，一班的学生也非常喜欢丁老师；而黄老师是三年级二班的班主任，她做事严谨，总是以严肃的纪律要求学生，二班的学生们对黄老师是又爱又怕。你如何看待这两位老师的教育方式？

【参考答案】

如果我是老师，我会辩证地看待问题。丁老师以宽容待学生，黄老师以严肃的纪律要求学生，这两种教育方式各有优缺点，需要根据具体情况进行选择和运用。

首先，丁老师以宽容待学生，能让学生感受到温暖和关爱，能增强学生的自信心和自尊心，有利于学生的身心健康和全面发展。同时，丁老师也能够培养学生的宽容和包容心，让学生学会理解和尊重他人，有利于学生人际交往和社会适应能力的提高。

其次，黄老师以严肃的纪律要求学生，能够让学生明确自己的责任和义务，增强学生的纪律意识和责任意识，有利于学生的自我管理和自我约束能力的提高。同时，黄老师也能够提高学生的学习效率和学习成果，让学生更好地掌控知识和技能，有利于学生的学业发展和未来的职业发展。

综上所述，丁老师以宽容待学生和黄老师以严肃的纪律要求学生都有其优点和不足，需要根据具体情况进行选择和运用。在教育教学工作中，我们应该注重个性化教育，根据每个学生的特点和需求，采取不同的教育方式和方法，以帮助学生挖掘自己的潜力，实现自己的目标。同时，我们也应该注重班级管理和团队合作，通过班级管理和团队合作，让每个学生都能够得到充分的关注和帮助，共同实现班级和团队的目标。

（4）三年级四班的小花是留守儿童，父母常年在外打工，她和年迈的奶奶在家生活，平时衣服总是不整洁，上学经常迟到甚至旷课。任课教师不喜欢她，有时她还会和任课教师

发生冲突。针对这一情况，作为小花的班主任，你要怎么帮助小花呢？

【参考答案】

作为班主任，遇到这种情况，应该多方沟通，努力解决问题。

首先，应该和小花谈心，让她放松心态、敞开心扉与我们交流。留守儿童往往会因为父母长期在外务工，缺乏看管和照顾，导致生活卫生习惯不好。谈话中可以进一步了解小花目前的家庭状况，对她的生活进行深入的了解，并帮助她解决实际的生活问题。

其次，我们应该和小花的父母沟通，请他们常回家看看，多给孩子一些陪伴，多关注孩子的成长和发展，家校合力共同帮助孩子改正不良习惯。

再次，我们还应该和任课教师及时沟通，说明小花目前的实际情况，希望老师们做到一视同仁，不要用带有偏见的眼光看待小花，而应该给予小花更多的关爱。

最后，发挥同伴互助教育的作用，引导学生与小花交朋友，使她感受到集体的温暖。

总之，留守儿童是特殊的群体，作为教师要高度关注他们存在的问题，和家长保持良好沟通，共同促进学生的成长。

（5）一名小学生的家长在网上诉说了自己孩子的遭遇，因为孩子在课堂上听写时出了错误，被老师罚写了100遍，家长觉得这么做有点过火了。但网友们说法不一，很多人都觉得老师的做法没有错，"我们都是这样过来的。""每个人都有自己的教育方法。""现在的孩子这么金贵吗？""这点挫折都受不了，以后到了社会怎么办？"你是怎么看待这位老师的教学方式的？

【参考答案】

首先，我们要知道，老师让学生罚抄100遍的做法并不是最好的解决方式。这种惩罚性的做法可能会让学生感到沮丧和挫败，将会对学生的自尊心、自信心造成很大的负面影响。

其次，老师应该采取更加科学和有效的方式来帮助学生纠正错误，如让学生重新写一遍或者给予恰当的指导和帮助。

再次，老师的做法可能会让学生对学习产生厌恶和抵触情绪，从而影响学生的学习兴趣和积极性。

最后，教育工作者应该注重培养学生的自主学习能力和自我纠错能力，让学生能够更好地发现和纠正自己的错误，提高学习效果和学习质量。

总之，我不认可老师让学生罚抄100遍的做法，这种惩罚性的做法可能会对学生的自尊心和自信心造成负面影响。并且老师不能体罚或变相体罚学生，而应该采取更加科学和温和的方式来帮助学生纠正错误，同时注重培养学生的自主学习能力和自我纠错能力，提高学生的学习效果和学习质量。

（6）琳琳是五年级一班的学生，五年级课程刚开始时，琳琳觉得学习很吃力，老师留的任务总是完成得不好，于是班主任和琳琳的家长沟通了解情况，一起寻找原因，结果这段时间琳琳调整了状态，在课堂上明显有了很大的进步，并且还给老师发信息说她对在课堂上能回答出老师的问题感到很开心。作为班主任，你应该怎么回应学生？

【参考答案】

首先，应该及时回复学生的短信，感谢她的反馈和支持。并且告诉她，很高兴她能够参与课堂讨论，老师为此感到开心和欣慰。

其次，应该找时间与学生进行面对面的交流，了解她的想法和感受。会告诉她，老师很重视她的反馈和意见，希望她能够继续参与课堂讨论，并且提出更多的想法和建议。

再次，在课堂上多鼓励学生积极参与讨论，并且给予他们充分的支持和鼓励。告诉他们，每个人都有自己的想法和观点，只有通过积极参与和交流，才能够更好地学习和成长。

最后，作为一名教师我们应该积极关注学生的反馈和意见，鼓励他们积极参与课堂讨论，并且给予他们充分的支持和鼓励。只有通过有效的沟通和交流，才能够建立起良好的师生关系，促进学生的全面发展。

（7）郑老师是某小学的一名青年教师，并且承担班主任工作，他深深服膺于伟大的人民教育家陶行知先生"爱满天下"的教育格言，发誓要做一名热爱学生的优秀教师。大学毕业走上工作岗位后，郑老师一心扑在对学生的教育教学上。为了了解和接近学生，他经常与学生一起参加课外甚至校外活动，如打球、下棋、逛电子游戏厅等，几乎对学生的各种愿望都有求必应，因为这件事任课教师曹老师不止一次地提醒郑老师要注意和学生的相处方式，不能有求必应地和学生相处，可郑老师不以为然，还反驳道：我是他们的班主任，我想怎么相处是我的事儿，不用你多管。对于郑老师的做法你怎么看？

【参考答案】

首先，我不赞成郑老师的做法。一方面暴露了班主任教育智慧、教育力量不足的问题，处理问题太过于简单粗暴；另一方面没有尊重曹老师，容易伤害曹老师的情感，不利于班主任和任课教师之间良好合作关系的发展，破坏了教育合力。

其次，作为班主任，面对和曹老师之间的争端，应该进行坦诚的、深刻的沟通和交流，表达各自的立场和看法，大家的目的都是一致的，找到共同点，最终形成一致意见。

再次，当遇到此类问题不能有效解决时，可以多向有经验的老教师请教，或者是求同存异而不是简单粗暴地下决定。

最后，班主任和任课教师应该相互尊重，共同合作，为学生的学习和成长提供更好的支持和帮助。郑老师需要在后面的教育教学过程中提升自己的教学水平，营造良好的人际关系。

（8）很多人认为学生成绩评定过于强调分数和排名，可能会给学生带来过多的压力，影响学生的身心健康和全面发展，此外如果评定方式不合理或不公正，也可能会对学生的自信心和学习动力产生负面影响，给学生增加压力和负担，因此有些人提出取消成绩评定，这是否合理？

【参考答案】

取消成绩评定的做法不合理。

首先，成绩评定是学生学习的重要反馈机制，虽然会增加学生的压力和负担，但是成绩评定可以帮助学生了解自己的学习成果和不足之处，激发学生的学习动力和积极性。

其次，我认为成绩评定应该是全面的，不仅仅是对学生学习成绩的评价，还应该包括对学生综合素质的评价。学生的综合素质包括道德品质、身心健康、社会责任感等方面，这些素质评价也应该纳入成绩评定的范畴。

最后，我认为成绩评定应该注重学生的个性化发展，根据学生的实际情况进行个性化评价，帮助学生发挥自己的优势和特长。

因此，我们应该辩证看待成绩评定的问题，不是简单地取消或者维持现状，而是要探讨如何更好地进行成绩评定，促进学生的全面发展。

（9）小伟是一名五年级的学生，他长得胖乎乎的，能说会道，是个挺可爱的男孩。可是在学习方面就没那么好了，上课时思想总是不能集中，做作业时动作很慢，总是磨磨蹭蹭，而且不肯动脑筋，回家写作业也很慢或者写不完整，书写潦草，小组长怎么提醒都没用。作为老师，遇到这样的学生应该怎么办？

【参考答案】

作为老师，我会高度重视，积极引导。

首先，与小伟沟通交流，了解他磨蹭的原因。如果是因为注意力不集中，我会引导小伟在规定的时间内完成，在完成前不能离开座位，使其集中注意力提高效率；如果是因为天生性格比较磨蹭，我会引导他做事前先制订计划，然后按照计划来进行，如果是因为缺少时间观念，我会根据小伟的具体能力给其规定完成作业的时间，让他学会管理时间，做时间的主人。

其次，与家长沟通，了解小伟的性格和平时的习惯，引导家长在家中也对小伟进行速度训练，形成家校教育的一致性和连贯性。

最后，持续对小伟进行关注，以此逐步改掉他做事磨蹭的不良习惯。

总之，学生在成长过程中会出现各种各样的问题，改变是一个长期的过程。作为教师要寻找原因，对症下药，引导学生健康发展。

（10）一个学生经常迟到，很影响课堂秩序，王老师觉得可以用罚站或者扣分的方式惩罚学生，使其改掉这个坏习惯。而庄老师则认为应该私下找这位学生进行面对面的沟通，了解他迟到的真正原因，如果有困难或者特殊情况应该给予一些实际的帮助，通过这种关心和理解，让学生感受到老师的关怀，从而产生内心的触动，他就会意识到自己的行为对别人造成了不便，并且愿意主动改变。惩罚似的教育与感动似的教育哪个更有效？你怎么看？

【参考答案】

从辩证的角度来看，感动和惩罚都是教育手段的一部分，都有其适用的情境和条件。

首先，惩罚是一种负面的教育手段，不仅会影响学生的学习兴趣和积极性，还可能导致学生产生逆反心理和不良行为。

其次，感动是一种积极的教育手段，不仅能够激发学生的情感共鸣，而且可以促使学生对学习和生活更有热情和动力，培养学生的人文情怀，使他们更加具备社会责任感和共情能力。

因此，作为教育者，我们应该根据不同的情境和条件，采用不同的教育手段，要以感动为主，以惩罚为辅的教育方式，以创造良好的学习氛围和个性化教学为目标，最终实现学生成长和全面发展。

任务三　组织富有成效的活动——活动组织类

（1）随着元旦的临近，张老师所在的学校准备举办一场盛大的元旦晚会，以庆祝新年的到来。张老师作为班级的组织者，非常希望能给孩子们一个难忘的元旦回忆，于是她精心策划了这场晚会。然而，当张老师向家长们传达这一消息并征求他们的意见时，却遭遇了一些家长的反对。这些家长的理由多种多样。

有的家长担心元旦晚会会占用孩子们的学习时间，认为在学期末应该更加专注于复习和准备期末考试，而不是参与这样的活动。家长们认为这样的晚会可能会分散孩子们的注意力，影响他们的学业成绩。还有一些家长对晚会的安全性表示担忧，他们担心在晚会现场可能会出现一些意外情况，比如孩子们在玩耍时受伤或者发生其他安全事故。他们希望学校能够更加注重孩子们的安全问题，而不是举办这样的活动。面对家长的反对意见，张老师感到非常困惑和无奈。

你认为张老师应该怎么办？

【参考答案】

面对家长的反对，张老师可以考虑通过以下几方面来应对：

首先，张老师应深入了解家长的担忧和顾虑。可以通过一对一的沟通、线上问卷或家长会议的形式，收集家长的意见和建议，明确他们反对的具体原因。这样，张老师就能更准确地把握家长的诉求，从而制定更合适的方案。

其次，张老师可以根据家长的反馈，调整晚会的策划方案。例如，可以考虑在晚会中穿插一些与学习相关的活动，让学生们在放松的同时也能有所收获；或者缩短晚会的时间，确保不会过多占用学生的学习时间。

同时，张老师还可以强调晚会的安全保障措施。向家长详细解释学校将如何确保晚会的安全，包括场地布置、人员配备、应急预案等方面，让家长放心。

再次，张老师还可以邀请家长参与到晚会的筹备工作中来。让家长成为晚会的协办者，这不仅可以增加他们的参与感和归属感，还能让他们更加了解和支持晚会。

最后，张老师可以通过展示晚会的意义和目的，来争取家长的理解和支持。

（2）育红小学班主任李老师，计划组织一次为班级里家庭经济困难的同学献爱心的活动。她希望通过这次活动，培养学生们的同情心和乐于助人的品质，同时让经济困难的学生感受到班级的温暖。然而，在动员学生参与的过程中，李老师却遇到了一些困难。有一部分学生表现出不愿意参与的态度，他们觉得献爱心活动没有意义，或者认为自己的钱应该用来买自己喜欢的东西，而不是捐给别人。面对这种情况，李老师感到很困惑和无奈。她尝试与这些学生进行沟通，了解他们的想法和顾虑，但学生们似乎并不愿意多谈。李老师也试图通过班会等形式，向学生们强调献爱心的重要性，但效果并不显著。

你认为李老师应该怎么办呢？

【参考答案】

为了解决这个问题，李老师可以尝试以下措施：

首先，深入了解学生的想法和顾虑，与他们进行真诚的沟通，引导他们认识到献爱心的重要性和意义。

其次，通过讲述一些真实的故事或案例，让学生们感受到经济困难同学的困境和需要，激发他们的同情心和帮助他人的愿望。

再次，设计一些有趣的献爱心活动形式，如义卖、募捐比赛等，让学生在参与中感受到乐趣和成就感。

最后，与家长进行沟通，争取他们的支持和配合，共同引导学生树立正确的价值观和人生观。

总之，解决学生不愿意参与献爱心活动的问题需要耐心、理解和引导。只有深入了解学生的想法和顾虑，并采取有效的措施来引导他们，才能让他们真正认识到献爱心的重要性和意义，从而积极参与其中。

（3）班主任赵老师，发现班上的学生大多来自城市，由于家庭背景和教育环境的影响，他们对红色历史和革命传统知之甚少。甚至有些学生对革命先烈的事迹持怀疑态度，认为这些故事是夸大其词的，缺乏对红色精神的认同和尊重，也缺乏为国家和社会做贡献的责任感和使命感。面对这种情况，赵老师十分担忧，他决定召开一次以红色教育为主题的班会活动。

你认为赵老师应该怎么做呢？

【参考答案】

首先，明确班会的主题和目标。红色教育是中国特色社会主义教育的重要组成部分，旨在传承红色基因，弘扬革命精神。因此，将班会主题设定为"传承红色基因，弘扬革命精神"。此次班会的目标是通过班会活动，让学生深入了解红色历史，感受革命先烈的英勇事迹，增强爱国主义情感和民族精神。

其次，精心策划班会内容。搜集相关的红色教育资源，并结合学生的年龄特点和认知水平，设计适合他们的活动内容。例如，可以组织观看红色影片，让学生直观感受革命历史的震撼；可以开展红色故事分享会，让学生讲述自己了解的红色故事，激发情感共鸣；还可以进行红色歌曲合唱，通过歌声表达对革命先烈的敬仰之情。

再次，注重班会形式的多样性和互动性。为了让学生更加积极参与班会活动，要采用多种形式和互动方式。例如，可以设置小组讨论环节，让学生围绕某个红色主题展开讨论，分享自己的见解和感受；可以开展红色知识竞赛，通过答题的形式检验学生对红色历史的了解程度；还可以邀请老一辈革命家或红色教育基地的工作人员来校进行讲座或分享，让学生与他们面对面交流，深入了解红色历史和文化。

最后，做好班会的总结和反馈。班会结束后，及时对活动进行总结，梳理学生的表现和收获，并记录下活动中的亮点和不足。同时，通过问卷调查或个别谈话等方式，收集学生对班会的反馈意见，以便在以后的活动中不断改进和提高。

（4）张老师今年刚刚从师范大学毕业，光荣地成了一名班主任，此时的他既兴奋又迷茫，因为他马上要组织召开一次家长会。作为班主任应该做哪些工作，才能取得家长的信任与支持呢？

【参考答案】

作为一名新手班主任，张老师在接手班级不久后就面临着组织第一次家长会的挑战。这不仅是与家长建立良好关系的关键时刻，也是展示自己教育理念和能力的机会。因此，张老师可以从以下几个方面入手：

首先，会前准备。

张老师应该提前一周开始准备家长会的相关事宜。通过班级微信群、电话和书面邀

请等多种方式，通知所有学生家长，并特别提醒家长会议的时间、地点和目的。对于一些因故不能出席的家长，也要做记录，并计划在会后通过电子邮件或电话与他们沟通会议内容。

其次，布置教室。

在家长会的前一天，张老师应该精心布置教室。准备好写有学生姓名的座位标签，以便家长可以顺利对号入座。教室的墙上贴满学生的作业和班级活动的照片，展示学生在校的学习和生活状态。同时，准备一块小黑板，上面写有家长会的议程和家长意见反馈表。

再次，家长会当天。

在家长会当天，张老师应该提前到达教室，与几位学生助手一起迎接家长的到来。学生各司其职，有的负责签到，有的负责引导家长入座，还有的负责为家长提供茶水。

家长会开始后，张老师应该对家长表示欢迎，并简要介绍自己的教育理念和班级管理的思路。接着，详细分析班级的整体情况，包括学生的学习成绩、行为习惯、兴趣特长等方面。在分享每个学生的表现时，要特别注重表扬和肯定，同时也应该诚恳地指出学生存在的问题和不足，并给出具体的改进建议。为了让家长更加深入地了解孩子在校的情况，还可以邀请几位任课教师和学生代表发言。任课老师分享自己在教学中的体会和发现，而学生代表则可以谈谈自己的学习感受和班级生活的点滴。

最后，会后总结。

家长会结束后，张老师应该及时整理家长会的所有材料，包括发言稿、签到表和家长意见反馈表等，并上交给年级组存档。

（5）临近期末，班主任张老师正在为即将到来的"三好学生"评选而忙碌。她深知，这次评选不仅是对学生过去一年努力的认可，更是对他们未来发展的激励。然而，在评选过程中，张老师遇到了一些意想不到的问题。张老师按照学校的评选标准，初步筛选出了几位表现优秀的学生作为候选人。然而，当她在班级群里公布候选人名单时，却引发了一场不小的争议。

有些学生认为，候选人中有一位学生虽然学习成绩优异，但在团队合作和班级活动方面表现平平，不应该被评选为"三好学生"。而另一些学生则认为，评选应该更注重学习成绩，因为成绩是衡量一个学生是否优秀的重要标准。

面对学生的争议，张老师应该怎样做呢？

【参考答案】

首先，明确"三好学生"的评选方案，初步确定评选细则，如评选的标准、人数、评委等。初步定好的评选方案，交于校领导审核、学生审阅。审核通过后，按照评选方案有序进行。

评选标准包括品德好（爱国、尊敬师长、热爱班集体、团结同学等）、学习好（目标明确、求知欲强、按时完成作业、成绩优秀等）、身体好（体育达标、自觉锻炼、有良好的习惯等）。

其次，确定好标准后，按照班级比例采取学生推荐、自荐的方式，初步拟定名单，结合任课教师的意见最终确定名单。将确定的名单进行公示，公示无异议后，颁发相应的奖励。

最后，将此次评选活动进行总结反思，便于为后期更好地开展类似活动积累经验。

（6）班级文化，是班级的灵魂，是班级凝聚力和向心力的源泉。一个优秀的班级文化，不仅能够激发学生的学习热情，提高学习效率，更能够培养学生的团队合作精神、创新意识和社会责任感。为了营造一个更加和谐、积极、富有活力的班级氛围，学校要开展一次班级文化建设活动。作为班主任你应该怎么做呢？

【参考答案】

班级文化是以班级成员的言行倾向、班级人际环境、班级风气等为主体标识，班级的墙报、黑板报、活动角及教室内外环境布置等则为物化反映。班主任可以从以下方面进行班级文化建设：

第一，班级物质文化。从班级的教室环境、教学设施、各种墙报、宣传画、图书角、荣誉牌等方面出发进行合理安排布局，为学生建设一个舒心的物质文化环境。

第二，班级行为文化。班级行为文化主要指班级开展的各种文化活动，教师要积极组织学生开展丰富多彩的主题文化活动、竞赛活动、社会实践活动等。引导学生根据班级文化建设中动态生成的信息与存在的问题，开展适合学生生活需要与内心需求的教育活动。

第三，班级制度文化。没有规矩，不成方圆。科学、民主、健全的班级管理制度是班级文化的另一核心，是良好班风得以形成的有力保证。班主任要设立有形和无形的班级制度文化，如建立班级守则、班规等。

第四，班级精神文化。在这方面首先应形成班级凝聚力和集体荣誉感，良好的舆论导向和优良学风，集体需要一种蓬勃向上、争优创先、爱班好学的精神。

另外，班级文化需要全体学生的巩固，只有使每一个学生对班级产生归属感，才能使班级在个体的力量之上向前发展。在进行班级文化建设时，硬文化和软文化建设二者要兼顾，只有创造良好的班级氛围才能让学生们在学习中获得快乐，在学习中获得成长。

（7）为庆祝六一国际儿童节，增进师生之间的情感交流，展示学生的才艺与风采，学校决定举办一次以班级为单位的庆祝联欢会。作为班主任，你应该如何组织六一国际儿童节联欢会呢？

【参考答案】

作为班主任,组织六一国际儿童节联欢会是一个既有趣又充满挑战的任务。可以采取以下步骤来确保活动的顺利进行:

首先,提前与学生进行沟通和讨论,了解他们的兴趣、特长和期望。根据学生的意见来策划活动,确保节目内容既符合节日氛围,又能满足学生的期待。然后制订一个详细的活动计划,包括联欢会的时间、地点、流程以及所需物资等。提前安排好场地布置、音响设备、道具等,确保当天的活动顺利进行。同时,鼓励学生积极参与节目的筹备和排练。组织他们分组进行节目表演,可以是歌舞、小品、魔术等各种形式。班主任适时提供一些指导和建议,帮助学生提升表演水平。

其次,在联欢会当天,教师担任主持人的角色,引导学生按照流程进行表演。注重活动的互动性和趣味性,鼓励学生积极参与互动游戏和抽奖环节,增加活动的乐趣和惊喜。此外,邀请家长和其他老师前来观看联欢会,让他们共同见证学生的成长和进步。

最后,活动结束后,要及时总结活动的经验和教训,以便今后更好地组织类似的活动。教师要对学生的表演给予肯定和鼓励,让他们感受到自己的努力和成果得到了认可。

总的来说,作为班主任应尽力为学生营造一个温馨、欢乐、有意义的六一儿童节联欢会,让他们在欢笑和掌声中度过一个难忘的节日。

(8)为丰富学生的课余生活,增强学生体质,激发学生克服困难的勇气和敢于拼搏、善于合作的精神,学校计划开展一场运动会。作为班主任,你应该如何组织学生参加运动会呢?

【参考答案】

班主任在组织学生参加运动会时,需要精心策划和准备,以确保活动的顺利进行和学生的积极参与。可以从以下几个方面做准备:

第一,明确运动会的目的与意义。

班主任需要向学生解释运动会的目的和意义,让他们了解运动会不仅是一个展示体育技能的平台,更是一个培养团队协作精神和增强班级凝聚力的机会。

第二,制订详细计划。

班主任需要提前制订一个详细的运动会计划,包括比赛项目、时间安排、人员分工等。这样可以确保运动会的顺利进行,并避免临时出现混乱和延误。

第三,积极动员与选拔。

班主任要积极动员学生参加运动会,鼓励他们根据自己的兴趣和特长选择参赛项目。同时,班主任也要认真选拔运动员,确保每个项目都有合适的人选参赛。

第四,组织训练与指导。

在运动会前，班主任可以组织学生进行一些有针对性的训练，帮助他们提高运动技能和竞技水平。同时，班主任也应提供必要的指导和建议，让学生能够更好地应对比赛中的挑战。

第五，加强安全与保障。

在运动会期间，班主任要特别关注学生的安全问题。要确保比赛场地的安全、器材的完好，并提前制定应急预案，以应对可能出现的突发情况。

第六，营造良好氛围。

班主任可以组织学生制作运动会标语、横幅等，以营造浓厚的运动氛围。同时，班主任也要鼓励学生在比赛过程中相互支持，展现班级良好的精神风貌。

第七，及时总结与表彰。

运动会结束后，班主任要及时进行总结，分析运动会的成果和不足，以便今后更好地组织类似活动。同时，班主任也要对表现优秀的运动员和团队进行表彰和奖励，以激发他们的积极性和荣誉感。

总之，班主任在组织学生参加运动会时，要注重细节，关注学生的需求和安全，并努力营造一个积极向上、充满活力的氛围。这样不仅可以提升学生的运动技能，还能增强班级的凝聚力和向心力。

（9）王老师是一位新晋的班主任，面临着选班委的重要任务。他深知班委的选择不仅关系到班级的日常运作，更关系到班级的整体氛围和学生的成长。那么，王老师应该如何选择班委呢？

【参考答案】

班主任在组织班委竞选时，要确保过程公平、公正、公开，同时充分激发学生的参与热情，让他们感受到自己的责任感和使命感。可以从以下几个方面入手：

第一，明确竞选职位与职责。

班主任首先需要明确班级管理的需求和职位设置，如班长、学习委员、生活委员等。对于每个职位，班主任要清晰地列出其职责和期望，以便学生了解并对照自身条件进行报名。

第二，广泛动员与宣传。

利用班会、班级群等渠道，向全班学生宣传班委竞选的意义和重要性，激发学生的参与热情。强调班委不仅是服务同学的角色，更是锻炼自身领导力和组织协调能力的机会。

第三，设立报名与资格审查环节。

设定明确的报名期限和方式，鼓励学生积极报名参选。对报名者进行资格审查，确保他们符合参选条件，如无重大违纪记录、学习表现良好等。

第四，组织竞选演讲与答辩。

安排一个竞选演讲和答辩的环节，让参选者展示自己的优势、对职位的理解以及未来的工作计划。演讲和答辩可以在班会上进行，也可以利用课余时间组织专场活动。

第五，投票与计票。

班主任需要制定一个公平、公正的投票规则，确保每位学生都有参与投票的权利。投票可以采用匿名方式，以减少外界干扰和压力。计票过程要公开透明，可以邀请部分同学或老师共同监督。

第六，公布结果与交接工作。

在投票计票完成后，及时公布选举结果，并对当选者表示祝贺。对于未当选的同学，班主任也要进行鼓励和安慰，肯定他们的参与和付出。组织新老班委进行交接，确保班级管理工作的顺利进行。

第七，对班级干部的培训与指导。

对于当选的班委成员，班主任要给予必要的培训和指导，帮助他们更好地履行职责。定期召开班委会议，听取他们的工作汇报和建议，及时解决问题和困难。

通过以上步骤，班主任可以组织一次公平、公正、公开的班委竞选活动，激发学生的参与热情，培养他们的责任感和使命感，同时也为班级管理工作打下良好的基础。

（10）为加强学校与家长之间的沟通与联系，让家长更加全面地了解学生在校的学习、生活情况以及学校的教育理念和教学环境，学校决定举办一次家长开放日活动。作为班主任，你应该怎么做呢？

【参考答案】

班主任开展家长开放日活动是一项重要的工作，它有助于增强家校之间的沟通与互动，让家长更全面地了解孩子在学校的学习和生活情况。班主任开展家长开放日活动可以按照以下步骤：

第一，明确活动目的与意义。

班主任应明确家长开放日活动的目的和意义，即通过展示学校的教育环境、教育理念、课程设置以及学生在校的学习生活情况，增进家长对学校工作的了解和支持，促进家校共育。

第二，制定详细的活动方案。

确定活动时间、地点和流程，确保活动有序进行。

安排学生展示环节，如课堂展示、文艺表演等，让家长看到孩子的成长与进步。

设计亲子互动环节，增强家长与孩子之间的情感联系。

第三，做好准备工作。

提前通知家长开放日的时间和地点，邀请家长积极参与，对教室、操场等开放区域进行整理和布置，营造温馨、整洁的环境，准备相关材料，如学生作品、课程介绍等，供家长参观和了解。

第四，引导家长参与活动。

在活动过程中，班主任要热情接待家长，引导家长参观校园、教室等区域，了解学校的教育环境。班主任要组织好学生的展示环节，让家长看到孩子的风采和成长。鼓励家长与孩子共同参与亲子互动环节，增进亲子关系。

第五，与家长进行互动交流。

在活动结束后，班主任可以组织家长会，与家长进行互动交流，解答家长的疑问和困惑。班主任可以收集家长的意见和建议，为今后的工作提供参考和改进方向。

第六，做好活动总结与反馈。

对活动进行总结，评估活动的效果和不足，为今后的家长开放日活动提供经验和借鉴。将活动照片、视频等资料进行整理，制作成精美的相册或视频，分享给家长，让家长感受到孩子在学校的成长和进步。

通过以上步骤，班主任可以成功地开展家长开放日活动，增进家校之间的沟通和理解，促进孩子的健康成长。

任务四　践行和谐的人际关系——人际关系类

（1）前几天，学校组织了跳韵律操的课外活动，小红的好朋友小染参加了这个活动，并向老师推荐小红参加。刚开始小红不清楚是干什么的，也欣然答应了。下午上学的时候，小染突然告诉小红放学后要排练，可小红放学后还有奥数课要上呀，这可怎么办？小红一下心里乱作一团。终于熬到了下课，她跑下楼，想听一下老师对活动的具体安排。来到操场，老师说本次活动是学校组织的集体活动，要一直参加到11月结束，每天下午得到6点才能出校门。小红心里一惊，心想，我的奥数课是在下午5点40分上课，如果是这样的话，我就不能按时上奥数课了，妈妈在学校门口也接不到我，肯定会很着急的，这该怎么办？时间一分一秒的过去，还有一分钟奥数课就要上课了，肯定迟到了，赶不上奥数课了，顿时，小红心情沮丧到了极点。等到活动终于结束了，小红背上书包，像离弦的箭一样跑出学校。妈妈把她送到了奥数班，看看表，还好刚迟到五分钟。晚上回家后，小红心情逐渐平静下来，心想，刚才老师说不能退出活动，如果退出会给班级扣分，可和妈妈的交谈中，妈妈认为她上奥数课的时间是不能有变化的，不行就和老师说明一下情况先不参加了。作为小红的老师，你怎么看待这件事？

【参考答案】

对于这个问题，作为老师，我认为应该辩证地看待。

第一，小红的妈妈认为集体利益与孩子无关，可能是出于爱子心切，希望孩子可以面对事情的时候先考虑自己的需求。但是我不认同小红妈妈的观点。长此以往，容易让孩子变得冷漠，不利于孩子的可持续发展。

第二，集体利益是个人利益的基础和保障，集体利益高于个人利益，学生每天在班集体中一起生活。班级是学生的大家庭，培养学生的集体利益是非常重要的。班集体的荣誉和利益应该是靠大家共同维护和塑造的，并不是一个人就能完成的。学会维护集体利益不仅对班级有好处，更能培养学生的集体意识和责任感，也有利于自身的发展。

第三，我们要把集体利益和个人利益紧密结合起来，既要以集体利益为重，又要尊重和维护个人利益。当个人的愿望和要求与集体利益发生矛盾和冲突时，要自觉服从集体利益。

综上所述，当家长和老师教育观点发生冲突，作为教师要与家长进行有效的交流和沟通，形成家校合力，促进学生的全面发展。

（2）在五年级三班的家长会上，班主任何老师在介绍完孩子们的成绩后，委婉地说了一下班级的年级排名和她不能很好地照顾到每一个学生的情况，希望家长们能抽出更多的时间关注孩子们的学习。你觉得何老师的做法如何？

【参考答案】

这位老师的做法欠妥。

首先，班主任在家长会上坦诚自己不能很好地照顾到每一个学生，这种做法可能会引起家长的担忧和不满，因为家长希望班主任能够关注每一个学生的学习和生活情况。

其次，作为班主任应不断地提高教学质量和教学效果，让每一个学生都能够得到充分的关注和照顾。

再次，班主任也可以鼓励家长积极参与到学生的教育教学中来，共同关注学生的成长和发展，实现家校共育。

最后，班主任应该认真对待每一个学生，了解每一个学生的学习和生活情况，及时发现和解决问题，让每一个学生都能够得到充分的关注和照顾。

（3）开学后，欣然在语文课上有注意力不集中的表现，老师结合她的课堂表现，有目的地针对她的溜号行为进行了正确的引导，通过频繁的课堂提问提醒她调整上课状态，但欣然的妈妈并不这么认为，她觉得老师在课堂上经常提问是对欣然不满的表现，进而对老师产生了很大的意见，对此你怎么看待？

【参考答案】

首先,老师提问是教学中的一种常见方式,可以帮助学生巩固知识和提高思维能力。但是,老师提问的方式和频率应该适当,不能过于频繁或者过于刁钻,否则会让学生感到压力和焦虑。

其次,家长对老师提问的方式和频率有意见,应该及时与老师进行沟通,了解老师的教学理念和教学目标,共同探讨解决方案,让家长了解老师提问的意义和作用。

再次,老师提问的目的是帮助学生学习和成长,而不是刁难学生或者展示自己的能力。老师应该注重提问的方式和方法,让学生感到愉悦和轻松,激发学生的学习兴趣和积极性。

最后,教育是一个合作的过程,家长和老师应该共同关注学生的学习和成长,相互理解和支持,共同促进学生的发展。

总之,我认为老师提问是教学中的一种常见方式,可以帮助学生巩固知识和提高思维能力。但老师也应该注重提问的方式和方法,让学生感到愉悦和轻松,激发学生的学习兴趣和积极性。在面对家长提出意见时,应该及时与家长进行沟通,让家长了解老师的教学理念和教学目标,共同探讨解决方案。教育是一个合作的过程,家长和老师应该共同关注学生的学习和成长,相互理解和支持,共同促进学生的发展。

(4)最近有一则新闻在网上传得很火,重庆一所小学六年级某班的37个孩子个个是"大厨",每个孩子都会做20个左右的拿手菜,因为学校为学生在学校开设了烹饪课程,孩子们也从最初的什么都不会到慢慢"精通"各种菜式。但是也有不少家长提出了反对意见,有家长说,这样的课程纯粹就是糊弄学生,孩子太小,做菜中的刀、油、火都会对孩子造成潜在的威胁。对于这件事你是怎么看的?

【参考答案】

我认可学校开展烹饪课的行为。

首先,烹饪是一项非常实用的技能,可以帮助学生掌握健康饮食的知识和技能,提高学生的生活自理能力。此外,烹饪课也可以培养学生的创造力和团队合作精神,让学生在实践中学习和成长。

其次,我认为家长反对学校开展烹饪课也是可以理解的。家长可能担心学生在烹饪过程中会受到伤害,或者担心学生会在烹饪课上浪费时间,影响学生成绩。因此,学校需要与家长进行主动沟通,让家长了解烹饪课的内容和采取的相关安全措施,消除家长的疑虑和担忧。

再次,学校开展烹饪课需要注意安全问题。学校需要制定详细的安全规定和操作流程,确保学生在烹饪过程中不会受到伤害。同时,学校也需要配备专业的烹饪设备和器材,

保证学生在安全的环境下进行烹饪。

最后，学校开展烹饪课需要综合考虑各方面的因素。学校需要根据学生的需求和家长的反馈，不断改进和完善烹饪课的内容和形式。同时，学校也需要与家长和社会各界进行广泛的沟通和合作，共同推进学生的全面发展。

总之，烹饪课不仅可以帮助学生掌握健康饮食的知识和技能，还可以提高学生的生活自理能力，培养学生的创造力和团队合作精神。但是，在开展烹饪课之前，学校要注意安全问题，还要及时与家长进行沟通，综合考虑各方面的因素，共同推进学生的全面发展。

（5）赵晗的父母在城里做生意，平时主要是由爷爷接送。因为经常在外，没有尽到教育的责任，赵晗的父母偶尔听到老师"告状"后大多采用恐吓、打骂的方式教育。当孩子犯了错误，讲道理又不听时，他们往往先大声训斥，再犯就是一顿痛打，从来不关注孩子的心理过程。赵晗十分不满父母的教育方法，但是又没办法。作为班主任，你会怎么办？

【参考答案】

首先，班主任要与赵晗进行面对面的交流，了解他的想法和感受，并鼓励他主动向父母表达自己的想法和需求。同时，班主任也要告诉他，父母的教育方法是基于他们的经验和观念，希望他能够理解和尊重他们的想法。

其次，班主任要与赵晗的父母进行沟通，了解他们的教育方法，并将赵晗的感受告知，希望他们能了解赵晗的感受。同时，班主任也要向他们介绍一些关于教育的理论和实践，帮助他们更好地指导赵晗成长，促进家校合作。

最后，作为一名教师，我们应该积极关注学生的情况和需求，与学生和家长进行有效的沟通和交流，帮助他们解决问题和困难。只有通过有效的沟通和交流，才能够建立起良好的师生家长关系，促进学生的全面发展。

（6）"本来工作就忙，再遇到学校布置的手工作业，感觉能愁死。"提起学校的手工作业很多家长都表示非常无奈，因为家长们大多工作都很忙，回家还有很多家务要做，没时间陪孩子完成手工，对此你怎么看？

【参考答案】

我会及时了解具体情况，换位思考，体谅家长，及时解决这一问题。

首先，我会及时与家长取得联系，了解他们无法陪孩子完成手工的原因。如果是由于我布置的手工活动难度高，任务重，我会向家长道歉并及时反思自己的作业布置量是否符合学生学习的实际情况，请教有经验的任课教师，向他们学习先进的教学方法，及时改正自己的错误。

其次，如果是由于家长工作任务重，而忽略了对孩子的陪伴，那么我会及时与家长进行沟通，告知家长家校合作共育的重要性，说明孩子的成长除了学校教育之外也离不开家长的陪伴，让家长意识到家庭教育也是孩子成长中的一部分。

总之，我相信通过以上方式，能够解决此类问题，我也会在未来的教育工作中引以为戒，避免此类现象的发生。

（7）三年级4班的班主任李老师近期非常苦恼，因为班里不只一位同学和她说过任课教师在上课时表现出对李老师班级管理模式的不满，对于李老师推行的一些班级管理办法，任课教师也不愿意配合……面对这种情况，作为班主任要如何应对？

【参考答案】

作为班主任，对于任课教师不配合工作的情况，要以沟通为主，找到问题的关键，冷静分析并及时解决问题，尽快开展教学工作。

首先，作为班主任，要适时反思自己有没有做得不好的地方，导致任课教师对自己不够满意。比如班级管理方面、课程安排方面、对学生的指导方面等，全方位地审视自己的工作，发现问题并及时调整。

其次，要尊重任课教师，主动与任课教师进行沟通，看看是否存在误会，如果有问题，可以通过交流来解决问题，化解矛盾，更好地开展教学工作。

最后，在平时的工作与生活中，还要通过共同参与活动的方式，改善与任课教师之间的关系，在工作中是同事关系，在生活中是朋友关系，为后期工作的开展打下良好的基础。

总之，作为一名老师，当与同事发生矛盾时，要以尊重的态度主动交流，倾听同事的想法，发现问题并及时解决问题，建立良好的同事关系，为教学工作的开展打下坚实的基础。

（8）赵凡是五年级2班的学生，他经常迟到。有一次，上课了他还没有到校，班主任没有办法只能给家长打电话，但是家长觉得这不是什么大问题，不需要太在意；孩子也不是跑出去玩了，就是晚到一会，也不会影响什么，不需要大惊小怪的。你有没有什么好的方法来解决这个问题？

【参考答案】

首先，应该保持冷静理智的心态，主动和家长进行沟通来解决问题。

其次，家长之所以觉得无所谓，有可能是对学生的成长漠不关心，我们应该通过沟通让家长认识到自己在孩子成长过程当中所担负的养育责任。有可能家长会觉得，学生违反校规，管教的主体应该是老师，与他关系不大。因此，我们应该让家长认识到，孩子的成长是家校合作共同去引导的，希望家长能够采取积极的措施与学校进行合作。也有可能家长并不认为自己的孩子是错误的，违反校规是小事儿。所以，我们应该通过讲道理向家长说明违反校规也不是小事儿，如果现在不加以干预，有可能以后会违反法律法规，不利于学生的健康成长和进步。

最后，就学生的具体问题与家长进行深度分析，形成纠正计划，真正达成一致。我们要通过跟踪教育这个学生，防止其再次违反校规校纪，要加强对班级学生的纪律管理与引导，规范他们的言行。

（9）在安静的夜里，一通电话打破了宁静，引发了一场关于教育的风波。这通电话是来自六年级3班的一位家长，这位家长心急如焚地在深夜打扰班主任是因为她对孩子的学习成绩产生了焦虑，她说孩子一直很努力地在写作业，但速度就是提不上去，还总马虎，陪他写作业每次都要气得半死，想问问班主任应该从哪方面来提升孩子的成绩。这一举动，虽然是出自对孩子的关心，却在不经意间触及了教育责任和教育方式的敏感话题，班主任在被吵醒后很生气，并在家长群里说明不要在非工作时间打扰自己，第二天家长向老师道歉。遇到这种情况你该怎么处理？

【参考答案】

首先，家长向我们道歉，我们要拿出诚恳的态度，主动和家长沟通和交流，我们也要向家长道歉，昨天晚上在群内的表达太过于情绪化，希望家长能够理解白天的教育教学工作比较繁忙，深夜难得有一点休息时间。并且我们要在这个问题上知道学生的问题是随时出现的，我们需要以更加专业、更加诚恳的态度来解决家长的困惑。但如果问题并非当下必须解决，也可以选择在第二天与老师电话联系，这样老师会拿出更多的时间思考家长提出的问题，与家长共同商量对策，以解决家长的困惑。

其次，我们要通过以点带面的方式在家长群内说明家长群的管理规则，同时表达我们愿意解决每个学生成长上的困难。

最后，坚持促进家校理解，形成家校合作。

（10）家长会后，有家长向班主任抱怨："我觉得老师在家长会上一点也没有提到我孩子的优点，只说了一些不足之处，这让我感到很担心。我希望老师能多分享一些关于我孩子在课堂上的具体表现，而不是仅仅只进行总体评价。"遇到这种情况你应该如何应对？

【参考答案】

首先，我会非常重视与家长之间的沟通与合作，家长在家长会上的意见和反馈，我会认真听取、及时处理，同时对自己的不足表示抱歉，向家长进行道歉。

其次，我会和家长进行沟通，安抚家长的情绪，诚恳地接受他们的意见并表示歉意，进一步主动向家长解释误会，并就学生的成长问题与家长进行深度沟通，形成一个针对学生成长的家校计划。

最后，我会进行事后反思，从此次事件中总结经验、吸取教训，平等、公正和客观地对待每一个学生，注重倾听家长的意见和需求，改善学校与家庭的沟通方式和品质，积极参加各项家长活动，为家长提供更全面、更准确和更有效的信息，消除家长的疑虑，增进彼此的信任和理解。

任务五　练就果断的执行力——应急应变类

（1）谢老师自担任班主任以来，无论工作多忙，都将了解和研究学生放在第一位。她不仅在校注意观察学生，经常和学生交流了解他们自身及同学间的情况，与任课教师及其他教辅人员沟通，还和家长建立了良好的合作关系，还通过一系列社交平台了解和关注学生的思想动态。一天晚上，谢老师在浏览朋友圈的时候，周红的话引起了王老师的注意，"我已经很努力了，为什么还有那么多的不足。爸爸、妈妈为我做了那么多，我怎么才能对得起他们的付出？不要他们说，我都感觉自己是个累赘……"

周红是王老师现在所带六年级三班的学生，是一名活泼开朗的女生，在班级担任文艺委员，平时乐于帮助同学，老师和同学都很喜欢她。学习方面她也很努力，成绩在班级排中等偏上……是什么让孩子有了这样的想法……

作为班主任，你应该如何看待并处理这一事件？

【参考答案】

作为班主任，一定要高度重视，快速地处理此事。

首先，班主任要与当事人联系，以最直接、快捷的形式找到问题的根源。找到她并与她进行沟通，询问她最近有什么烦心事，可否告诉老师，老师可以做她的树洞，倾听她的烦恼，在学生自愿的情况下可以做她的参谋。根据所发现的问题及实际情况，立即对学生进行情绪疏导。如果是因挫折造成的问题，要告诉她每个人在成长的过程中都会遇到困难或挫折，无论处于什么样的境地，要发现自己的价值。指出周红的优点并加以表扬，明确表示她不是累赘，而是老师的骄傲，引导她好好学习，帮助她树立自信心。

其次，要与周红的父母及时进行沟通，进一步了解周红的近况，从家庭方面找到问题的原因，告诉父母周红目前的心理状态，希望父母在多多关注孩子的同时也要给予一定的方法指导，促进家校共育，实现孩子的全面健康成长。

最后，在班级组织相关的主题班会，让学生正确认识自己。

总之,学生的成长需要多方面的协作,教师与家长要通力合作,家校共育,共同促进学生全面发展。

(2)当今社会发展,机遇与挑战并存,要适应社会发展需要,就要具备竞争意识和创新精神。习近平总书记在"之江新语"专栏中也提到:"机遇总是垂青勇于竞争的人"。秉承科学育人、终身育人理念,李平老师在管理班级,教育和引导学生的过程中一直注意对学生竞争意识的培养,他所带的班级无论是日常管理、活动参与还是学习成绩,都处于班级前列,班级荣获的奖状、奖杯不计其数。

进入五年级后,李平老师发现学生成绩整体下滑,为了将成绩提上来,面对即将来临的期中考试,李老师让每个学生立下"军令状"……在阅卷的过程中李老师发现了问题,班级的卷面成绩很高,甚至超过了李老师的预期,但答案高度相似。经调查发现,为了提高成绩,全班同学集体作弊……面对这一问题,如果你是李老师,你会如何处理?

【参考答案】

这个事件本身性质比较恶劣,我会引起足够的重视。

首先,作为班主任要宣布此次考试成绩无效,并找学生了解他们集体作弊的原因。如果是因为立下"军令状"希望获得好成绩,班主任要召开班会宣传诚信考试的重要性,帮助他们树立正确的竞争观和考试观,让他们理解通过作弊换来的成绩终究是无效的,不利于他们长远的发展。如果是考试难度过大,他们担心考不好回家受到责罚,而选择集体作弊,班主任要深刻反思自身,是不是考题设置得不合理,没有充分考虑到学生的知识水平,老师要多和学生沟通,增进对学生的了解,采用适合他们的考试方式。如果是监考过程疏于管理,给了他们可乘之机,在今后的考试中要着重强调考场纪律,严肃考纪,营造一个健康严格的考试氛围。

其次,要多方面了解到集体作弊的发起者是谁,找到之后要对其进行严肃教育,在班上进行一些煽动行为是不可取的,不利于班级的团结和健康发展。

最后,将相关情况告知家长,并召开家长会,会上强调诚信教育的重要性,加强家校合作,请家长配合老师的工作,日后多关注学生的学习行为,有问题及时处理。我也会跟进他们之后的考试行为,确保这个现象不会再出现。

(3)张军是三年级一班公认的"热心肠",大家认为累的活他会承担,大家认为脏的活他会承担,大家认为难的活他也会承担。总之,在大家眼中,张军是班级的"定海神针",有了他就没有解决不了的问题。面对同学们的这种依赖,张军非常自豪,他说他喜欢学校的生活,因为在帮助同学的过程中他收获了同学的信任、收获了克服困难的喜悦。就是这样一个"热心肠",却给班主任徐老师出了一道难题。

一天放学不久,徐老师就接到了张军家长的电话,说孩子回家说不想上学了,问他原因也不说……

曾经说享受在校生活的孩子为什么会突然发生转变?身为班主任又应该怎样应对?

【参考答案】

首先,作为班主任要尽快与张军沟通,了解事件的情况和孩子的想法,找出事件的原因,并尝试解决问题。如果是误会导致的,班主任要与他们及时进行沟通,让他们了解事件的真实情况,避免误会延续。如果是确实有问题存在,班主任要引导学生正确分析问题的前因后果,让学生学会正确处理问题的方法。

其次,班主任要鼓励张军积极面对问题,帮助他树立正确的人生观和价值观。告诉他,人生中难免会遇到挫折和困难,我们一定要勇敢面对,积极寻找解决问题的方法,不要轻易放弃。

再次,尝试让张军重新喜欢上学。虽然事出有因,但孩子轻易说出不想上学,说明他的学习态度存在一定的问题,因此班主任要与他进行交流,了解他对学校和学习的看法,找出他不喜欢上学的原因,并尝试解决问题。我会鼓励他参加学校的各种活动,让他感受到学校的温暖和关爱。

最后,与张军的家长进行沟通,让他们了解孩子的情况,并尝试与他们共同解决问题。建议家长多关注孩子的情感和心理健康,帮助孩子树立正确的人生观和价值观。

总之,作为老师,我不认可张军因为误会就不喜欢上学的行为。要尽快与张军沟通,了解他的情况和想法,找出误会的原因,并尝试解决问题。鼓励张军积极面对问题,帮助他树立正确的人生观和价值观。让张军重新喜欢上学,让他感受到学校的温暖和关爱,以学生健康成长为目标。

(4)李老师入职三年,今年当上了四年级一班的班主任。新学期新气象,李老师不仅要面对全新的四十张充满朝气的面孔,还将迎来学校新一轮的青年教师教学能力提升活动,李老师迅速调整状态,全面展开教育教学活动与班级管理工作。

经过一段时间的学习和准备,李老师迎来青年教师教学能力提升活动教学展示环节。课堂上,李老师发挥自如,无论是教学内容的设计还是教学环节的把握,充分展现了其良好的个人素质及敬业的态度。当大家还沉浸在李老师精彩生动的教学过程中时,意外发生了,忽然有一名同学站起来说:"老师,这个内容你已经讲过好多遍了!"他的话一出,教室里顿时安静下来……

李老师面对班级这名让她又爱又恨的学生,究竟应该怎样继续这堂课,又该怎样面对这名学生呢?

【参考答案】

学生作为身心尚未发育完全的人,情绪方面容易冲动,对于教师偶尔的顶撞和不礼貌行为是正常的现象。此时,作为班主任及授课教师要保持镇定,本着尊重学生的原则,安抚学生并因势利导,激发学生的学习兴趣,保证公开课的顺利进行,在课程结束后再与学生进行后续的沟通。

首先,老师在课堂上要保持镇定,表扬这名学生。我会真诚地告诉全班学生,这名学生学习认真,对于学过的知识记忆深刻,他也很勇敢,敢于提出自己的疑虑,这种精神值得我们学习,并且相信他这节课肯定会好好表现,将自己最好的一面表现出来。

其次,巧妙引导,激发学生的学习兴趣。我会利用学生好奇心强的心理特征,向他们提出本节课的要求,比如我会这样说,虽然有的知识点我们前面学习过,但是今天的课堂跟往日的课堂不同,授课目的不同,重点不同,为此我准备了新素材,请同学们认真听,保证课程的顺利进行。

最后,反思自己。公开课的意义在于通过真实的课堂呈现,使学生学有所得,让教师在听取其他听课教师的建议后,能反思自己的教学,提升自己的教学技能。如果我以后再进行公开课,我一定要坚持实事求是的原则,不会为公开课提前"彩排",以免学生产生厌烦情绪,同时,我也要改进自己的教学方式,以多样化的方式促进学生学习,激发他们学习的积极性和兴趣,实现公开课的价值。

(5)上课铃声响起,原本喧闹的一年级一班立刻安静下来,此时的班主任赵老师也迈着矫健的步伐走进班级,正当赵老师抬脚准备登上讲台的时候,由于值日生拖地时水太多,她脚下一滑,趴跪在讲台上……看着讲台上呈"几"字形趴跪的老师,班级里传来哄堂大笑。

此时的赵老师承受着身心的双重考验……

意外往往在不经意间发生,作为班主任要具备应对突发事件的能力,案例中的赵老师该怎样应对呢?

【参考答案】

作为老师,在与学生共同生活的过程中会遇到各种突发事件,无论情况怎样,沉着应对和相应的教育机智是必不可少的。案例中的赵老师在全班学生面前摔倒,确实特别尴尬,但是遇到摔倒等突发情况,也是不可避免的。所以面对此事要从容淡定,机智化解。

首先,被教育对象为一年级的学生,此时他们还没有学会如何真正去关心他人,此时学生的笑更多的是一种下意识的反映,所以老师要从容淡定,立刻起身,拍打干净身上的尘土,淡定地走上讲台,而不要去指责学生的漠视。

其次,善意提醒学生,以防摔跤。以自身为例,提醒学生走路要专心,不要在路上嬉戏打闹。

再次，建议值日生多注意，将拖布拧得再干一点，防止更多人摔倒。

最后，幽默化解尴尬，引起学生思考。告诉学生，"哪里跌倒就在哪里爬起来"。摔倒没什么丢人的，摔倒了就一蹶不振才可笑，生活和学习也是一样，失败无所谓，重要的是要立刻站起来。接着我会继续开始授课，保证完成授课任务。

（6）青少年期是介于儿童和成人的过渡时期，一般指十二三岁到十八九岁的这一时期。随着青少年成熟年龄的提前，青少年时期已经覆盖到小学阶段的高年级，青春期的少年变化非常大，也会出现一些因生理变化而引发的心理变化。这些变化为班主任的班级管理工作设置了一个个考验。

这天，六年级3班的孙老师刚进班级，就听到班上学生王明对班级另一名女同学发起告白——"高晓丽，我喜欢你！"告白的同时还伴着全班同学的起哄声……

作为小学高年级的班主任应该怎样应对青春期少男少女所给的惊喜？

【参考答案】

作为一名小学高年级的班主任，对于青春期学生制造的任何事件，都要保持冷静，而且要本着以学生为主体的原则去处理课堂问题，并充分利用这些问题对全体学生进行教育，使消极因素转化为积极因素，以促进全体学生的良好发展，我将采取以下措施：

首先，要正确评价和引导学生的行为，告诉王明表达自己对同学的"好感"是很勇敢的，但要区分场合。选择适当的地点是对他人的尊重，班级是大家学习和生活的主要场所，他在班级的行为会影响其他同学的学习，这是不对的。

其次，要与王明进行沟通，了解他喜欢高晓丽的原因，如果是因为她各方面表现优异，那么就以此为契机，鼓励他以高晓丽为榜样，向她学习，做一名老师和同学都喜欢的孩子。如果是其他原因，则要有针对性地加以教育和引导。

再次，组织一次以"榜样的力量"为主题的班会，准备一些榜样的例子，让学生踊跃发言，谈谈对榜样的看法，引导他们正确对待对同学产生的"好感"。

最后，在今后的学习和生活中，要多观察学生的行为和情感变化，及时引导，培养学生知情意行的协调发展。

（7）距离放学还有五分钟，班主任丁老师提醒学生开始整理书包。不到三分钟，所有学生都已经整理好书包，等待老师放学的口令。丁老师看着教室里经过两周的学习和生活，已经有模有样的小学生们，心里是说不出的高兴……

铃声一响，全体学生立即到教室外排队，一切井然有序。但在清点人数时，班长却报告少了一个人。经过再次核对，发现少的是佟佟，这孩子明明刚才在班级里，为什么现在没有出现在队伍里？

丁老师马上进入班级，立刻看到低着头、一脸惭愧的佟冬，便询问他为什么没有出来排队。得到的是带着哭音的回答："老师，我尿裤子了。"

一边是等着放学的学生，一边是尿了裤子的佟冬，作为班主任要如何应对这一事件？

【参考答案】

一年级是学生正规学习的起始阶段，能否适应这段学习生活，对其未来的成长有着无法估量的影响。从幼儿园的小朋友变成一年级的小学生，这是人生道路上一个大的转折。不一样的校园生活、不一样的学习方式都需要孩子适应。在他们身上发生的形形色色的问题也需要班主任去关注和关心。面对学生放学与孩子尿裤子的碰撞，班主任要先分清事件的轻重缓急，沉着面对。

首先，询问佟冬身体有没有不适，如果只有裤子湿了的不良感受，就先安抚他让他等老师回来，然后组织其他学生安全离校。如果有同学询问佟冬为什么不和大家一起，则需要给他制造一个理由，如留下来帮助老师做一些事情、家长有事晚点来接等。

其次，在完成送学生离校的工作后，立刻与佟冬的家长取得联系，告知家长情况并请家长携带孩子的换洗衣物来校。并在家长到校之前尽量减少孩子身体上的不适感，并与孩子沟通，进一步了解出现这一情况的原因。

最后，当家长到校后，教师应建议家长留意孩子的自身状况。若只是偶尔尿裤子，可能是白天过于兴奋或者进水太多；若是经常尿裤子，可能是神经系统发育不完善造成的，一般随着年龄的增长就会好转，建议在医生指导下调整孩子的排尿次数和时间，尽量到医院检查，不要大意。

总之，作为教师不仅要传授学生知识，还要关心学生身心健康，在事件的处理上要以关爱和保护学生为第一位，以促进学生茁壮成长为目标。

（8）小平的父母长年在外地工作，原本小平是在农村和爷爷奶奶一起生活，但随着入学年龄的到来，小平的父母为了让孩子受到相对好的教育，就将老人和孩子一起接到市里的家，依学区划分，小平进入市实验小学三年级一班就读。

自从小平成为班级一员后，班主任王老师的困扰也来了，他上学经常迟到，学习进度跟不上，从不举手回答问题。平时衣服也不够整洁，个人卫生习惯不好，没人愿意和他做同桌。

原本已经问题重重了，今天又出现了新状况，科学课上因为没有人愿意和小平一组，老师就让他在一旁看，结果小平与老师发生了争执……

面对这样一位学生和突如其来的事件，王老师怎样做才能收到最佳的教育效果？

【参考答案】

随着改革的全面深化，我国的城市化进程不断加快，为了改善自身家庭经济状况，为了让子女有更好的教育和成长条件，越来越多的人由农村到城市，由不发达经济地区向经济发达地区流动，这就导致大量留守儿童的出现，而这些留守儿童在身心发展、教育现状等方面均或多或少存在一系列问题。小学教育作为基层教育的主要承担者，为了真正实现全面育人，更要关注这一群体，重视问题的解决。

首先，班主任要与小平交流谈心。以关爱学生为前提与学生心平气和的交流，可以让他放松心态敞开心扉，倾听到孩子离开父母，又与爷爷、奶奶来到陌生的环境所导致的缺乏看管和照顾，了解他对于新环境的不适应和无法融入集体的烦恼。对他的生活做深入了解，并帮他解决实际生活中的问题后，再对学生进行思想教育，让他意识到今天在课堂上与老师发生争执的行为是不对的并加以教育。

其次，要和小平的父母沟通，使其明确父母在孩子成长中的重要性，请他们在条件允许的情况下多给孩子一些陪伴和关注，并建立良好的家校合作关系，通过家校共育帮助孩子改正不良的行为习惯，形成健全的人格。

再次，要和科任教师沟通，说明小平目前的实际情况，希望老师做到一视同仁，不要用带有偏见的眼光看待学生，并给小平更多的关爱。

最后，召开主题班会，围绕家和温暖，发挥同伴互助教育的作用，引导其他同学与小平交朋友，使他感受到集体的温暖，这也有助于小平改正自身的不良习惯。

总之，留守儿童是特殊的群体，作为班主任，要高度关注他们存在的问题，和家长保持良好的沟通，共同促进学生的健康成长。

（9）下午第一节语文课是班主任刘老师的课，老师准备得充分、学生听得认真，课堂互动效果也很好。但是当课程进行了一半，刘老师回身写板书时，身后传来异样的声音，原来是刘伟和张军打了起来。同学们的注意力迅速转移到打架的两人身上，和谐的课堂氛围遭到破坏，望着扭打在一起的二人，刘老师……

作为班主任及任课教师，面对这一情况应该怎样处理？

【参考答案】

在班级学习和生活中，同学间出现矛盾非常正常。在正常的教学活动中，如果遇到同学在课堂上打架，教师要保持冷静，妥善处理。

首先，要将当事同学分开以维持正常的课堂秩序，对当事同学进行安抚和批评，表明不论什么原因，也不能影响正常的课堂秩序。如两人情绪处于可控状态则让学生坐好继续上课，如情绪过于激动，则将两人分开，防止事态进一步扩大。应急处理后，继续上课，待课下具体处理该问题。

其次，下课后，先向周边同学了解他们打架的原因，对事件有初步了解。再请两位学生到办公室，单独进行沟通，如果是对课堂所讲授的内容出现了分歧，先肯定他们有自己的见解是好的，但是在方式方法的选择上是错误的，引导他们在今后的学习和生活

中可以用讨论的方式来解决问题；如果是与课堂教学内容无关的原因，则要告诫学生，遇到任何事情都要冷静处理，不能通过武力来解决问题，引导学生通过沟通、交流找到解决问题的正确方法。

最后，在今后的班级管理中，要多组织班级活动，通过活动增进学生之间的感情与交流，加强班级文化建设，营造良好的班级氛围，避免这类事件再次发生。

（10）马涛看起来很老实，课上认真听讲，课下按时完成作业，家长也能积极配合家校合作工作，经常和老师沟通了解孩子在学校的表现，对于马涛的教育，刘老师可谓胸有成竹。

但相处一段时间后，刘老师发现了问题。先是班级里总有学生说东西不见了，后来有一天，马涛的同桌找到我说她的钱丢了，后来在马涛的书桌里面发现了。这个时候，刘老师意识到不仅是出问题了，而且还是大问题。于是她找到马涛打算私下了解一下情况，如果是马涛拿的，要对他的行为加以纠正并给予正确的引导。

可马涛听到刘老师的询问马上说钱是他在地上捡到的，本来要交给老师的，结果忘了。后来经过老师的教育与引导，他终于说出了事情的真相。原来是他看到同桌把钱夹在语文书里，就偷偷地拿出来放进自己的书桌。因为有着良好的家校合作基础，刘老师决定让孩子回家后将这件事告诉家长，多方了解情况，最终解决问题，但孩子并没有和家长说出事件的真实情况。

面对这样的马涛，老师和家长应该怎样开展教育工作？

【参考答案】

心理学家认为"小偷小摸"行为在儿童早期颇为普遍，并于5～8岁达到高峰。但儿童期的"小偷小摸"不等同于成人的偷窃行为，他们还没有建立是非观念，也不具备完备的道德判断能力。儿童每一个"偷"的行为背后都有一个深层的原因，作为教师，更为重要的是应该在充分了解的基础上，积极采取干预措施。

对于马涛的问题，班主任可以与孩子再进行一次深入的关于"诚信"问题的讨论。引导学生树立正确的是非观，在学生认识到自身错误后，帮助学生放下包袱，告诉他犯了错误不要紧，重要的是同样的错误不能再犯。

由于马涛的家教很严，为了防止家长对孩子这一行为的重视极端化，班主任要与家长进行深入的谈话，不能因为一次错误就给孩子定性或成为反复教育孩子的话题，要给孩子留足改正的空间和时间，还要通过家校合作，不断提升自己的教育水平和能力。

在班级开展诚信教育活动，通过诚信故事对学生进行教育。

总之，面对这类事件，在理解学生的基础上，运用恰当的方法教育和引导学生，不仅要让学生勇于承认错误，更要让学生主动改正错误。

任务六　提升综合能力素质——综合分析类

（1）2023年，教育部等八部门印发《全国青少年学生读书行动实施方案》的通知，旨在全面贯彻党的教育方针，认真落实立德树人根本任务，积极培育和践行社会主义核心价值观，引导激励青少年学生爱读书、读好书、善读书，立志为中华民族伟大复兴而读书，切实增强历史自觉和文化自信，着力培养德、智、体、美、劳全面发展的社会主义建设者和接班人。为了深入贯彻落实党的二十大关于深化全民阅读活动的重要部署，进一步推动青少年学生阅读深入开展，促进全面提升育人水平，学校决定开展"多读书、读好书，营造书香班级"活动。作为班主任如何利用班级图书角开展该项活动，在培养学生良好读书习惯和较强阅读能力的同时促进学生的全面发展？

【参考答案】

为了培养学生的良好读书习惯，提升学生的阅读能力，班主任可以依托班级的图书角，通过筹集、管理、阅读、分享等环节，营造良好的班级文化氛围，达到育人目的。

第一，多渠道筹集图书，建设班级图书角。图书可以是学生自愿捐赠的，也可以是家长委员会通过经费购买的，或是通过图书馆借阅的方式等来筹集的。筹集图书的过程是保证学生读好书的第一步，通过对图书的筛选使其真正起到启迪思想、积聚精神力量的作用。筹集图书的过程也是培养学生问题解决能力以及搭建家校共育桥梁的重要过程。

第二，组成管理小组，负责图书角中图书的借阅与整理。通过管理，教师可以掌握学生的阅读兴趣，为有效的阅读引领做准备。在管理的过程中又可以培养学生的管理能力和责任心。

第三，提供读书的空间，进行阅读指导。选出一个固定时间，每周对学生进行1～2次的阅读指导。一方面，学生通过自学，提升阅读能力；另一方面，学生在老师的指导下进行阅读，以掌握正确的阅读方法，养成良好的阅读习惯。

第四，增强家校联系，把阅读引向家庭。班主任可以通过家长会等形式就书香班级的营建目的及方法与家长进行及时的沟通，将读书行动延伸至家庭，发挥家庭教育的重要影响力。

第五，搭建展示平台，促进习惯养成。可以借助学校的广播站或班级自主搭建分享平台，将经典的阅读内容、优秀的阅读心得以朗读或演讲的形式分享给学生，使学生在习惯养成的过程中营造良好的班级文化。

总之，通过此次活动的开展力图达到学生爱读书、读好书、善读书，增强历史自觉和文化自信的目的，同时促进学生的全面发展。

（2）即将放学的时候，刘老师班级的一名同学悄悄跑来告诉她，"咱班的张宇告诉我，他爸爸不让他看《斗罗大陆》，不仅把他的书都扔了，还打了他。他决定今天晚上不回家了，有可能的话他以后也不再回那个家了……"得到消息的刘老师非常吃惊，因为张宇是一名非常阳光的男孩，课下他对老师非常有礼貌，对于需要帮助的同学也从不吝啬，总是竭尽所能；上课他认真听讲，积极回答问题，尤其喜欢上语文课。生活中，他喜爱与人交流，分享各种心得，与老师和同学的关系十分融洽……拥有这样性格的孩子多是因为有一个幸福、稳定的家庭，但正是这样一个孩子为什么有了不想回家的念头？作为班主任，又应该怎样应对这一问题？

【参考答案】

作为班主任，面对学生的离家倾向，一定要认真对待及时解决，将问题扼杀在摇篮中。

首先，根据对学生的了解，找到张宇并制造一个机会让他放学后留在学校，如帮助老师完成黑板报的设计、清点班级备品、策划班级活动等，把学生稳在学校，并告知家长。这样做既为学生的个别沟通与教育留出时间，又能保证班级其他同学的离校秩序与安全，防止意外出现，在结束学生的离校工作后与张宇进行沟通，了解事情的起因、经过，以及孩子的思想动态，安抚学生并帮助他找到解决问题的办法。

其次，班主任要和家长进行联系，与他进行面对面沟通，耐心交谈。向家长了解事件的起因和经过，并将孩子的思想动态告知家长。告诉家长科学的教育方式对孩子的健康成长有着非常重要的作用，让他意识到使用暴力行为会对孩子心理产生消极影响和心灵创伤。帮助家长树立正确的教育理念，希望他改变现有的教育方式，对孩子多一些耐心和关爱。

最后，我会定期召开家长会，引导家长树立正确的家庭教育观念，掌握良好的亲子沟通技巧，引导家长采取更加合理的方式教育孩子。

总之，家庭教育是孩子成长过程中的重要组成部分，班主任要多加关注学生的成长，遇到问题及时和家长沟通解决。

（3）李老师是学校连续多年的优秀班主任。她所管理的班级不论是学生品德、学业评价、卫生评比、活动组织与参与均名列年级前列，这届的五年级3班更是如此。

但最近，李老师遇到了一点问题，刚刚结束的期中考试成绩显示班级中原本几位学业成绩比较好的学生此次成绩下降非常明显，虽然学业成绩不是评价学生的唯一标准，但成绩的下降一定伴随着某些原因，也会对学生的成长造成一定的不良影响……作为班主任，遇到类似问题应该如何应对呢？

【参考答案】

作为班主任，应该清楚地认识到影响学生学业水平的因素有许多，所以应该准确把握问题的根源，然后对症下药，才能收到预期的育人效果。

首先，查找原因。班主任要从学生入手，运用观察、交流等方法，通过学生本人和同学，了解学生学业成绩下降的原因。是单纯知识掌握不足的问题，还是家庭、个人人际交往问题等？班主任要与任课教师进行积极沟通，了解成绩下降的原因，包括学生的学习态度、学习方法、考试策略及任课教师的教学方法等方面。班主任还要联系家长，通过电话通联、家访、家长会等形式，通过家校合作，全方位分析问题成因，以确保问题的切实解决。

其次，根据问题的成因，制订出有针对性的计划。如果是知识掌握上的问题，教师可及时调整教学方法、提出改进建议等防止后续问题的出现，对于已有的知识点缺失，可与任课教师团结合作，针对普遍问题集中破解，个别问题则利用课余时间帮助学生查漏补缺。如果是家庭因素或人际交往问题，则可通过沟通，帮助学生走出困扰，学会正确处理各种问题之间的关系。

最后，班主任还应该适时对学生进行鼓励，让学生充分认识到自己的潜力和优点，同时组织相应主题班队会活动，提高学生的学习兴趣。

总之，作为班主任，要时刻关注班级的情况，及时与学生沟通，给他们提供温馨、耐心的建议和指导，帮助他们调整学习状态，逐渐提高学习成绩，真正成长为品学兼优的有用之人。

（4）班级管理是一门艺术，有的老师侧重在学习上严格要求，要求学生养成良好的学习习惯，拥有较强的学习能力，取得优异的学习成绩；有的老师侧重在纪律上严格要求，要求班级班规、守则落实到位，让班级学生养成良好的规则意识，拥有较强的自律能力……作为班主任应该如何看待这个问题？

【参考答案】

教育是一门艺术，"教无定法，贵在得法"。在班级管理的过程中也是如此，学习和纪律双方都是必不可少的。

首先，学习上严格要求学生，可以促进学生更好地掌握知识和技能，提高学生的学习效率和学习成绩。

其次，纪律上严格要求学生，可以培养学生的自我认识和自我约束能力，营造有序的教学环境和稳定的班级氛围。

再次，过分严格的要求也会使学生产生反感和逆反情绪，影响学习和生活的积极性。因此我们要适度地对学生提出学习和纪律上的要求，使之成为一种有益于学生发展的正向力量。

最后，班主任还要及时关注学生的情感体验和心理健康，倾听他们的想法和建议，真正做到因材施教，引导学生健康成长。

（5）早在2021年，教育部就发布了《教育部办公厅关于加强中小学生手机管理工作的通知》，通知中明确指出："随着手机的日益普及，学生使用手机对学校管理和学生发展带来诸多不利影响。为保护学生视力，让学生在学校专心学习，防止沉迷网络和游戏，促进学生身心健康发展，现就进一步加强中小学生手机管理工作通知如下：一、有限带入校园。学校应当告知学生和家长，原则上不得将个人手机带入校园。学生确有将手机带入校园需求的，须经学生家长同意、书面提出申请，进校后应将手机交由学校统一保管，禁止带入课堂。……"

然而手机进入校园，甚至进入课堂，并且由此引发的问题却层出不穷。张老师班级里的朱青是一个聪明活泼的小男孩，见人非常有礼貌，班级活动也积极参加，但就是有一个问题——总是偷偷将手机带到学校，在课堂上玩手机……班主任张老师找他谈了好多次也没有效果。这次在音乐课上玩手机，科任老师要他将手机上交，他不但不肯，还与老师发生争执。在争执中科任教师不小心将手机摔到地上，看着碎了的屏幕，朱青放声大哭，并要求老师赔偿……

面对这一情况，班主任应该如何解决？

【参考答案】

  作为班主任，如果遇到这种情况，建议采取以下措施：

  首先，了解情况，要与科任教师和朱青进行积极沟通，客观地了解事情的原因和经过。

  其次，调解双方纠纷，如果朱青要求赔偿，遵循以学生为本的原则与其进行沟通，了解他的想法和要求，并尝试调解纠纷，让双方达成一致。

  再次，针对朱青违反班规、校纪的行为进行教育引导，让他认识到自己的错误和不当行为的后果，引导他改正错误，树立正确的价值观和行为准则。

  最后，充分利用教育全力，与朱青的家长沟通，共同寻找解决方法让孩子能够尽快走出困境。

  总之，作为班主任，要采取多种措施，调解纠纷，教育引导学生，让他们认识到自己的错误和不当行为的后果，树立正确的价值观和行为准则。同时，也要与家长进行沟通，积极构建教育合力，共同寻找解决方法，让学生能够尽快走出困境。

（6）不知道从什么时候开始，"不能让孩子输在起跑线上"成了中国式教育的习惯法则。遵从这一法则的标配做法，就是爸爸、妈妈、爷爷、奶奶、姥姥、姥爷不惜金钱和时间，从孩子生下来就开始列培养计划，从背唐诗宋词开始到报名各种各样的辅导班，再到进幼儿园、上小学千方百计地择校，举家进入在起跑线上为孩子加油助跑的漫漫征途。针对这一说法，作为班主任应该如何应对？

【参考答案】

面对"不要让孩子输在起跑线上"这一说法，作为教师要辩证看待。

首先，这个说法有合理的地方，不让孩子输在起跑线，就要求我们对孩子的教育要从小培养，让孩子养成良好的行为习惯、学习习惯，使其能够成长为社会发展所需要的人才，而不是放任自流，等到无法挽回才追悔莫及。

其次，这个说法是比较片面的，如果人生是一场田径赛，那也是马拉松赛跑，而不是百米冲刺，短时间违背学生生长规律，强行在初始阶段拔高，这会对学生身心发展造成伤害。再则，这场比赛的起点也并不是学习一个。

最后，作为老师，应该用发展的眼光看待学生，不以单一评价标准衡量评价学生。避免为了追求暂时的领先而出现不符合学生身心发展的教育。

总之，我认为，"不要让孩子输在起跑线上"这句话虽然有合理的地方，但是作为老师，更要看到其不合理的地方，要综合地看待这一说法，这样才能促进学生健康成长和全面发展。

（7）周一上午班主任刘老师正在上课，突然有学生报告说："老师，张华吐了……"刘老师立刻停止讲课来到学生身边，只见张华趴在课桌上，地面上有一小滩呕吐物，张华苦着脸对我说："老师，我太难受了，我要回家。"作为班主任，我急忙安排同学打扫地上的呕吐物，又给孩子清水让他漱口，接着给张华的家长打电话说明情况……家长急忙来到学校接孩子回家观察。

原以为事情就过去了，但没想到在第二天早上，张华的妈妈带着他来到刘老师面前，孩子低着头，小声地把自己昨天"生病"的经过说了一遍。事情的真相是：昨天下午要进行期末模拟测试，而张华周末玩了两天，没有好好复习，为了逃避考试，便设计了一场"闹剧"，把中午剩的大米饭掺上酸奶，上课时趁老师不注意倒在地上，于是便出现了先前的一幕。得知真相的刘老师，看着这个聪明伶俐又带着几分调皮的孩子，思考起孩子的教育问题……

如果你是刘老师，应该如何对孩子展开教育？

【参考答案】

目前，学生中的确存在撒谎、欺骗等现象，面对这样的情况老师要冷静对待。

首先，作为老师，要敏锐把握事情的真相，及时发现问题，冷静面对，不要与学生"较真"，因为此时的"对"与"错"，"是"与"非"的纠结，只会让学生和老师、学生和家长越来越远。

其次，要特别看重孩子主动承认错误的勇气，肯定家长的教育方法。恰当的认同和理解是拉近与家长和孩子情感的重要手段，这有助于家校合作的开展。

最后，问孩子一个问题：如果事情可以重来，你愿意在什么时候改变自己的选择？让孩子思考，让孩子学会自觉地选择正确的方式。

总之，由于学生的思想和心理都尚未成熟，在做出教师意料之外的事情时，教师应该站在学生的层面和角度思考，以宽容之心去对待。只有用心了解学生，想学生之所想，乐学生之所乐，才能真正达到师生感情上的共鸣，才能达到良好的教育效果。

（8）一提到"开学"，学生们就逃离不开补作业的命运。开学前一天补作业，就如同工程赶工期，学生觉得一支笔、一盏灯，就可以让自己在开学的日子抬头挺胸，老师却一眼就能看出学生有没有偷懒。如果说假期作业是一项大工程，加上诸多的诱惑导致学生无法按期交工，但其实日常也总会有学生报怨作业太多。身为班主任应该怎样对待这一现象？

【参考答案】

实施素质教育，减轻学生的课业负担是国家教育方针之一，但真正落实起来时，却困难重重。作为教育工作者，必须正视并积极解决这个问题。

作业负担太重与当前的考试制度有关，当前中国的升学主要与考试分数挂钩，导致有些学校一味追求升学率，促使众多教师在布置作业时采用题海战术，以提升学生的应试能力，从而导致学生课业负担过重。这不仅影响了学生的课外活动时间，甚至影响了学生的生活作息，给学生的身心健康和全面发展造成不利的影响。

但是，这并不意味着作业不重要，要完全取消作业。布置作业是教学不可或缺的一个环节。一方面，通过作业，学生对知识的掌握得到了进一步的巩固，同时还锻炼了学生的自主意识、责任意识和独立解决问题的能力；另一方面，通过作业的检查与批改，教师可及时发现学生的知识或技能缺陷，加以纠正并做出评价，帮助学生进一步提高学习成绩。

此外，作为教师，在布置作业的过程中，要精选试题，不要布置重复性的作业，而要布置多种形式的作业，如开放性的作业，做个小调查、写个小短文，或是进行参观等，这样能锻炼和发展学生的多种能力。

（9）追星早已经不是什么新鲜的话题，在网络发达的现今社会，通过一些短视频、娱乐节目、影视作品等，一些明星为人们所熟知、认可并追逐。小学生也是追星队伍中的一员，由于他们尚处于发展期，缺少分辨及克制能力，一旦开始追星就容易出现势头凶猛、难以控制的现象。如在装扮上的追逐会导致穿着奇装异服、化不合时宜的妆容、出现怪异举止等。他们对明星的信息掌握得"滚瓜烂熟"，对应会的知识却难以入心。作为小学班主任，面对学生的追星狂热，要怎么应对？

【参考答案】

疯狂追星确实影响了学习,甚至不利于学生的身心健康。但同时,适度的追星,一方面是孩子青春期的天性需要,另一方面也有可能激励他们成长,大可不必围追堵截、绝对禁止。遇到这样的情况,班主任可以采取以下措施:

首先,积极沟通,知己知彼。要了解班级追星族的数量,追的星是哪类人,分析他们身上令人喜欢或崇拜的优点。在与这部分学生谈话时,首先要用平等的态度表现出自己对学生追星的理解,从学生喜欢的偶像身上对其成长有益的优点开始沟通。

其次,开展以"我的偶像"为主题的班会,让学生讲一讲自己的偶像,说明喜欢的理由。学生会很愿意参与进来,在搜集资料的过程中也会对自己的偶像有更加全面和实际的了解。在交流中,学生也会反思和发现偶像身上真正有价值的点。同时老师要注意总结引导,肯定大家对美好和理想的追求,表扬那些看到偶像内在优秀性格和不懈努力的学生,鼓励他们要像偶像一样努力、谦和、不懈坚持。此外,还可以开展不同领域明星的主题班会,老师可以大范围提供科技、体育、文学、历史等各行各业的人物资料、故事,扩大学生的视野。让学生关注到娱乐明星以外其他领域的佼佼者,引导学生了解这些明星成功背后的努力和坚持。

最后,班级里开展"造星活动"。可以开展"劳动之星""文艺之星""数学之星"评选等活动,增加这些活动的宣传力度并给予适当奖励。让学生知道并不只有网络上、电视里穿着华丽、站在舞台中央的人才是明星,在我们实实在在的生活中,我们身边的人也有着与众不同、值得我们学习的闪光点。

总之,对于学生追星热的现象,不能完全否定,班主任要在理解的基础上,积极正面引导学生,借此激励其成为更好的自己。

参 考 文 献

［1］张艳芬，王颖．小学班主任工作原理与实践［M］．北京：北京师范大学出版社，2016．

［2］徐晋华，晏富宗，戴芳青．小学班主任工作技能［M］．长沙：湖南师范大学出版社，2021．

［3］邓艳红．小学班级管理［M］．上海：华东师范大学出版社，2010．

［4］齐学红，袁子意．新编班主任工作技能训练［M］．上海：华东师范大学出版社，2011．

［5］李学农．班级管理［M］．北京：高等教育出版社，2004．

［6］秦望，侯志强．微班会创意设计与实施［M］．上海：华东师范大学出版社，2019．

［7］林格．教育者的自我修炼［M］．北京：清华大学出版社，2015．

［8］齐学红，袁子意．新编班主任工作技能训练［M］．上海：华东师范大学出版社，2011．

［9］陈威．小学儿童心理学［M］．北京：中国人民大学出版社，2007．

［10］李颖．小学班主任工作专题［M］．北京：教育科学出版社，2013．

［11］张道祥．小学班主任工作艺术［M］．北京：首都师范大学出版社，2012．

［12］古人伏．小学班队工作原理与实践［M］．上海：华东师范大学出版社，2011．